◉陈欣 编著

宝重《弟子规》

《弟子规》，本为简单的儿童启蒙读物，但作者认为它堪称进入国学这座大山最便捷的一扇大门或者一条路径。从其现实意义的角度来看，无论是未成年人还是成年人，都应当视之为养正、防邪、存诚的珍宝。

由于《弟子规》特别讲求家庭教育与生活教育，所以作者根据其内容，总结出如下立身处世的智慧：孝悌的人忠良忠厚；礼让的人领悟尊严；谨慎的人寡过无失；感恩的人无尤无怨；奉献的人福至心灵；淡定的人远离祸端；诚信的人坦荡自律；亲仁的人必有善缘；有志的人力行鹰飞；体道的人宝重经典。

由于与现实生活紧密结合，并对古今中外大量故事案例进行了生动解析，本书如同《弟子规》一样浅显易懂，循循善诱，朴实无华。

四川出版集团　巴蜀书社

图书在版编目(CIP)数据

宝重《弟子规》/陈欣著.—成都:巴蜀书社,2012.8
(唤醒系列丛书)
ISBN 978-7-5531-0110-1

Ⅰ.①宝… Ⅱ.①陈… Ⅲ.①汉语-古代-启蒙读物 ②《弟子规》-研究 Ⅳ.①H194.1

中国版本图书馆 CIP 数据核字(2012)第 184454 号

宝重《弟子规》　　　　　　　　　　　陈　欣　著

责任编辑	谢艺波
封面设计	符　蓉
出　　版	四川出版集团巴蜀书社
	成都市槐树街 2 号　邮编 610031
	总编室电话:(028)86259397
网　　址	www.bsbook.com
发　　行	巴蜀书社
	发行科电话:(028)86259422　86259423
经　　销	新华书店
印　　刷	成都蜀通印务有限责任公司
版　　次	2012 年 8 月第 1 版
印　　次	2012 年 8 月第 1 次印刷
成品尺寸	240mm×175mm
印　　张	13.75
字　　数	240 千字
书　　号	ISBN 978-7-5531-0110-1
定　　价	24.00 元

本书如有印装质量问题,请与工厂调换

目录

第一部分

今天，我们更需要启蒙
——《唤醒》系列自序一/1

经典，开生命无限智慧
——《唤醒》系列自序二/6

第二部分

唤醒，从《弟子规》开始/12

《弟子规》原典/14

一、孝悌的人忠良忠厚/16

    亲爱我　孝何难/17

    赤子心　感天地/22

    亲憎我　孝方贤/27

    亲相隐　是与非/29

    亲有过　谏使更/33

    兄弟睦　孝在中/36

    子不教　父之过/39

二、礼让的人领悟尊严/44

    礼之用　和为贵/45

    行高者　名自高/47

    尊师长　勿变味/50

    虽小节　莫轻略/53

    对人恭　敬自己/55

三、谨慎的人寡过无失/58

    勤扫除　日三省/59

    事勿忙　忙多错/61

    慎终始　无败事/63

    言寡尤　行寡悔/65

四、感恩的人无尤无怨/68

    恩欲报　怨欲忘/69

    虽贵端　慈而宽/70

道人善　即是善/73

痛自找　乐在心/76

五、奉献的人福至心灵/79

　　与宜多　取宜少/80

　　人愈贪　命愈短/82

　　积福德　行慈善/84

　　尽其性　天地参/88

六、淡定的人远离祸端/91

　　衣贵洁　不贵华/92

　　财物轻　怨何生/95

　　勿谄富　勿骄贫/97

　　虚荣起　愚痴增/99

　　心不定　宠辱惊/101

七、诚信的人坦荡自律/104

　　诚与信　值千金/105

　　小聪明　误一生/107

　　苟轻诺　进退错/110

　　过能改　归于无/112

　　素与朴　动人心/116

八、亲仁的人必有善缘/119

　　凡是人　皆须爱/120

　　不亲仁　无限害/123

道不同　不相谋/126

闻誉恐　闻过欣/129

九、有志的人力行高飞/132

　　戒浮华　当力行/133

　　勿自暴　勿自弃/137

　　志高远　勿杂乱/140

　　善退却　更向前/142

　　志不移　梦成真/144

十、体道的人宝重经典/150

　　流俗众　仁者希/151

　　少快餐　深阅读/153

　　非圣书　屏勿视/156

　　求智慧　心空杯/158

　　存敬畏　勿争辉/160

第三部分

自由与戒律/163

十问经典"洁本"制造者/167

"留守"之殇/173

关于《大学》/182

《大学》原典与白话/187

关于《中庸》/196

《中庸》原典与白话/200

第一部分

今天,我们更需要启蒙

——《唤醒》系列自序一

  人类的发展历史,风风雨雨,可歌可泣;

  人类的心灵世界,形形色色,纷乱不测。

  今天这个时代,依然可用狄更斯《双城记》刚刚开始的几句话来描述:"这是最好的时代,这是最坏的时代;这是最聪明的时代,这是最愚蠢的时代;这是信任的时代,这是欺骗的时代……"

  这个时代,同样可用老子的警言来描述:"五色令人目盲,五音令人耳聋,五味令人口爽,驰骋田猎令人心发狂,难得之货令人行妨。"

  这个时代,还可以用孔子的叹息来描述:"人人都说自己很聪明,但若被驱使进入陷阱,或者遭遇机关的时候,却尽皆不知躲避图存。"

  现代科学技术给了我们空前的便利和享受,所以我们无比自豪;

  现代科学技术同时造成空前的污染和损耗,所以我们时刻紧张。

  在欲望的驱动下,人类制造出了庞大的不断创新的花花世界,庞大的花花世界又引发了人们更大更多的欲望。如此循环往复,希望征服世界的人们反而被自己的欲望所征服,于是不可避免地对这个物质世界和自身的存在感到恐惧了。

  道德危机和信仰危机伴随着经济发展一起成长。失去了敬畏的人心,如同脱缰的野马,在这个世界四处狂奔、猛突。人类的生活丰富而精彩,人类自残、自杀和杀人的数目又在与日俱增。

人类不仅仅以偏激的方式对待自己，更以"偏激"的方式对待我们赖以生存的这个星球。地球世界每天有75个物种灭绝，每1小时就有3个物种被贴上死亡的标签。很多物种还没来得及被科学家描述和命名，就已经从地球上消失了。如此速度的灭绝，正与人类无休无止的利益追逐大相关联。

拼命追求现代化的现代人，让无数的生命"无家可归"。家都没有了，哪有什么幸福呢？

所以我们的人生如列奥·施特劳斯所说："是不快乐地寻求快乐"，所以黎巴嫩诗人纪伯伦发出如此的感叹："我们已经走得太远，以至于忘记了我们为什么要出发。"

20世纪著名的历史学家和伟大的智者汤因比博士在他的《展望21世纪》一书中发出警告："人类的生存没有比今天更危险的时代了，这种对人类生存的威胁是人类自己招致的，它远比地震、火山爆发、暴风、洪水、干旱、病毒更危险"；"人类必将因为过度的自私和贪欲而迷失方向，科技手段将毁掉一切，加上道德衰败和宗教信仰衰落，世界必将出现空前的危机"。

人类已经走到一个不得不反思传统与寻找新的未来的关键时刻。今天的中国人需要再次启蒙，今天的整个人类都需要再次启蒙！

对于这种观点，许多人都认为应该不是一个问题了，分歧的关键在于我们需要一场什么样的启蒙，也就是用什么来启蒙。

有人说：这还用问吗？当然是用先进的理论、普世的价值，强化自由、民主和人权。有人说：应该在实践中继续探索。当然，更有不少的人说：相信科学，科学会解决一切的问题！

事实上，那些所谓先进的理论已经在实践中得出了答案，而科学，也只能为人所用。何况，正是人心的贪婪与科学技术的畸形发展，才造成这个世界的变局更加无常。

汤因比说："一个完整的一体化文明，在传播时会被分离成科技、政治、艺术、宗教等成分。这时，各种成分的传播力，通常与其价值成反比。也就是说，越是不重要的成分，越受欢迎，越是重要的成分，越被排斥。比如科学技术就比宗教信仰传播得快速而广泛。这种对最小价值成分作最大最快最广泛传播的自动选择，显然是文化交流中一条不幸的定律。"

所以，单方面强调科学技术。而不懂思考、研究、把握科学技术的发展方向的民族，其实还处于幼稚的不成熟的阶段。

中国的思想启蒙之路崎岖坎坷,无论是轰轰烈烈的五四运动,还是20世纪80年代的启蒙运动,不仅都是"未完成品",而且因为与欧洲启蒙的理论一模一样,反而被引向了"更大的弯路"。

人与动物的最大区别,或许就体现在最终的幸福感上。人的幸福感不仅仅在于物欲的满足,更在于精神的认可,而源于启蒙运动、以物欲为主旨的"现代化"运动,却硬是把人降低到了动物的层次。

让我们无比自豪的"现代化",其实是怀着一种欲望的冲动到处去寻找面包。

《第五项修炼》的作者彼得·圣吉说:"在西方世界,我们的社会组织已被分割得四分五裂。我们把生理的健康与心理的和精神的健康分割开来探讨,以至于人们虽然活得久些,但整体身心健康状况却每况愈下,所支付的社会成本愈来愈高。"

当金钱和权力成了人类世界的主宰,我们无论在物质追求方面还是在精神生活方面,都无法获得和体验哲学家所说的"终极性安慰"与生命的"本真性存在"。这种形而下的单层面追求,犹如海市蜃楼一样缺乏根基,结果适得其反。

古罗马哲学家列塞克指出:人的一生,大多时间无非用于重复各类错误以及种种恶行。

此言冷峻,直中人类命门——我们每个人的历史和整个的人类历史正是如此!

敢于直面,我们才可能迁善——从罪恶走向纯朴,从麻木走向清醒。

"物有本末,事有终始";"其本乱而末治者,否矣"!两千多年前的中国先贤,早就告知了我们本与末的关系。

人类的智者终于认识到:无论经济环境、政治环境还是生态环境等等问题,归根到底,是一个文化伦理的问题。

人类最大的悲哀,莫过于物质文明和精神文明的不同步。社会的发展,毫无疑问包含物质和精神两个方面,而文化从根本上决定着人类社会的发展方向。

今天,研究现代化的中外学者不断提出论证并得出结论:文化在形塑一个社会的政治和经济行为方面,是一个关键无比的元素。

台北市首任文化局长龙应台认为:品位、道德、智能,是文化积累的总和。文化是生活,文化是力量的源泉,文化更是一个国家的心灵和大脑,文化彻底决定一个国家的真实国力和她的未来。

在汤因比看来:19世纪是英国人的世纪,20世纪是美国人的世纪,21世纪是中国人的世纪。

但是,我们中国人绝不可以因此而盲目得意。除非能对人类文化做出重要贡献,否则,我们充其量只是一个最大的制造者或者消费者。

曾几何时,中国竟然成为全世界唯一一个举国批判自己传统文化的国家。然而,在这个世界上,没有一个国家像中国的历史那么悠久,没有一个国家有中国这样一脉相传的文化。试问:五千年的中国人,何曾被外族灭绝?五千年的中华文明,何曾被外族消亡?

在许多西方学者眼中,中国的道德规范被视为世界上最完备的道德规范,中国的哲学被视为世界上最富理性的哲学。欧洲著名思想家伏尔泰这样表达了他的看法:"世界的历史始于中国",当中华文明已然昌盛发达之时,欧洲人"还只是一群在阿登森林中流浪的野人"。

"观乎人文,以化成天下。"这是中国的《周易》对文化的界定。在这里,文化是一个动词而不是一个名词,文化的作用就是化成天下。

所以,再次启蒙中国人和整个人类的,只能是文化,只能是那种能够促进人与人之间和谐、人与社会之间和谐、人与自然之间和谐的文化。

而这样的文化和智慧,早已存在于人类世界,更存在于古老的中国。

中国文化,是全世界唯一保存着人类上古信息并且具有标本意义的文化,唤醒人类,化成天下,舍我其谁。

20世纪末,78位诺贝尔获奖者在巴黎发表共同宣言,呼吁以儒家思想和大乘佛教拯救人类。

我们不可忘记中国学者60年代对人类世界的敬告,以中国文化为代表的东方文化,可以贡献五种价值供西方学习:"当下即是"之精神与"一切放下"之襟抱,是西方能向前作无限之追求、作无穷之开辟之补充;一种"圆而神"的智慧,这种智慧不是取向于把握普遍的概念原理,而是取向于对现实的、直觉的、辩证的而且是真正的精神的把握;一种温润而怛恻或悲悯之情,这种情感胜过西方式的热情和占有之爱;一种对其悠久的文化自觉其久并自觉地求其久的历史责任感;天下一家之情怀。

老子、孔子总结和传承的智慧,岂仅是老子、孔子的智慧?中华民族至少绵延五千年的文明,我们眼光所及,往往只是春秋战国以来的二千五百年。

毛泽东曾有一句话:"国有疑难可问谁?"答案当然是:儿女遇到问题,头一个想到的就是去问自己的父亲。那么,我们今天面临如此多的问题,当然应该去问自己的老祖宗了。但是,守着五千年的文化与智慧宝藏,我们问过吗？我们会问吗？

面对浩瀚无比的中华文明,我们了解的常常是只言片语,我们学到的常常是腐朽垃圾。最为本根的儒道佛的智慧,往往被世人抛在脑后。

2002年温家宝总理访问美国期间,在哈佛大学发表演讲,其中两次提到"回溯源头,传承命脉",他自豪地告诉美国的学者和学子,中华民族的祖先追求的是这样的境界:"为天地立心,为生民立命,为往圣继绝学,为万世开太平!"

"国学热"终于在中国兴起了。兴起的缘由何在？一言以蔽之:唤醒大众,寻找回家的路。具体一点,为了寻找道德之路、教化之路、发展之路、文明之路和幸福之路。

大道至简,万法归宗。东西方文明在几千年前惊人相似地同时崛起,又将在几千年之后的今天向着一个共同的目标会师。

会师在哪里？会师在生态文明的平台上,会师在自然大道上。

自然大道,就是东西方文明深层的交汇点,就是人类共同的终极的信仰！

大势所趋,如千江万河,虽然或急或缓,或清或浊,最终的流向,都是浩瀚的大海！

经典,开生命无限智慧

——《唤醒》系列自序二

"古典教育是一种无价的恩惠"——这不仅是汤因比的名言,也是古今中外智者们的共识。

人是社会性极强的动物,更是文化的动物。一个人无论学没学习文化,他都必然要面对自己所赖以生存的社会的习俗、规范、思想和潮流,不可能置身度外。

"国学热"在中国兴起了,各类讲座、论坛、培训唤醒着人心与人性。我们不能不由衷感谢那些中国优秀传统文化的呼吁者、倡导者和传播者。

然而,真正用心学习和领悟国学经典的人还不是很多。现在的中国人,面对自己民族的文化经典,有人淡然漠然,有人心生向往,有人装点门面,有人自矜自长,有人审问批判,有人借以牟利,有人一味恶搞。

在一个浮躁之风劲吹的时代,出现这样的情况并不让人意外。拨乱反正岂可一蹴而就?连孔子都说:"如有王者,必世而后仁";"善人为邦百年,亦可以胜残去杀矣。诚哉是言也!"就是说,如果有真正的王者出现,也需要30年的时间才能使仁德广布于天下;善人治理国家实行仁政,经过100年,也就可以达到消除残暴、免除刑罚杀戮的理想境界。

"国学"一词,始见于西周,原指由周王朝开设的专供"国子"就读的学校。自汉唐至明清,相沿此制,凡由朝廷设立的同类性质的学校,如太学、国子寺、国子学、国庠、国子监等,都可统称为"国学"。

今天的学术界对"国学"的概念一直争论不休,不过,多数学者已取得基本一致的看法:中国传统学术文化,就是狭义的国学概念。

《周易》有言:"君子以多识前言往行,以蓄其德。"就是说,一个立志成为有知识、有教养的人,应该多了解多领会前贤先哲的言论和行事,以培养和提高自己的道德学问。

台湾诗人余光中说:国学是一座山,我等不过是蚍蜉而已。

那么,面对博大精深、浩如烟海的中国文化典籍,一般的中国人怎么去了解?怎么去学习?怎么去补上这一课?

无论从什么角度说,《论语》和《老子》都是中国传统文化的本源性著作,是中华文化中恒久的、朴素的、最有价值和意义的两部代表性经典。

传统文化经典教育本该纳入国民教育体系,进入中小学课堂,作为国民教育的基本内容,落实到学校教学大纲和课程内容中去。经典教育缺失的过与错,我们今天已经没有必要抓住不放,如孔子的教导:"成事不说,遂事不谏,既往不咎。"只是这种教育现在已成当务之急,刻不容缓。

童蒙时期接受传统文化经典教育,才是真正的素质教育,它好比为一个人扎根和立规矩,有了这个根这个规矩,也才能够"成方圆"。至于已经荒废宝贵岁月的成年人,阅读经典,其实只能叫做补课。成效如何,取决于我们有没有一颗敬虔的心。

历来的学者给我们开列的"国学书目"一般都在几十本以上,这对于专门的研究者来说确有必要,但用于启蒙、唤醒大众的经典,无须过多。骚塞有句提醒非常中肯:"多读如多食——不能消化也就完全无用!"

我认为,用于启蒙和唤醒中国大众的经典,首先是《弟子规》、《大学》、《中庸》、《论语》和《老子》。

学习国学,应该循序渐进。

《弟子规》,本为简单的儿童启蒙读物,但在今天,无论是在校的莘莘学子,还是历经世事的成年人,理解这些"简单"的人之为人的道理的人并不太多,所以须得继续补课。从其现实意义的角度来看,一位佛学老法师将其与《四库全书》的价值相提并论。

《大学》,被孙中山誉为"中国独有之宝贝",因为它是"初学入德之门"。诵读《大学》,我们将进入学习做人的首要门径,懂得教育的根本目的在于"明明德、亲民、止于至善",懂得"格物、致知、诚意、正心、修身、齐家、治国、平天下"的成人路径。

《中庸》,揭示了天地万物和谐的奥妙。中庸是与天道相遥契的人道,是建构和谐社会的方法论和哲学基础。中庸,通过人类社会无数个体自由自觉的劳动,使人人具备"万物皆备于我"的宇宙情怀。中庸之道,让"天地各就其位而运行不已,万物各得其所而生长繁育"。理解并践行中庸之道,人生将进入合乎常情、合乎常理、不偏不倚、无过也无不及的最佳状态。

《论语》,钻石一般珍贵的智慧,阳光和粮食一般的不可或缺。诵读

《论语》，我们将理解为什么"仁者无敌"，并理解为仁的基本原则和方法——"忠恕之道"，使我们向着"内圣外王"的目标修炼，促进人生境界自律性的提升。诵读《论语》，伟大的文化巨人孔子将伴随我们一辈子。

《老子》，人类道德论的开山之作，一部侯王教科书，一部至今无人超越的政治学、教育学或整体管理学，其内涵"超过了黑格尔的全部著作"。老子阐发的道家学说，后世有人用以修身齐家，有人用以养生延寿，有人用以克敌制胜，有人用以经营管理，有人用以治国平天下，如此等等，无所不有。其不朽的价值在于：自然本真本原的道德体系，融入宇宙天地的生命境界，柔胜刚弱胜强的生存哲学，致虚极守静笃的养生法则，万物对应统一的辩证思维，道为本术为末的教育理念，无为而无不为的王者智慧，根除人类危机的治世药方。所以美国学者蒲克明肯定地说：《老子》是未来大千世界家喻户晓的一部书！

易学是中华文化之源，《周易》和老子、孔子不可分割。《易经》、《易传》和《老子》是传统易学的奠基性著作。读懂了《弟子规》、《大学》、《中庸》、《论语》和《老子》，《周易》的义理便更易明了，并且可进一步深入中国国学这座大山。

学习国学，必须阅读原典。

在市场经济的大潮中，有些人把国学当做一种用以牟利的特殊商品，充斥图书市场的国学出版物良莠不齐，粗制滥造者更多的是关注自己的经济利益。某些高校开办的"天价国学班"，与国学所标举的道德人文精神显然背道而驰。而且，许多人仅仅以实用主义的态度对待国学，目的只是从中寻找对工商管理、金融、经济、公关等等有用的技巧，实在是将中国国学简单化庸俗化了。

不读原典，我们无法分辨导师们解读的真伪，无法摆脱对老师、名师和"大师"们终身的仰视和依附。要知道梨子的滋味，我们只能亲口去尝尝。

不读原典，我们只能人云亦云，没有资格没有能力去判别几千年传统文化中的精华与糟粕。

书读百遍，其义自现。学习经典，其实无需花费那么高昂的学费，无需长期奔波坐进名校的课堂，无需"大师们"不厌其烦地讲解。

读经是最经济的教育之道，倘若我们认真诵读，潜心体会，并且身体力行，一定会获益无穷。

学习国学，宜儒道佛并重。

中国传统文化是儒、道、佛三家鼎足而立、互融互补的文化。

儒、道、佛三家,其实是你中有我,我中有你,同时又是你是你,我是我。五千年中华文化的经典智慧,高度概括就是"容"、"中"、"和"——包容之容、中庸之中、和谐之和。

儒、道、佛三家之间,曾经有纠葛、有矛盾、有斗争,但更有相互的吸收与融合。经过一千多年的发展,到19世纪中叶以前,中国文化一直延续着儒、道、佛三家共存并进的格局。历代统治者推行的文化政策,绝大多数时期也都强调三家并用。南宋孝宗皇帝赵昚就说:"以佛治心,以道治身,以儒治世。"

南怀瑾先生比喻:儒家像粮食店,佛家是百货店,道家则是药店。意思是三家皆是我们的必须。少林寺则有这样的对联:"百家争理,万法一统;三教一体,九流同源。""才分天地人总属一理;教有儒释道终归一途。"

丰子恺认为人生本来就有物质生活、精神生活、灵魂生活的分野。我对此深以为然,并将人的认知能力分为五个层次:世俗的高度、领袖的高度、历史的高度、生命的高度、宇宙的高度。我认为中国儒道佛的智慧,早已到达了人类认知能力的最高层次。

因为重在体会、感悟,在我眼里,看到的主要是儒、道、佛三家之同,而非三家之异,并且我认为读通儒、道、佛任何一家,都能深刻领悟生命的智慧。但是,我们一般的人又实在难以学精悟透,而学儒家不精易于迂腐,学道家不精易于消极,学佛家不精易于迷信,所以,学习国学宜三家并重,以免有失偏颇,更好地体会、感悟担当的精神、超然的情怀和无我的境界。

学习国学,当怀敬畏之心。

直到现在,中国的许多人一直都没有完全摆脱殖民地的心态,一切以西方的观念为最后依据,甚至"反西方"的思想也还是来自西方。他们对学习和理解中国国学经典其实没有什么兴趣,更不懂得从字里行间去领悟先哲们的精与神,而是像代表"真理"和"正义"的法官,把历经几千年岁月检验的经典当做囚犯来审问和逼供,还自以为是"创新"和"创造"。这正应了蒲伯所言:"天使不敢践踏的地方,蠢材蜂拥而至";也应了一句德国的谚语:"笨蛋虽笨,但还有更笨的人为他喝彩。愚蠢和傲慢同是一树之果。"

犯了这种通病的人们,我看正好对应了老子所说的"下士",对应了庄子所说的"井蛙"、"夏虫"、"曲士",永远处于孔子所说的"中人以下"。

这样的人,无论什么智慧,无论什么光辉,也无法将他们唤醒。

著名哲学家、伦理学家约翰·博德利·罗尔斯曾有一段关于如何读书的自白:"我读前人的著作,如休谟或康德,有一个视为当然的假定,即这些作者比我聪明得多。如果不然,我又何必浪费自己和学生的时间去研读他们的著作呢?如果我偶然在他们的论证中见到了一点错误,我的第一个反应是:他们自己一定早已见到了这个错误,并且处理过了。他们在哪里见到并处理了这个错误呢?这是我必须继续寻找的;但所寻找的必须是他们自己的解答,而不是我的解答。因此我往往发现:有时是由于历史的限制,我的问题在他们的时代根本不可能发生;有时则是由于我忽略了或未曾读到他们别的著作。总而言之,他们的著作中决没有简单的一般错误,也没有关系重大的错误。"这番自白充分表现了西方学人读书的虚心与谦逊。

经典,非一次性消费品,值得我们用一生的时间去体会和感悟。

这些年来,我怀着一颗敬畏之心和忏悔之心,持续地阅读国学经典。我不敢像那些"尊西人若帝天,视西籍如神圣"的人,仅仅浏览一二,就凭着一知半解的西方观念,对我们的国学经典指指点点横加批判。

我是一个传媒人,我坚信中国的国学经典中蕴含着本真、本原、全面、深刻、系统、科学的人才观和方法论。传播古圣先贤做人、识人、用人的智慧,是媒体不可推卸的责任。

在我看来,"正本清源,树德开慧,道术并重,标本兼治"当是我们这个时代教育、教化的方针和总则。

对于古往今来的智者们,我也无限感恩。没有他们学习、研究的成果,我和无数"学而知之"、"困而知之"的人一样,必然缺少很多的借鉴养分,必然出现更多的困惑,也必然会走更多的弯路;没有他们相通相融的智慧名言和哲理故事丰富自己,我的体会和感悟将会黯然失色。

我的体会和感悟,这些年来已与许多热心的读者多次交流。我没有什么新奇的观点,若有些许闪光之处,那是被经典的智慧照亮;若有错漏和谬误,责任一定在我自身。所以我诚挚地期待着读者、专家的批评与指正。

主编《四库全书》的清代学者纪晓岚曾经说过:"世间的道理与事情,都在古人的书中说尽,现在如再著述,仍超不过古人的范围,又何必再多著述?"南怀瑾先生对此深以为然:试看今日世界各国学者关于思想学术方面的著作,无不拾古人之牙慧,甚至,强调来说,无不是中国古人说过的话。所以纪晓岚一生之中只是编书——整理前人的典籍,将中国文化作系统的分类,以便于后来的学者们学习,他自己的著作只有《阅微草堂笔记》一册而已。

"日出唤醒大地,读书唤醒头脑"。在这个知识文化读物远远多于知识分子和文化人的时代,我编撰的《宝重〈弟子规〉》、《体会〈论语〉》、《感悟〈老子〉》等《唤醒》系列,只是祈望促使人们认真读上几本国学原典,从而将自己唤醒。若能如此,那将是我一生的满足。

经典,开生命无限智慧

第二部分

唤醒,从《弟子规》开始

《弟子规》是一本什么书?是清朝康熙、乾隆年间一位叫李毓秀的开私塾的秀才,根据儒家经典《论语》的概要所作的一本儿童启蒙读物。

"弟子",指的是年幼的孩子和学生;"规",就是戒律。

《弟子规》原名《训蒙文》,其内容采用《论语》学而篇第六条——"弟子入则孝,出则弟,谨而信,泛爱众,而亲仁,行有余力,则以学文"的文义,以三字一句、两句一韵加以演述,具体列举出为人子弟在家、出外、待人接物、求学应有的礼仪与规范,特别讲求家庭教育与生活教育。后来,《训蒙文》由清朝贾存仁修订,并改名为《弟子规》。

《弟子规》开篇就告诫我们:"首孝弟,次谨信,泛爱众,而亲仁。有余力,则学文。"

今天的儿女,就是明天的父母。

作为儿女,首先要做到孝敬父母,友爱兄弟姐妹;其次,一切言行都要谨慎,讲求信用;在外与人交往要怀有一颗爱心,平等和善,并懂得亲近有仁德的人。以上这些事情都必须身体力行。力行之余,就应努力学习文化经典和各种技艺,以实现人的全面发展。

人类社会的成员从表面上看纷繁复杂,但无非是上下、父子、夫妻、兄弟、朋友这几大类关系,即所谓"君臣也,父子也,夫妇也,昆弟也,朋友之交也,五者天下之达道也"。如何处理这些成员之间的关系,建立起一种和谐的秩序,这是人类社会必须面临的首要问题。

为什么做人的首要是孝悌?为什么人们都信奉"求忠臣必于孝子之门"?因为从识人的角度看,对父母都不孝的人,别指望他对任何人忠诚。在现代社会,那些令人敬仰的真正的人民公仆,同时一定也是忠良忠厚的孝子。

两三百年来,《弟子规》一直被中国人视为启蒙养正防邪存诚的最佳读物。

中国国学是一座大山。要进入这么一座大山,说不容易也不容易,说容易也容易。如果本无基础,要想快速读遍中国文化的经典,很多人会感到力不从心。那么,最好的方法就是从诵读《弟子规》开始。

为什么呢?因为《弟子规》简明扼要,浅显易懂,说理透彻,循循善诱,押韵顺口,朴实无华,堪称进入国学这座大山最便捷的一扇大门或者一条路径。

今天,不仅孩子们重又开始诵读《弟子规》,越来越多的企业也用《弟子规》来建设自己的企业文化。这个现象,从一个方面来说,令人汗颜,因为少儿时代就应当明白的道理,成年人现在才开始补课;从另一方面来看,又让人十分欣慰:在这个浮躁的时代,人们毕竟开始了向生命原点智慧的回归。

《弟子规》教给了我们做人与做事的最根本的智慧。这些智慧,说到底其实是常识。然而从某种意义上讲,常识比知识更为重要!

我根据自己的学习体会和人生感悟,从十个方面对《弟子规》的智慧进行了总结和阐述:孝悌的人忠良忠厚,礼让的人领悟尊严,谨慎的人寡过无失,感恩的人无尤无怨,奉献的人福至心灵,淡定的人远离祸端,诚信的人坦荡自律,亲仁的人必有善缘,有志的人力行高飞,体道的人宝重经典。

无论是生活之家,还是企业之家乃至整个国家,要想血脉延续,不能不具备合于天道、人道的家道、家学、家法和家规,并在此基础上形成良好的家风,从而让家业不败,家业昌盛;而《弟子规》就是这样一部促进家道、家学、家法、家规、家风、家业优良的宝典!

《弟子规》是宝,分量非同一般。人性的唤醒,文化基因的唤醒,生命智慧的唤醒,让我们从《弟子规》开始。

《弟子规》原典

总　叙

弟子规　圣人训　首孝弟　次谨信　泛爱众　而亲仁　有余力　则学文

入　则　孝

父母呼　应勿缓　父母命　行勿懒　父母教　须敬听　父母责　须顺承
冬则温　夏则清　晨则省　昏则定　出必告　反必面　居有常　业无变
事虽小　勿擅为　苟擅为　子道亏　物虽小　勿私藏　苟私藏　亲心伤
亲所好　力为具　亲所恶　谨为去　身有伤　贻亲忧　德有伤　贻亲羞
亲爱我　孝何难　亲憎我　孝方贤　亲有过　谏使更　怡吾色　柔吾声
谏不入　悦复谏　号泣随　挞无怨　亲有疾　药先尝　昼夜侍　不离床
丧三年　常悲咽　居处变　酒肉绝　丧尽礼　祭尽诚　事死者　如事生

出　则　弟

兄道友　弟道恭　兄弟睦　孝在中　财物轻　怨何生　言语忍　忿自泯
或饮食　或坐走　长者先　幼者后　长呼人　即代叫　人不在　己即到
称尊长　勿呼名　对尊长　勿见能　路遇长　疾趋揖　长无言　退恭立
骑下马　乘下车　过犹待　百步余　长者立　幼勿坐　长者坐　命乃坐
尊长前　声要低　低不闻　却非宜　进必趋　退必迟　问起对　视勿移
事诸父　如事父　事诸兄　如事兄

谨

朝起早　夜眠迟　老易至　惜此时　晨必盥　兼漱口　便溺回　辄净手
冠必正　纽必结　袜与履　俱紧切　置冠服　有定位　勿乱顿　致污秽
衣贵洁　不贵华　上循分　下称家　对饮食　勿拣择　食适可　勿过则
年方少　勿饮酒　饮酒醉　最为丑　步从容　立端正　揖深圆　拜恭敬
勿践阈　勿跛倚　勿箕踞　勿摇髀　缓揭帘　勿有声　宽转弯　勿触棱
执虚器　如执盈　入虚室　如有人　事勿忙　忙多错　勿畏难　勿轻略

斗闹场　绝勿近　邪僻事　绝勿问　将入门　问熟存　将上堂　声必扬
人问谁　对以名　吾与我　不分明　用人物　须明求　倘不问　即为偷
借人物　及时还　人借物　有无悭

信

凡出言　信为先　诈与妄　奚可焉　话说多　不如少　惟其是　勿佞巧
奸巧语　秽污词　市井气　切戒之　见未真　勿轻言　知未的　勿轻传
事非宜　勿轻诺　苟轻诺　进退错　凡道字　重且舒　勿急疾　勿模糊
彼说长　此说短　不关己　莫闲管　见人善　即思齐　纵去远　以渐跻
见人恶　即内省　有则改　无加警　唯德学　唯才艺　不如人　当自砺
若衣服　若饮食　不如人　勿生戚　闻过怒　闻誉乐　损友来　益友却
闻誉恐　闻过欣　直谅士　渐相亲　无心非　名为错　有心非　名为恶
过能改　归于无　倘掩饰　增一辜

泛爱众

凡是人　皆须爱　天同覆　地同载　行高者　名自高　人所重　非貌高
才大者　望自大　人所服　非言大　己有能　勿自私　人所能　勿轻訾
勿谄富　勿骄贫　勿厌故　勿喜新　人不闲　勿事搅　人不安　勿话扰
人有短　切莫揭　人有私　切莫说　道人善　即是善　人知之　愈思勉
扬人恶　即是恶　疾之甚　祸且作　善相劝　德皆建　过不规　道两亏
凡取与　贵分晓　与宜多　取宜少　将加人　先问己　己不欲　即速已
恩欲报　怨欲忘　报怨短　报恩长　待婢仆　身贵端　虽贵端　慈而宽
势服人　心不然　理服人　方无言

亲仁

同是人　类不齐　流俗众　仁者希　果仁者　人多畏　言不讳　色不媚
能亲仁　无限好　德日进　过日少　不亲仁　无限害　小人进　百事坏

余力学文

不力行　但学文　长浮华　成何人　但力行　不学文　任己见　昧理真
读书法　有三到　心眼口　信皆要　方读此　勿慕彼　此未终　彼勿起
宽为限　紧用功　工夫到　滞塞通　心有疑　随札记　就人问　求确义
房室清　墙壁净　几案洁　笔砚正　墨磨偏　心不端　字不敬　心先病
列典籍　有定处　读看毕　还原处　虽有急　卷束齐　有缺坏　就补之
非圣书　屏勿视　蔽聪明　坏心志　勿自暴　勿自弃　圣与贤　可驯致

《弟子规》原典

一、孝悌的人忠良忠厚

如果说家是人们的堡垒，孝就是堡垒下的基石。

孝是有层次的。奉养是最低的要求和层次。中等的层次是"弗辱"，就是说儿女不要给父母带来耻辱，一个人做了坏事，连累了父母，乃是最大的不孝。孔子说那种"一朝之忿，忘其身，以及其亲"的人，凭一时气愤办坏了事情，甚至违法犯罪，不但自己受到惩处，还连累了父母，这正是最大的不孝。

最高层次的孝，是要对生命的整个链条负责，"上对得起祖宗，下对得起子孙"，更对得起国家和民族。这种层次的孝，不仅关乎父母、祖宗，更关乎国家和民族。

所以，孝道是大道。孝作为人类的善根，具有永恒的本原的道德意义。

亲爱我　孝何难

早期的因纽特人有一个习俗：一旦孙辈出生，上了年纪的爷爷奶奶，就会默默无声地走向冰天雪地，在荒凉的深处结束自己的生命。为什么呢？因为当时自然条件很严酷，养活不了那么多的人。这是一种牺牲自我的悲壮的爱。

现代社会，物质文明越来越丰富，那些悲壮的习俗早已不存在了，但是，父母为儿女们牺牲自我的所作所为，依然是感天动地。

古今中外，慈母的故事数也数不清，讲也讲不完，无人不知母爱的无私、温暖与伟大；那么父爱呢？同样如山！

几年前的农历正月，武汉发生了一起汽车与火车相撞的惨烈事故。

清晨，一辆公共汽车在经过一个无人看守的道口时突然熄火，于是驾驶员下车找水去了。天寒地冻，十几名乘客都舒舒服服地待在还算暖和的车厢里，谁也没有想到大祸将临。

没人留意到火车是几时来的，从远远的岔道。只能说，是呵气成霜的车玻璃模糊了众人的视线，而马达的轰鸣和紧闭的门窗又隔绝了汽笛的鸣响。当发觉的时候，已是一声巨响，顷刻之间，公共汽车内的所有生命全部停止了。

然而，突然间，路旁爆发出孩子的哭声。

那是一个大概两三岁的小孩子，就躺在路基旁边一点点远的地方，他身穿小小的整洁的红棉袄，一手揉着惺忪的眼睛，还不知发生了什么事，只是一味哭叫:"爸爸,爸爸……"

孩子为何躺在路旁?有目击者说,在公共汽车与火车相撞的刹那,有一双手伸出窗外,把这个孩子抛了出来……

孩子的父亲后来找到了。他的座位正对着火车头的那一面,所以应该是第一个被撞上的人。这位父亲身体上所有的骨头都被撞断,头颅被挤扁,满是血污与脑浆的衣服已经看不出颜色与质地……

那么,人们是怎么认出他的呢?

因为他的双手,仍对着窗外,保持着抛送的姿势!

好几年前的事了,早没人记得他的名字,只是在经过这个道口的时候,还会有人指着那个地方说:"曾经有一个父亲……"

成都市近年发生的一起车祸,那情那景同样让人感慨万分。驾车的父亲在失控的汽车冲向卡车的瞬间,毫不犹豫地将自己这一边撞了上去,保全了坐在副驾位置上的妻儿,而自己当场死亡。

父母对儿女的爱为何无私?因为儿女是他们的血脉,是他们生命的延续。

在国外,有一位父亲的故事同样是泣鬼神、惊天地。

1948年,一艘横渡大西洋的船上,有一位父亲带着他的小女儿,去和在美国的妻子会合。

一天早上,男人正在舱里削苹果,船却突然剧烈地摇晃起来,刀尖直刺他的心脏。男人跌坐在地,全身颤抖,嘴唇瞬间乌白。

6岁的女儿被父亲瞬间的变化吓坏了,尖叫着扑过来想要扶他,他却微笑着推开女儿的手:"没事,只是摔了一跤。"然后轻轻地拾起刀子,很慢很慢地爬起来,不引人注意地,用大拇指揩去了刀锋上的血迹。

以后3天,男人照常每晚为女儿唱摇篮曲,早晨替她系好美丽的蝴蝶结,带她去看大海的蔚蓝。仿佛一切如常。

抵达的前夜,父亲来到女儿身边,对女儿说:"明天见到妈妈的时候,请告诉妈妈,我爱她。"

船到纽约港了,女儿一眼便在熙熙攘攘的人群里认出母亲,她于是大喊:"妈妈……"

就在此时,周围忽然一片惊呼,女儿一回头,她的父亲已经仰面倒下,胸口血如井喷,刹那间染红了整片天空……

尸解的结果让所有人惊呆了:那把刀无比精确地洞穿了他的心脏。然而,他却多活了3天,而且不被任何人觉知!

从生理学上解释，唯一可能的原因是创口不大，但在医学会议上，人们更认为这是大西洋上发生的奇迹。一位坐在首席的老医生，须发俱白，皱纹里满是人生的智慧，他一字一顿地说："这个奇迹的名字，叫做父亲！"

《弟子规》告诫我们："亲爱我，孝何难。"父母总是将自己的儿女视为生命，为人儿女，怎能不用心体会用心回报？孝顺父母，敬爱父母，真真是天经地义。

"孝"字由"老"字和"子"字构成，意即子辈对父辈的尊敬爱戴，延伸下去，就是对人类生命智慧、生存理念、事业技能、经验情感的主动效仿、效法、接替和传承。

在古人眼里，"身体发肤，受之父母，不敢毁伤，孝之始也。"

孔子的弟子曾子在病逝之前，把自己的弟子召集到身边说："看看我的脚，看看我的手，身体完整无损吧！我一生遵守孝道，不负父母所望，遵守《诗经》上的谕示：ّ战战兢兢，如临深渊，如履薄冰。'从今以后，我就要心安理得地去见父母了，懂了吗？小子们！"这是两千多年前典型的孝子心态。

孝顺的人们深知父母无时无刻不在担心儿女的健康与安全，自己的身体如果受到伤害，一定会给父母亲带来忧愁；自己的品德如果有缺失，一定会让父母感到羞辱而没有面子。这就是《弟子规》中告诫我们的："身有伤，贻亲忧；德有伤，贻亲羞。"

春秋战国时期，卫国有一位名叫开方的贵族，在齐国做了大官，10年都没有请假回去。工作算是勤奋吧？然而，管仲却把他开除了，理由就是他在齐国10年了，从来没有请假回去看看父母。

在管仲眼里，像这样连自己父母都不孝敬的人，又怎么会忠于自己的君主呢？所以不可以为官。

那么，儿女的孝心应该如何体现呢？

《弟子规》告诫我们："父母呼，应勿缓；父母命，行勿懒；父母教，须敬听；父母责，须顺承。"

我们在家中，父母叫唤我们时，应该一听到就回答，不要慢慢吞吞地答应。父母有事要我们去做，要赶快行动，不要借故拖延，或者偷懒不做。父母教导我们时，要恭敬而不可随便，将他们的话听到心里。我们犯错了，父母责备我们，应当顺从，并且承担过失，切不可忤逆，让他们伤心。

生老病死是自然的规律，那么儿女们应当怎样面对父母的疾病与离世呢?

《弟子规》告诫我们:"亲有疾,药先尝,昼夜侍,不离床";"丧三年,常悲咽;居处变,酒肉绝。丧尽礼,祭尽诚,事死者,如事生。"

当父母身患疾病时,熬好的汤药,我们做儿女的一定要先尝尝是否太凉或是太热,不论白天夜晚,都应该侍奉照顾。父母病重时,自己的儿女能在身边陪伴,最能让他们感到温暖和满足。

父母不幸去世,儿女应当守丧3年。守丧期间,对父母亲怀有深厚感恩之情的儿女,常常会悲伤哭咽。我们的古人,会将自己住的地方布置得十分简朴,并戒除喝酒吃肉的生活享受。为什么要这样做呢?孔子说,孩子生下来3年之久才离开父母的怀抱,能够自己走、自己吃以后,父母才会稍稍松一口气。父母去世后,儿女为什么就不能为父母守丧3年呢?

曾子说:"倡导重视葬礼,追念久远的祖先,百姓就会品行淳厚。"这就是"慎终追远"的意义所在。

现代社会工作节奏越来越快,父母若有在天之灵,肯定不愿儿女因为怀念自己耽误工作和前程,所以即便不能守丧3年,也应当将思念存乎于心。我们总不可以在父母去世不久,便心安理得花天酒地尽情享乐吧?若不将父母的离去当一回事,是否真的知"孝",就得打一个大大的问号了。

办理父母的丧事要依照礼仪不可马虎,祭祀时要心怀诚意。对待已经去世的父母,要像父母生前一样恭敬,这才是真正的从内心追念。

父母安好的时候,一个有孝心的人,无论身在何方,走到哪里,心里都会记挂着他们。父母的年纪不可忘记,一方面我们为他们的长寿而高兴,一方面又为他们的衰老而忧惧。

儿女们在自己事业忙碌或者不顺的时候,很容易在父母面前表现出不耐烦,更难以对年迈的、久病的或者能力欠缺的父母和颜悦色,所以孔子说"色难"。

一代名君唐太宗,天生威严,曾对大臣们当着自己的面不敢讲话非常疑惑。勇敢的魏徵告诉他:因为大家看见你害怕。听进去劝谏的唐太宗,为使自己态度变得和蔼,竟回去对着镜子学笑。可见,就算对于唐太宗这样杰出的君主来说,"色难"也真是一个问题。

父母养育儿女的至爱之心,总如豆腐脑般细腻。将心比心,儿女当以同样的心态来回报。在今天这个物质生活日渐丰富的时代,父母即便不再需要让儿女来赡养,但是精神上的交流、沟通乃至抚慰,则更是不可或缺。

现在很多的青少年，总是以所谓"代沟"的名义，拒绝与父母沟通。

一个城市的调查结果显示：超过65%的青少年经常顶撞父母或对父母发脾气；70%左右的学生从不主动参与家务劳动；乘车时既能让老人先上，又能为老人让座的仅占45.7%。许多的青少年，没有认识到他们的成长浸透着父母和身边人的付出，更不懂得感恩。

一名初中学生给父亲发短信要钱，内容只有3个字："爸：钱。儿。"深爱儿子的父亲看罢心酸不已。

再来看看我们现在的德育课，似乎一开始并不强调什么孝悌，首先强调的是爱国爱党爱学校，这使人感到悲哀。爱国爱党爱学校的正确性不用讨论了，但若一个人对自己的父母都不爱，对兄弟姐妹都不爱，怎么可能再有大爱？难道我们的教育工作者，真的已经习惯了自欺欺人，还要让孩子们也学会自欺欺人？

重庆北碚区三圣镇毛安村的汪亏碧老太太，膝下有五儿一女。老伴去世后，她与大儿子、四儿子、五儿子3家人生活在同一独院内。该院共有6间房，儿子3家人各占了两个房间，由于老四在外打工，经常没在家，汪老太就住在四儿子的一间小屋内，由几家人轮流照顾。

一次，80高龄的汪亏碧在家中取物时不幸摔倒，尾椎骨骨裂。由于"无钱"手术，只好在镇上的诊所内进行了简单的药物治疗。

老人摔断尾椎后，失去了行动自由，基本瘫痪，经常大小便失禁，房间里散发出恶臭。四儿媳无法忍受，想叫汪老太搬出去住，但其他两家人都不愿意接收，互相推诿甚至争吵。四儿媳与老四商议后，便在院子边的猪圈里铺了一张床，将汪亏碧搬入猪圈居住。对于这样的做法，老大和老五两家也没有提出异议。五儿媳说，家里确实也没有多余的房间供老人居住，而且老人大小便已处于失禁状态，在猪圈铺床睡觉更方便一些。于是，史上最缺德的"全家公决"出现了——五兄弟一致同意让8旬受伤老母住在猪圈！

这个大家庭的儿女们，真可说是典型的不仁不义不孝不悌。对老母亲狠心，彼此之间又争吵推诿，可以想见，他们兄弟姐妹之间、夫妻之间，一旦有人陷入绝境，更会马上成为陌路。再者，他们自己的儿女看在眼里，记在心头，一定会学在行动上。自己种下了恶因，也必定自己承受恶果。

赤子心　感天地

古希腊有言:"孝"的目的在于"人类的繁荣"。的确,无论人类处于什么阶段,父慈子孝、兄友弟恭都是社会和谐与发展的基础。

弟子规告诫我们:"冬则温,夏则清,晨则省,昏则定。出必告,反必面,居有常,业无变。事虽小,勿擅为;苟擅为,子道亏。物虽小,勿私藏;苟私藏,亲心伤。亲所好,力为具;亲所恶,谨为去。"

为人子女,一旦长大懂事,冬天应该留意父母亲穿衣和居处是否暖和,夏天要考虑父母亲是否感到凉爽。每天早上起床和晚上临寝,也一定要向父母亲问安。

孔子说:"父母在,不远游,游必有方。"这是先秦儒家"孝"道的具体内容之一。当然,我们现在这个星球,已逐渐成为"地球村","远"也可以变成"近"了;再有,儿女们在父母面前,更非一直处于附属的地位。但是,孝顺的儿女,离开父母出走远门一定会说明正当的理由,并得到父母的同意。

外出时先要告诉父母自己到哪里去,回家以后一定要马上面见父母,让他们心安。日常生活起居作息要有规律,而且对所从事的职业和事业,不可随便改变。

人还不成熟的时候,事情就算很小,我们也不要擅自做主,应该先禀告父母。假如任意而为,就有损于为人子女的本分。东西虽然很小,也不要背着父母偷偷地私藏起来,因为父母知道了,心里一定会十分难过。父母所喜爱的东西,当子女的应当尽力准备齐全,而父母所厌恶的东西,就要尽力排除。

许多人认为:动物的后代长大了就独立生活,不会对父母有孝心,而且有的动物家族,年老的个体还会被赶出群体,孤独地死去。这是符合自然规律的,因为个体行动不便就会拖累群体。乌鸦反哺和羊羔跪乳都只是拟人化的比喻,没有任何孝敬的含义在里面。

不过,在《小尔雅·广鸟》中有记载:"纯黑而反哺者,谓之慈乌。"我国脍炙人口的"乌乌(乌鸦)反哺"的传说,可能就出自于此。

慈乌从雏鸟长大,开始独立生活,而自己的妈妈因产蛋、孵化、哺育、长期劳累,到了老年就变得体弱多病,不能外出觅食了。这个时候,儿女会主动担负起赡养的职责,在哺育自己后代的同时,不辞辛劳地捕捉昆虫去喂父母,直到它们去世,并且为其举行葬礼之后方肯离去。欧洲鸟类学家曾经观察到：两只乌鸦衔着一只死去的乌鸦飞到一个池塘上空，将同伴抛入水中，接着一群乌鸦飞来，盘旋在上空发出哀鸣，经久不散，实际上这是在为自己的同伴举行追悼会。动物学家在自然界里还经常看到这种动人的情景：乌鸦在找到食物后，不是只顾自己饱餐一顿，而是大声鸣叫，先请父母前来享用。老乌鸦食用之后，再让雏鸟慢慢地啄食，自己则飞往高处"站岗放哨"。正因为如此，人们把慈乌称为"孝鸟"。

白尾鹫是一种生活在草原上的鸟类，以野马等动物的尸体为食。发现诱人的美味佳肴之后，它们也从来不会蜂拥而上你争我夺，而是老者优先。老鹫饱餐之后便飞到附近的高山上担负警戒任务，让儿女们安全放心地进餐。

出于对父母生命安全的考虑，澳大利亚的彩虹鹦鹉和英国的秃鼻乌鸦等通常是以垂直的方向群栖的。它们安排年幼的鸟在低处停栖，而年长的鸟却享有在高处停栖的"特权"。这样做可以有效地防止来自地面天敌的突然袭击，确保父母的安全。

米利鸟生活在美洲的哥伦比亚森林，因为对父母十分孝敬，同样享有"孝鸟"的美名。它其貌不扬，小如麻雀，尖嘴酷似钩子，尾羽上长有环状物。米利鸟的睡觉方式与众不同：由一只鸟首先将尾羽上的环牢牢地挂在树杈上，再用它的尖喙紧紧地钩住另一只鸟尾羽上的环，然后一只接一只，把自己和同伴的身体串联成一条"长链"，构筑起一张柔软无比的"席梦思吊床"，父母则舒适地躺在上面安然入睡。如果遇到刮风下雨，它们还会及时地把"吊床"卷起来，将年老的父母裹在中间，使其免受风雨的侵袭。

专家在考察非洲大猩猩的生活及种群时发现，捕猎大多由公猩猩承担，它们设计好包围圈，由一个或几个猩猩负责轰赶，让猎物进入埋伏地，然后从树上到地下立体攻击，让猎物无处逃生。捕获猎物后，所有的家庭成员都可以享用，比非洲狮公平得多。更让人感动的是猩猩的孝心。有这么一个猩猩种群，当4个雄性后代到了十多岁接近性成熟时，老大接了父亲的班，带领这个家族四处觅食，老二随着家族转移，老三老四则留下来照顾年老体衰的父亲。一直照顾了两年多，父亲不幸去世了，两个儿子不吃不喝在尸体旁驱赶蚊蝇，饿了就吃蝇卵，待了很长的时间。儿子为了父亲不惜和种群离散，实在是难能可贵。

一个鹿群就是一个家族，在这个集体里，年老体弱的母鹿备受尊重和照顾，总是被分配去做劳动强度不大的事情，例如当"保姆"抚育幼鹿，或

一、孝悌的人忠良忠厚

者担任向导带着儿女们寻找草肥水美的地方。当年老的雄鹿因为有病而行动不便时，家族也会专门安排一只强壮的小鹿去照顾它的生活。

一个孩子作文记载——我和舅妈到水井边去洗衣服，我洗了一会儿手便麻了，舅妈叫我在边上休息一下，我便坐下来，眼睛盯着地面上的蚂蚁。突然，我看见一只大蚂蚁爬到我的腿上，我用力一跺脚，蚂蚁便摔到了地上。这时，一只正在搬动食物的小蚂蚁快速跑到大蚂蚁的身边，驮起它，一步步爬向洞口。我见了大为感动，心想：小蚂蚁不顾到嘴的食物，奋不顾身地跑来救大蚂蚁，肯定是一对母子！

1978年12月，动物学家目睹到了一场大象的丧礼。在非洲密林的一处草地上，几十头象围着一头步履蹒跚、有气无力的重病老象。象群用鼻子把附近的草叶集拢来捆成束，朝它嘴边投去，但老象已不能进食，最后终因支撑不住倒地而死。这时象群发出了一阵哀号，为首的雄象用象牙掘松泥土，用鼻子卷起向象尸投去，众象纷纷仿效。一会儿，象尸就被掩埋，形成一个土墩。雄象率领象群边加土边踩踏，然后绕墓缓行，直到夕阳西下，才各自扇着耳朵、甩着鼻子，依依不舍地向象坟告别，迈向密林深处。

一个人是否懂得孝道，与他的学历、知识与财富其实无关。纯朴的家风，总是孕育出纯朴的后代。

仅有初中文化的戴永胜，是山东菏泽市和堂村的农民。两个姐姐已经出嫁，65岁的父亲退休后每月有近600元的退休金，母亲用一双勤劳的手在家务农，而戴永胜初中毕业后接替父亲，成为矿务局的一名工人。日子过得虽不富裕，却也和和美美。

然而，2001年底母亲病倒了，检查确诊为卵巢癌，腹腔内已经大量积水。母亲手术后，主刀医生找到戴永胜，悄悄地告诉他："我们打开你母亲的腹腔后发现，癌细胞已大面积扩散，现在看来，她最多还有4个月的存活期，没有必要化疗了。回去后，多给她买点好吃的，尽量满足她的要求……"

全家人顿时陷入了悲痛之中。戴永胜的姐姐天天想方设法给母亲买来她最喜欢吃的东西；父亲张罗着在村头修庙，还用纸叠了14万个"元宝"，整整装了12个大编织袋。就在几乎所有的人都被迫接受现实的时候，戴永胜做出了一个惊人的决定：走出去，哪怕走到天涯海角，也要为母亲找到治愈癌症的药物！

打定主意后，戴永胜踏上了寻访的路途。谁知道，这一寻就是5年之久。

为了挽救母亲,戴永胜先后辗转了15个省、市、区,寻访了许多专家,搜集秘方150多个,阅读抗癌方面的书籍上百万字,写出了20多万字的抗癌日记。为了寻医问药,他债务缠身,还险些被火车夺去生命。

戴永胜为母寻药的行为感动了上苍,付出终于有了回报。2004年10月,戴永胜带母亲到医院复查时,确诊"癌细胞已经萎缩了60%"。经过几年的治疗,戴母身体好了许多,气色不错,体重也从40多公斤增加到50多公斤。

戴永胜救母的事迹经媒体报道后,引起了社会各界的广泛关注和强烈反响,许多热心人纷纷来信或致电,有的希望帮助他,有的索要药方为自己的亲人治病。

榜样的力量是巨大的。安徽淮南一位年迈的老太太有3个儿子,但谁都不肯赡养她。当地居委会从媒体上看到报道戴永胜事迹的文章后,及时把3个儿子召集在一起讨论。3个儿子开始还不相信,直到居委会王主任拨通戴永胜的电话,让他们核实后,才心服口服,表示要以戴永胜为榜样孝敬老人。

当初,为了挽救病危的母亲,戴永胜不仅放弃了青春梦想,还牺牲了自己的爱情。然而,也正是因为孝,一位安徽的姑娘被他的孝行深深地感动,从而让他重新拥有了爱的春天。

南怀瑾先生曾经说过,西方素来以自己的十字架文化为骄傲,认为将"爱上一代"与"爱下一代"融为一体,殊不知,西方人也日益走进了一个困境,即偏重强调父母怎样去爱子女,却忽视了子女对父母的孝养,"十字"文化变为了"丁字"文化,而在从前传统文化昌盛的中国,绝无这样的社会性困境。

不过,即便是在现代的西方,儿女之孝也同样使人温暖、让人感动。

12岁的鲁本是加拿大某地的一个小学生。有一天他从一家商店经过时,橱窗里的一件商品深深地吸引了他。不过对这个孩子来说,这件标价5加元的小商品实在是太贵了,因为这笔钱相当于他们全家人一周的开支。但是鲁本仍然坚定地推开这家商店的门,走进去告诉店主:"我想买橱窗内的那件商品,不过,我现在没有钱,请您先别卖,给我留着好吗?"

"没问题。"店主微笑着对他说。

鲁本很有礼貌地告别店主。他走着走着,突然从旁边一条小巷子里传来一阵敲打钉子的声音。鲁本循声朝施工场地走去，原来是当地居民正在建造自己的住房。鲁本见他们每次用完一小麻袋钉子，就顺手把装钉子的麻袋给扔了，而他早就听说有家工厂回收这种袋子，于是就从这个工地捡了两个袋子拿去卖了。在回家的路上，他的小手里一直紧紧捏着两枚5分的硬币，生怕丢了。回家后就把它放在铁盒里，然后藏在他家粮仓内的干草垛底下。

鲁本的父亲靠打鱼为生，母亲虽然一天到晚忙忙碌碌洗衣做饭、耕地种菜，还得抽空儿给羊挤奶，可她每天总是乐呵呵的。

鲁本深爱着自己的母亲。每天下午放学，他总是先做家庭作业，干完母亲交给他的家务活儿，然后就到大街小巷去捡拾装钉子的麻袋。虽然不时被饥饿、寒冷、困乏所折磨，但是小鲁本依旧坚持了下来。

第二年5月的第2个星期天，鲁本取出藏在粮仓草垛底下的小铁盒，用发抖的小手小心翼翼地将里面的硬币倒出来，睁大眼睛细数了一遍，仍不放心，又认真数了一遍：哇，只差20分就凑够5加元啦！

于是，他祈祷上帝保佑自己傍晚前能捡到对他来说至关重要的4条麻袋。随后，他急匆匆地把装钱的铁盒藏好，马不停蹄地就去寻找麻袋。夕阳即将落山时，他一溜烟赶到那家工厂，此时，负责回收麻袋的人正准备关闭厂门。鲁本慌慌张张地冲他喊到："先生，请您先别关门！"那人转过身来，对浑身脏兮兮的小鲁本说："明天再来吧，孩子！""求求您啦，我今天说什么也得把这4条麻袋卖掉，我求求您啦！"

"你干吗这么急着要钱？"那人好奇地问。

"这是一个秘密，对不起，不能告诉您！"鲁本诡秘地笑了一笑。

拿到4枚5分硬币后，鲁本稀里糊涂地向回收麻袋的负责人道了一声谢，便飞也似地跑回粮仓，取出铁盒，继而又飞跑到那家商店，二话没说把100枚5分硬币倒在柜台上。

接着，鲁本汗流浃背地跑回家，撞开房门，冲了进去。"到这儿来一下，妈妈。请您赶快来一下！"他扯着嗓子朝着正在厨房里的母亲喊道。

母亲刚一走到他的眼前，鲁本便迫不及待地将自己用1年多心血换来的珍宝放在妈妈的手里。妈妈轻轻打开包装纸，里面是一个蓝天鹅绒首饰盒，盒内放着一枚心形胸针，上面镶着两个灿烂炫目的镀金大字："妈妈"。

儿子在母亲节——5月的第2个星期天送给自己如此用心的礼物！除结婚戒指外没有任何贵重首饰的妈妈，顿时热泪夺眶而出，一把将儿子紧紧搂在怀里……

有人曾对孔子说:"你为什么不为政呢?"孔子回答说:"《尚书》上说,'孝,就是孝敬父母,友爱兄弟。'以孝悌的品德影响政事,也就是为政了,为何认为只有亲理政事才算是为政呢?"

孝悌是仁的根本。所以孔门弟子有子说:"一个孝顺父母友悌兄长却喜好触犯上司权威的人,那是很少见的。不喜好触犯上司权威而喜好造反的人,那是没有的!"

遵守孝悌之道,对于克服人的内心世界的自私物欲,可以说是一种强有力的道德校正。

孔子提出"君君,臣臣,父父,子子",意思就是君要像君,臣要像臣,父要像父,子要像子,君守君道,臣守臣道,父守父道,子守子道,各守各的本分。在孔子看来,处理好这几对关系,天下就井然有序,处理不好这几对关系,天下就会大乱。

正是古今中外那些孝悌的人们,不断温暖着人心,校正着社会,和谐着我们这个世界。

亲憎我　孝方贤

父母爱护子女,子女孝敬父母,那是极其自然的事;如果在父母讨厌我们的时候,我们却还能够用心尽孝,那才更是难能可贵。这就是《弟子规》中所告诫的:"亲憎我,孝方贤。"

在两千多年前的鲁国,有一个名叫闵损的少年,从小就过着饥寒辛酸的生活。因为幼时丧母,失去了慈母之爱,父亲闵公后来就给他找了个继母。

刚开始的时候,继母待闵损还好,等到她自己生了儿子以后,就开始冷落闵损了。父亲在家时还好些,父亲出门后,闵损便再也得不到什么温暖。继母不但让他带看弟弟,还把家中所有的脏活累活全叫他干,而9岁的闵损从无怨言,对待打骂也是逆来顺受,特别是对5岁的弟弟非常疼爱友好,处处关心谦让。

这年冬天,父亲从远方做生意归来,全家人欢欢喜喜团圆了。闵损给父亲送上一碗热水,但因为身上发冷,两个手臂不由自主地哆哆嗦嗦抖个不停,碗中的水竟洒了一多半,母亲瞪了他一眼,赶紧让小儿子又奉上一碗。父亲看在眼里,心里很不是滋味。

饭后，父亲带上兄弟两个赶着马车去拉货。一路上迎着凛冽的寒风，闵损冻得身体缩成一团，父亲看他穿着厚厚的棉衣，不觉火从心起，斥责说："弟弟穿得比你少，也没有冻成你那样，太没出息啦！"说着便顺手抽了他一鞭子。闵损的棉衣被打破了，从破洞处露出了芦苇花。父亲一看愣住了，刹那间他明白过来——后娘心狠，所谓的棉衣中，竟然没有一点点棉花！父亲心疼得当时就掉了眼泪。

拉完货回到家，闵公立即写了一纸休书。继母吓得跪地磕头，而盛怒之下的闵公坚决不予原谅。那时女人地位很低，一旦被夫家休掉，这一生就算是完了。

继母没有想到，绝望之际闵损竟然开口道："父亲息怒，孩儿恳求您饶了母亲。没有母亲的家不像一个家，母在一子单，母去三子寒啊！"说罢与弟弟叩头不止。闵公被儿子一番合乎情理的话语打动了，看了看几乎要昏倒的妻子，心肠软了下来，深深地叹了一口气说道："罢了，罢了，你们都下去吧。"

如梦初醒的继母，激动地抱着两个儿子痛哭失声。从此，温暖重又回到家中。

这个少年闵损，后来成为孔子的贤德弟子。

在一个子女较多的家庭，由于人性的弱点、父母本身的问题以及儿女自身的原因，很可能父母对某个儿女有所偏心，甚至还可能对某个儿女厌恶憎恨，但无论如何，儿女不可以牙还牙。

在中原地区，流传着这么一个故事。

一户农家有个顽劣的子弟，读书没有兴趣，打架惹事倒是家常便饭。

他的父亲是一位忠厚的庄稼人，有一天忍不住呵斥了他几句。儿子不服，反而破口大骂，父亲气得浑身发抖，拎起菜刀吓唬他，没想到儿子冲了过来，抢过刀子，一刀挥去。

老人捧着受伤的右手倒在地上，鲜血淋漓，痛苦地呻吟着。铸成大祸的儿子竟连看都不看父亲一眼，扬长而去。老人自此废了一只手。

儿子再回来的时候，已是将军了。起豪宅，置美妾。因为多少算是有身份的人，要讲点面子，便也把老父安置在后院，但却一直冷漠以待。

一夜，将军的仇家突然带领人马蜂拥而来，直杀入内室。大宅里，那么多的幕僚、护卫顷刻间逃得光光的，将军被围困了，眼看就要死在刀下。突然，一个老人从后院冲了进来，用剩下的那只左手死死握住了刀刃，同时用尽全力大喊："儿啊，快跑，快跑……"

自此，老人双手俱废。

3天后，逃亡的儿子回来了。他径直走到3天不眠不休、翘首期盼的父亲面前，深深地叩下头去，含泪叫喊："爹——"

一刀为他，另一刀还是为他，只因他是他的儿子！

人的成长，一般都遵循着这样一种规律：小的时候以父母为依靠，除了调皮之外，对自己的保护者言听计从；成年以后，因为有了自己的思想，开始对父母的意见不以为然，甚至唱起反调；到了老年，回过头来一看，往往会为自己年轻时的自以为是和莽撞行为而懊悔，于是又开始理解和佩服起自己的父母了，并开始真正地理解人伦亲情。

亲相隐　是与非

叶公告诉孔子说："我的家乡有个非常正直的人，他的父亲偷了人家的羊，他就亲自去告发。"孔子说："我家乡正直的人和你所讲的正直的人不同：父亲为儿子有所隐瞒，儿子为父亲有所隐瞒，正直就在其中了。"

孔子对告发自己父亲这种"大义灭亲"的行为很不以为然，他认为，"父为子隐，子为父隐"本来就具有了"直"的品格。

孔子说："仁者人也，亲亲为大。"仁，就是人与人之间相互亲爱，而亲爱亲人亲族最为重要。

"大义灭亲"是个成语，出自春秋战国时代。说的就是卫国大夫石碏为国为民不徇私情杀死自己儿子的故事。即便到了今天，石碏式的大义灭亲，依然可以博得普遍的同情、理解和赞叹。

千百年来，"大义灭亲"似乎一直是个褒义词。然而，正如老子所言"智慧出，有大伪"一样，有了"大义灭亲"的"壮举"，就一定有"伪大义灭亲"的人伦悲剧。翻开古代中国的宫廷政治史，骨肉相残、流血丹陛、烛影斧声、兄弟阋墙、弑父屠子的惨剧悲剧，不是层出不穷吗？

王莽弑二子，就是典型的求名卖直。

西汉末年，皇帝不信任外人，所以一度只让舅舅之类的外戚掌权。王莽正是一个外戚，然而他运气不太好，没有赶上封侯，所以显得穷酸。但是此人胸有大志，为了往上爬，苦心经营着自己正直清白的好名声。

当爬到一定程度，王莽就面临了权力斗争，被贬后遣出了京城。正在这个节骨眼上，他儿子王获杀了一名官奴。这种事在当时的显贵阶层中很平常，但王莽害怕被政敌当成把柄，就把儿子给逼死了，随后马上报了地方官。这种"大义灭亲、严于律己"的行为，给人们以极大的震动，朝廷里一番美言，又把王莽给调回去了。

后来，王莽又以"妄发议论、蛊惑人心"的名义，把大儿子王宇也逼死了，同样以此向太后邀功。太后下诏夸赞王莽不以父子之情损害国家之事，于是王莽借此机会，铲除了一大帮异己。

有一定阅历的中国人都对"文化大革命"不陌生。在那个年代，夫妻之间、父母子女之间、兄弟姐妹之间、师生之间互相检举、揭发、斗争，至今回想起来，仍是令人心痛让人战栗。那么多的非正常死亡，尤其是很多干部、知识分子，肉体折磨和伤害不能摧毁他们的生存意志，让他们完全崩溃以致走上绝路的，往往是造反派或者专政机关在他们面前摆放的配偶或者儿女"大义灭亲"的检举揭发材料！

在美国，当记者采访犯罪分子的亲人时，虽然他们对受害人及其家属表示同情，但几乎看不到他们对犯罪分子的严厉谴责或划清界限的声明，反而总是"我相信他是无辜的，我永远爱他"之类的语言。很多中国人对这样的表白难以理解，这不是明摆着是非黑白不分吗？但事实上，人们对家属的这种反应司空见惯，甚至认为理所当然。究其原因，除了美国没有株连的历史传统之外，也与其宗教信仰有关——基督教认为爱是永恒和无条件的。

湖北枝江一中高二学生覃瑶，在教室课桌上留下一封遗书后失踪。两天后，她的遗体在校园里一处3米多深的池塘中被发现。此时，距覃瑶14岁生日只有26天。

在她生前，曾经荣膺"神童"的桂冠，怀揣未竟的奥运志愿者梦想；在她身后，留下了一张"最想看"却永远也没有机会再看到的动画片和电视剧清单；当然，她留给众人的，更是哀伤和惋惜、争执与流言、痛苦及思考。

那天晚上6时，覃瑶的母亲接到女儿所在的高二班班主任的电话："覃瑶有半天没上课了。"母亲到校后，班主任告诉她：覃瑶上外语课看课外书，所以批评了她，并说如果这个星期她不能"创星"（校方的一种激励举措）的话，就要和家长"交流交流"。

覃瑶在后来写给父母的绝笔信中提到，这已是第3次被班主任看到在看课外书，"我不知道要怎么面对你们"。

现在，活着的人们已经无从知道，那个下雨天，14岁的覃瑶在跳入池塘之前，内心深处曾经历了怎样的挣扎。

且不论学校"创星"的是与非，如果父母对本来就优秀的女儿，在给予教育的同时,更给予她包容的慈爱,覃瑶会如此害怕老师与父母的"交流"吗？会产生"不知道要怎么面对"的强大心理压力吗？

覃瑶并非违法犯罪,并非涉及"大义",只是违反了一个学校的规定,便自以为罪不可赦,造成了一个无可挽回的悲剧。

中国人口占世界人口的1/5,自杀人数却占世界自杀人数的1/4,并且每年至少有200万人自杀未遂。自杀是我国第5位重要的死亡原因,更是15－34岁人群首位重要的死亡原因。多数国际专家认为,自杀未遂人数是自杀死亡人数的10至40倍;每出现1例自杀,平均至少对6个人产生严重的不良影响。如此推算,我国每年至少有1700万人的心理和社会功能,因为他们所爱的人的自杀死亡或自杀未遂受到严重损害,同时,自杀所造成的总的卫生负担也将增加38％。

中国的调查结果,与国外研究结果相似,情感障碍——主要为抑郁症,是与自杀密切相关的精神疾病。在中国,家庭因素则是与自杀相关的最重要的因素。

春秋战国时代,商鞅一派法家认为,要使君主政权达到"至治",必须使得"夫妻、交友不能相为弃恶盖非,而不害于亲,民人不能相为隐。"就是说,最亲密的夫妻和朋友,也不能互相包庇,而要向政府检举揭发,使得任何"恶"与"非"都不能隐匿。一旦有人犯罪,其亲友、邻里或者其他有关系的人都要共同受罚。于是秦国颁布了连坐法。

在变法后的秦国,一家之内可各自拥有独立的个人财产。《秦律》规定,丈夫偷窃,如果妻子知道了不告发,则同罪;如果不知道,则卖为奴隶。丈夫犯法,妻子告发,妻子的财产可以不予没收;妻子有罪,丈夫告发,则妻子的财产可奖励丈夫。

于是,为了不被牵连,也为了得到奖励,每个人都要像警察一样盯着身边的人,一旦发现有犯罪嫌疑就得赶紧报官。

汉儒曾这样描绘秦国的民风:儿子借父亲一把锄头,父亲的脸色便很难看;母亲来儿子家借个扫帚簸箕,儿子一家便骂骂咧咧;媳妇生了男孩便得意洋洋,不把公公放在眼里,婆媳一语不合,便"反唇相讥"。

这样的"告亲"规定,当然也被说成是制衡机制,使得人人不能自私自利,乱说乱动,作奸犯科,而社会秩序井然。但是人人不能自私自利的目的,却是为"我"——皇上服务的,也就是爹亲娘亲不如皇帝亲。所以灭亲是为了"大义","大义"则是为了皇上一人。

不过,自汉宣帝开始,威逼利诱"告亲"的法律有所松动,还规定了一些亲人之间可以不告发甚至包庇也不治罪的法条。

在今天,"亲亲相隐"是否与法制社会格格不入呢?

有人抱持"我爱我亲,但我更爱正义"的信念,也有人抱持"我爱正义,但我更爱我亲"的信念。如果前者有空间,那么也应该给后者以空间。

1994年的《法国刑法典》、1996年的《德国刑法典》、1975年的《意大利刑法典》都规定,明知近亲属犯罪而不告发,故意隐匿以及为亲属作伪证,帮助亲属脱逃,都不能认定是有罪。

中国的法律则比较严苛,既规定了任何人都有作证的义务,还规定了亲属也适用包庇窝藏罪。

作为一个坚定的人道主义者,孔子在其一生中,对道德介入政治生活一直抱有不衰的热情。而且,孔子的理想是为万世垂训,非为一朝立法。不可忽视的是,孔学、儒学的确确早已演绎为一种文化形态,两千多年以来,促成仁君、培育儒臣、调教民众,极大地影响了中国,影响了东方世界。

法制在治理国家中的作用当然不可忽视,但我们岂能忽视道德的力量?那种只顾方便公权力,不顾及亲情、人情、人性的法律,是不是合理呢?

中国的先贤倡导德化天下,但绝非不要法治。孔子对周朝就有"谨权量,审法度"的赞美,老子也说"常有司杀者",只是他们更强调治本治根。

理想的德治是一种比法治更高的境界。它以道德的力量规范人们的行为,在人与自我之间建立和谐人格,在人与社会之间建立和谐关系,在人与自然之间建立和谐世界。

家庭是社会的细胞,是人生温馨的港湾,是人之所以为人的最后一块栖息地。如果家庭的孝慈温情不在,那么我们构建和谐社会还靠什么呢?

法治治身,德治治心,法治治近,德治治远。

法制建设只是手段,社会的和谐与人类的幸福才是根本的目的。

儒家伦理中"亲亲相隐"的理念,在漫长的封建社会里也曾上升为法律规范。今天的我们,一方面在加速奔向现代化,同时也在倡导吸收人类一切文明成果。儒家的伦理没有理由烟消云散,"亲亲相隐"也应当成为文明法律不可或缺的一个部分。

亲有过　谏使更

圣贤毕竟是人中少数,每个人都会犯错,并在纠正错误中成长。作为儿女,对待父母,孝是首要的前提。那么,当父母也存在错误的时候,为人儿女是不是就必须一味顺从呢?儒家思想可不是如此不讲原则。

《弟子规》明确告诉我们:"亲有过,谏使更。怡吾色,柔吾声。谏不入,悦复谏。号泣随,挞无怨。"

父母亲有过失,当儿女的一定要劝谏改过,但是在劝谏的时候,绝对不可板着面孔,声色俱厉,脸色要温和愉悦,话语要柔顺平缓。假如父母亲不接受我们的劝谏,那就要等到他们高兴的时候再劝;假如父母亲在重大原则问题上有明显错误而又固执己见,有孝心的儿女,不忍父母亲陷于不义,就会放声哭泣恳求他们改过,即便遭到责打也毫无怨言。

《二十四孝》记载了一个孝子孙元觉的故事。

孙元觉从小就知道孝敬父母,尊敬长辈。可是,他的父亲却对老人不孝顺。因为孙元觉的爷爷年迈多病,只能吃饭,不能做事,父亲便感到极为讨厌。

一天,孙元觉的父亲忽然把病弱的老人按在筐里,绑在车上,要将他推到深山扔掉。

孙元觉放声大哭,跪在地上请父亲不要这样做,但父亲一把推开他,拉起小车就上山了。孙元觉跟在后面,又哭又喊,可父亲根本不听。

到了山里,元觉的父亲将老人连人带筐从车上搬下来,连筐子也不要了转身就走。爷爷爬出筐子后,元觉哭着把筐子捡起来,放在车上。

父亲说:"这是个晦气的东西,要它干什么?"

元觉认真地说:"我要把它收好,等您老了,就能用它来装您了。"

父亲大吃一惊,说:"你是我的儿子,怎么能说这种话呢!"

元觉说:"您是我的榜样,您怎样教育我,我就怎样做。您这样对待您的父亲,难道我就不能这样对待您吗?"

元觉的父亲于是幡然悔悟。

孔子提出的劝谏父母的原则是:其一,应当"几谏",即谨慎而又爱惜地劝告;其二,"敬不违",即不违背他们的正常意愿;其三,"劳而不怨",即绝对不可心存怨恨行为极端。

唐太宗李世民年轻的时候,随父亲李渊南征北讨。在一次战役中,父亲因战争失利决定退回太原，李世民劝谏父亲军队眼下不可后退，否则士兵会四处逃散，敌军也会乘机攻击。

然而无论怎样劝谏，李渊还是不予采纳。因为坚信危险的存在，当天晚上，李世民在军营外面放声大哭。

李渊出去探看，见儿子如此真切，终于静下心来听他分析利害得失。最后，李渊接受了李世民的进谏，停止了危险的撤军行动。

正确研读孔子所说的话，我们就会发现其思想与"父为子纲"的教条相去甚远。"父为子纲"所强调的，是父对子的绝对权威；而从孔子的思想看，儿女是可以怀疑父母的意见并且保留自己意见的。事实上，天下父母无不希望自己的儿女健康成长，只要坚持了孔子提出的几项原则，即便确信自己正确，也不会与父母发生正面的激烈的冲突，而是始终以恭敬、虔诚的态度对待自己生命的源泉。

儒家思想中还有一个规矩叫"小杖受，大杖走"。

曾参在孔子门徒中是一个典型的孝子。

有一天，雄鸡三唱，太阳从山林冉冉升起，曾参的父亲曾皙荷锄走出大门，曾参紧跟在后面，来到山脚下瓜地里。那瓜苗一片葱绿，十分茁壮，迎风摇摆着。

曾皙以教诲的口吻对曾参说："参儿，锄地下锄要稳，拉锄要匀，切勿忙手忙脚。"说着便做起示范。

曾参用心学习，小心翼翼地耘瓜。曾皙则是老当益壮，遥遥领先。

曾参初学乍练，手脚生疏，远远落在后面，但他不甘落后，奋力追赶。没想到，动作一快，竟把一棵肥壮的瓜苗锄掉了，于是大惊失色。

曾皙回头一看，十分生气，声色俱厉地顺手拿起木杖就打。曾参不仅没有逃避，反而顺从地趴倒在地，任凭父亲责打。

曾母听说儿子挨打，急忙跑到田间，抱住儿子痛哭："参儿受苦了！参儿受苦了！"曾参忍住疼痛，劝说母亲："请母亲不要难过，爹爹是在教训我。我惹爹爹生气了！"

曾皙渐渐息怒，回家之后，担心打伤了儿子，便悄悄到儿子的房门口窥视。曾参知道父亲走过来了，忍住肉体剧痛，抚琴而歌。

曾皙于是放下心来，缓步又走回屋去。

孔子知道了此事，马上就把曾参找来，指出父亲这样打他而不躲避是不对的。曾参吓了一跳说："老师认为我应该跑吗？"孔子解释说：爹爹打你，你要看他拿的棍子是粗还是细。棍子很细，你就不要跑。但若棍子很粗,就可能把人打伤打死,你不赶快跑开,万一他失手把你打成傻子打成残废怎么办?你遭殃了,爹爹也一定会后悔,而且背上恶名。这种情况下你不躲避,那不是不孝吗?

古往今来,真正狠心的父母实在是太少。今天的许多孩子,倒是几句话不中听就要跑,就要离家出走。为什么敢呢?因为有条件要挟,欺负父母就这么一个"宝贝"。

更有甚者,有的子女不仅不会"挞无怨",反而要鞭挞父母了。

在广东省中山市,一个18岁的女孩将父母双双杀死,并与尸体同处一屋达4天之久,直到案发。女孩向警方交代,杀死父母的原因是不能忍受他们争吵闹离婚。

那一天,父母又因为一点小事吵得不可开交,妈妈提出要和爸爸离婚,她一听就十分生气,大声对他们喊:"不要吵了,更不要再提离婚!"

喊完之后爸爸不再做声了,可是妈妈依然不依不饶地对爸爸骂个不停。她实在忍受不了,就从地上捡起一个旧胶袋,紧紧地套在了妈妈头上,然后用绳子将她的双手反绑起来,拖到房间里面。过了半个小时再去看时,发现妈妈已经断气了。

她又惊又怕,生病躺在床上的爸爸不停地劝她去公安局投案自首。她的爸爸以前跑运输养家糊口,后来出了车祸,患了严重的脑血栓,卧床不起,最近他把车子卖了,钱为女儿存了起来,希望她嫁个好人家。没想到,他的这个女儿当时脑子里面一片空白,想着妈妈都死了,不如大家一起死了吧,于是狠下心来,又用胶袋紧紧地套住了爸爸的头,把他也闷死了。

杀死了爸爸妈妈以后,她却并没有舍得让自己一起去死,倒是到了中山市内的一家大型超市,购买了几把大水果刀和锤子,就在房间里面慢慢地把他们的尸体肢解了,然后用黑色的大胶袋一包包装好,准备有机会就搬到外面扔掉。几天之中她下过一次楼,和房东见过面,还说过几句话。

这个女孩为什么如此轻易就杀死了自己的父母?因为父母太爱她了,压根儿就没想到自己的女儿劝架的方式会如此狠毒!

一个人若无孝心,只有自我,哪有资格和能力去劝谏父母呢?

在现实生活中,人们在表达自己的意见之后,如果发现意见没有被采纳,很容易就会"喜怒哀乐发而不中节",使自己受制于不好的情绪,脸色难看,甚至大发脾气,其结果更是事与愿违。

孝悌是一种童子功,是一种习惯,也是一种服从力。

清朝唯一的一个新科状元叫刘庆泰,受到慈禧的接见。因为年纪大了,当时慈禧记不太清楚他的名字,就问了一句:"你就是新科状元王庆泰吗?"

姓都被慈禧搞错了,这刘庆泰怎么反应呢?他的回答十分的谦卑和恭敬:"臣,就是新科状元刘庆泰。"

慈禧意识到自己刚才说错了,但是人家的语气却是那么的恭敬顺从,完全无损于自己的面子,所以老佛爷一下子就对这位新科状元心生好感。

既顺承了他人,同时也表达了自己,刘庆泰就这样巧妙地化被动为主动。

兄弟睦　孝在中

孔子全部的思想主张都是由孝悌出发。在孔子看来,忠以孝悌为前提,孝悌以忠为目的。一个人如果能够在家中对父母尽孝,对兄长遵从,那么他就可以对国家尽忠,就不会在外面"犯上作乱"。

《弟子规》告诫我们:"兄道友,弟道恭。兄弟睦,孝在中;""事诸父,如事父。事诸兄,如事兄。"

"弟"即"悌",就是以一颗真诚之心对待兄弟姐妹。中国人除了讲孝道,还要讲悌道。这个悌道,正是孝道的延续。

哥哥姐姐友爱弟弟妹妹,弟弟妹妹恭敬哥哥姐姐,兄弟姐妹和睦而不冲突,并且互相帮助;对待叔叔、伯伯像对待自己的父母一样恭敬,对待同族兄长像对待自己的胞兄一样友爱。如果这样,父母自然就感到宽心了,所以这种和睦当中,当然存着孝道。

日常饮食起居中,有人认为孩子还小,礼貌礼节方面不必太过要求,甚至对孩子宠爱有加,把好吃好用的先给孩子享受,以至于孩子认为这是理所当然的事情,不知道要礼让长辈,更不懂得礼让同伴了。

法昭禅师有一首描述兄弟情谊的诗:"同气连枝各自荣,些些言语莫伤情。一回相见一回老,能得几时为弟兄。弟兄同居忍便安,莫因毫末起争端。眼前生子又兄弟,留与儿孙作样看。"意思是:兄弟就好像同一棵树延伸出来的树枝一样,年轻时一个个生气勃勃,不过相互之间言语交流要柔软,不要有伤和气。上了一定岁数以后,每次见到各在一方的兄弟姐妹,都会感觉衰老了一点,这种缘分,时间是越来越短,所以要好好珍惜。兄弟姐妹在一起,一定要互相忍让、谦让,不要因为小小的问题就开始争执引起事端。兄弟姐妹长大成人,一个接一个为人父母了,下一代又是一群兄弟姐妹,只有上辈兄友弟恭,才能留与儿孙做个好榜样。

从前有一位病入膏肓的老人,临终前把家里的土地和财产平均分给了两个儿子。

老人过世后,小儿子想:我一个人的日子好打发,可哥哥拉家带口的,生活就比较艰难了,我应该把自己的那一份再分一半给哥哥才对。"他怕哥哥不肯接受,就趁着夜黑风高,把自己分得的苹果和玉米,搬了一半偷偷送到了哥哥的仓库里。

大儿子也有小儿子那样的想法:我已成家立业了,只要一家人努力劳作,生活不会成问题;可弟弟现在还是孤身一人,应当为他以后的日子多多考虑。他怕弟弟不肯接受,也趁着星月无光,将自己的苹果和玉米,搬了一半偷偷地送到弟弟的仓库里。

第二天早上,当他们走进仓库的时候,都吓了一跳,苹果和玉米丝毫未减,两兄弟都以为自己做了一场非常真实的梦。

晚上,两兄弟再一次搬苹果和玉米到对方仓库。这个时候他们相遇了,兄弟俩同时扔下手中的东西,紧紧地抱在一起痛哭起来。他们决定不分家了,共同经营父母留下的土地。

爱心换取爱心,感情赢得感情。"兄友"与"弟恭"总是连在一起的。

"独二代"在今天的中国,已是一派独特的景象。一般而言,一个孩子起码有6个长辈宠着:爷爷、奶奶、外公、外婆、爸爸、妈妈。也恰恰就是在今天,孝悌的缺失成为一个空前严重的问题。

今天中国的年轻人,多半缺少了同胞兄弟姐妹;西方则还普遍存在,并且兄友弟恭同样被人称道。

有一年圣诞节,保罗的哥哥送给他一辆新车作为圣诞节礼物。节前一天,保罗从他的办公室出来时,看到街上一名男孩在他闪亮的新车旁走来走去,小心地触摸着它,满脸羡慕的神情。从这个小男孩的衣着来看,他的家庭显然不属于自己这个阶层。就在保罗饶有兴趣地看着他时,小男孩抬起头问道:"先生,这是您的车吗?"

"是啊,"保罗说,"我哥哥给我的圣诞节礼物。"

小男孩睁大了眼睛:"你是说,这是你哥哥给你的,而你不用花一分钱?"

保罗点点头。小男孩说:"哇!我希望……"

保罗认为他知道小男孩希望的是什么——有一个这样的哥哥,但小男孩说出的却是:"我希望自己也能当这样的哥哥!"

保罗深受感动,于是他问:"要不要坐我的新车去兜兜风?"

小男孩惊喜万分地答应了。

逛了一圈之后,小男孩转身对保罗说:"先生,能不能麻烦您把车开到我家前面?"

保罗微微一笑,他理解小男孩的想法,坐一辆大而漂亮的汽车回家,在小朋友的面前是很神气的事。然而他又想错了。

"麻烦您停在两个台阶那里等我一下好吗?"

小男孩跳下车,三步并两步跑上台阶进入屋内,不一会儿他出来了,并带着一个显然是他弟弟的小男孩,这个小男孩因患小儿麻痹症跛着一只脚。

他把弟弟安置在下边的台阶上,紧靠着坐下,然后指着保罗的车子说:"看见了吗,就像我在楼上跟你说的一样,很漂亮对不对?这是保罗先生的哥哥送给他的圣诞礼物。将来有一天,我也要送给你一部和这部车一样的汽车!"

保罗的眼睛湿润了,他走下车子,将小弟弟抱到车子前排的座位上,那位哥哥的眼里闪着喜悦的光芒,也爬了上来。于是3人开始了一次令人难忘的假日之旅。

《诗》曰:"妻子好合,如鼓瑟琴。兄弟既翕,和乐且耽。宜尔室家,乐尔妻帑。"《诗经》里这首诗的意思是:妻子儿女感情和睦,就像弹琴鼓瑟一样。兄弟关系融洽,和顺又快乐。使你的家庭美满,使你的妻儿幸福吧!孔子为之赞叹:"能够这样和睦,父母也就称心如意了啊!"

正常的人都会有妻儿老小兄弟姐妹,都会有相应的人伦情怀。培根说,对一般人而言,"独身者也许可以成为最好的朋友,最好的主人,最好的仆人,但很难成为最好的公民。因为他们随时可以迁逃,所以差不多一切流窜犯都是无家者。"当然,独身者并非就不能成为遵纪守法的公民;但如果一个社会独身者越来越多,那么这个社会就肯定出问题了。

悌道,说到底是一种博爱,是一种守望相助的人类之情。没有这种情感,什么"出门靠朋友"就是一句空话,这个世界也将变得凶残冷酷。

年仅15岁的花季少年小明,自称因为心情不好,才将邻家6岁的小孩用石头打晕后抛入粪坑淹死。事发后,小明脱下血衣迅速自首,并镇定地对警方称:"人可能已经死了,我学过生理卫生课。人活着要呼吸,在水里要冒泡,我等他没冒泡再走的。我懂法律,我是未成年人,又来自首,不可能判好重。"

西安音乐学院那位已经被正法的大学生药家鑫,让无数的中国人愤怒得咬牙。他驾车撞伤女服务员后,发现伤者挣扎着在记车号,竟然下车连捅8刀将她杀死!药家鑫杀人的原因很简单:惹上农村人,麻烦!

这样的年轻人究竟是人还是禽兽呢?人们都骂他们是禽兽,但是我看不准确。请问:这个世界上哪一种禽兽有如此凶残?

如果我们缺失了同胞兄弟姊妹,那么"四海之内皆兄弟"这种情怀和境界,今天就更有意义,更值得提倡!

子不教　父之过

家庭是重要的,其重要性远高于事业功名。儒家的修、齐、治、平,次序不可以混淆和调换。

百善孝为先。"教"字由"孝"字和"文"字构成,意即孝之文也。所以孔子将"孝"视为完善道德的第一步,也是教育的第一步。

孔子所提倡的孝,体现在各个方面和各个层次。他的弟子曾子所著《孝经》,将其思想进一步发挥,但都体现了一个共同的思想:不仅要从形式上依礼侍奉父母,更要从内心深处真正地孝敬父母;不仅对父母要孝,还要推而广之爱天下之人。也就是说,最可贵的孝,是以孝子之心为社会为天下的"大孝"。

以农立国的中国,与西方很不相同的一点,就是宗法观念更强。自晋朝以后,历朝历代,都是以孝道治天下。所以,在中国无论什么家庭,儿女的第一老师就是父母,而父母所教的首要一条就是"孝"。

孔子说:"爱之,能勿劳乎?忠焉,能勿诲乎?"这句话告诉我们,对人要仁爱,对孩子更要用心去爱,但就是不能溺爱,你要为他操劳,也要让他懂得人生的艰难困苦。

有位农场主,总是让自己的孩子利用闲暇时间到农场播种、除草、施肥、捉虫等等。

一位朋友对这位父亲说:"何必让孩子这么辛苦呢?不必如此精细,庄稼一样会长得很好的。"农场主笑笑回答:"我不是在培植庄稼,我是在培养我的孩子啊!"

这位农场主懂得:一味地宠爱不可能造就理想的人才,衣食丰足不能保证孩子获得幸福的人生。

《三字经》明确指出："子不教,父之过。教不严,师之惰。子不学,非所宜。幼不学,老何为。"

"子不教,父之过",绝非仅指父亲。中国历史上周家的"三太"就是伟大女性的典范。周太王的夫人是太姜(王季的母亲),王季的夫人是太任(周文王的母亲),周文王的妻子是太姒(周武王、周公的母亲)。这三位女性非常了不起,把孩子都培养成了圣人,所以中国人将自己的妻子称为"太太"。

儒家"亚圣"孟子的父亲过世得早,全凭孟母独立抚养孟子。

孟家最初住在墓地旁边。孟母看到孟子常和邻居的小孩一起模仿大人跪拜、哭嚎做游戏,就皱起眉头:"不行!我不能让我的孩子住在这里了!"于是马上搬家。

但这个新居靠近杀猪宰羊的地方。这一下,孟子又和邻居的小孩模仿屠宰猪羊。孟母知道了,又皱皱眉头:"这个地方也不适合我的孩子居住!"于是,他们又搬家了。

这一次,他们搬到了学校附近。书声琅琅,孟子常常去墙外听闻。每月夏历初一这个时候,官员都要到文庙行礼跪拜,互相致意,孟子见了,也都一一记住学习。孟母很满意地说:"这才是我儿子应该住的地方呀!"

孤儿寡母,搬一次家绝非易事,而孟母为了儿子的成长,竟然接连三次搬迁,可见孟母深知客观环境对于儿童成长的重要性。

孟子少年读书时,开始也不怎么用功。有一次,孟子放学回家,正坐在机前织布的孟母问儿子:"《论语》的《学而》篇会背诵了吗?"孟子回答说:"会背诵了。"孟母高兴地说:"你背给我听听。"可是孟子翻来覆去地只是背诵这么一句:"子曰:学而时习之,不亦说乎……"

孟母又生气又伤心,举起剪刀,"嚓"的一声,就把刚刚织好的布剪断了,麻线纷纷落在地上,孟子吓得战战兢兢。孟母教训儿子说:"学习就像织布一样,你不专心读书,就像剪断了的麻布,再也接不起来了。"说到伤心处,孟母呜呜咽咽地哭了起来。孟子大受触动,从此以后,他起早贪黑,刻苦读书。

良好的环境,使孟子很早就受到礼仪文化的熏陶,养成了诚实不欺的品德和坚忍刻苦的求学精神。孟母施教的种种做法,对于孟子的成长及其思想的发展影响极大,所以孟子对母亲的爱铭心刻骨。

每一个来到这个世上的人,都应该也可以成为某一个方面的人才,然而我们现在的教育理念和教育方式,重教而轻育、重知识而轻文化、重考分而轻素质、重世俗的成功而轻生命的成功,总之是重术而轻道。在这种教育之下,许多人为真为美为善的心之所向的潜能被扼杀,要么变成庸才、奴才或者蠢材,要么成为精神病患者、变态者甚至危害社会的恐怖主义者。

2011上半年,在上海浦东机场发生的一幕杀母事件震动了国人。留日学生汪某因学费问题与来接机的母亲发生争执,竟然对母亲连刺9刀,致其胃、肝尽破。事后,汪某对于自己的残忍行为这样解释:当时脑子一片空白。

案发后的最初报道说起因是学费,并且透露了亲戚对汪某平日表现也有微词。但后来汪某的母亲顾女士与亲戚一致称汪某"精神有病",顾女士还说她不怪儿子,"儿子压力很大"。

顾女士对于向自己痛下杀手的儿子,可以说是爱恨交加。她似乎遵从了儒家"亲亲相隐"的原则,但是,杀母的事实早已暴露在光天化日之下,母为逆子"隐"得了吗?再者,从这母子令人惊异的表现,我们可以知道这是个不懂家庭教育的家庭。母亲因爱而害,以害为爱,最终差点害死自己。所以网友如此评说:"可怜之人,必有可恨之处。"

"龙生龙凤生凤,老鼠生儿会打洞。"这一经典的血统论,我们曾经批判了很多年。当然,血统论这个观点的确也并非放之四海而皆准,"龙子凤女"并非一定会成"龙"成"凤"。但是,血统论中的家庭教育因素,我们是不可否认的。

一、孝悌的人忠良忠厚

湖南省岳阳县14岁的农村少年陶星,正读初二时,55岁的父亲因癌症去世,给他和比自己大4岁的姐姐留下一个患有羊角风病、只有婴儿般智力的聋哑母亲王佳良和两万元的债务。

因为姐姐陶平高中毕业后到了岳阳市边学电脑边打工,陶星从此开始了带着母亲求学的生涯。

除了安排母亲的一日三餐,陶星还得教母亲刷牙,帮母亲洗脚、洗衣服等,有几天高压锅坏了,饭老是煮糊,他只好把好的米饭选出来给母亲,糊了的留给自己吃。

妈妈有时脾气也很不好,遇到不如意的地方,她便嗷嗷大叫,甚至不知轻重地打人,陶星默默承受,所以身上常常是青一块紫一块。

陶星很担心妈妈晚上睡觉踢被子和发病,每晚要催她上两次厕所,所以他一直与妈妈睡在一起。晚上他总是睡不踏实,妈妈一抽搐,就会从睡梦中惊醒,然后起身给她喂药。冬天,他怕妈妈受冻,晚上就把她的双脚紧紧搂在自己的怀里。

自从父亲去世后，凡是一个家长该为一个两岁孩子做的事，陶星全为母亲做了，陶星说："在家里，妈妈是孩子，我是大人。"

陶星喜欢一边唱歌一边做家务。他喜欢"超级女声"张靓颖，也喜欢湖南卫视《晚间》栏目幽默风趣的主持人张丹丹。

尽管生活充满艰辛，但陶星没有向命运低头。他从未以照顾母亲为借口耽误过一节课，初中毕业后，他以全班第一名的成绩升入高中。

陶星的童年是在幸福和磨炼中度过的，他有如此的境界，与父亲陶荣初的言传身教密不可分。

老实厚道的陶荣初是新开镇中学的厨师，负责为学校几百师生做饭菜。他是个孤儿，曾得到很多好心人的帮助，所以一生满怀感恩之情。在父亲的教育下，陶星姐弟俩从小就学会了感恩和关爱他人。父亲，就是陶星最崇拜的人。

在陶星印象中，父亲一天到晚都是忙碌的，为了养家和买药给妻子治病，他利用周末和下班时间在家附近开垦了5亩荒田种水稻，在夏天卖西瓜和冰棍以补贴家用，坚强地为一家人撑起了一片蓝天。

陶荣初经常跟陶星姐弟俩说："儿不嫌母丑，犬不嫌家贫"；"困难并不可怕，怕的是在困难面前倒下了爬不起来"。陶星现在照顾妈妈的技巧，全都是从父亲那里学来的。

陶星一辈子都记得父亲曾告诉他的一件事：母亲在怀他的时候，一次发病摔倒在马路中央，头破血流不省人事。刚醒过来，她就不停地摸肚子，发现孩子还在，就举起大拇指示意围观的人：孩子还好，孩子还好！

陶星在作文《可怜的娘亲，儿将永远陪伴您》中这样写道："一个不爱父母的人，肯定不会爱祖国、爱朋友；一个对自己的父母都不孝顺的人，不能指望他对社会作出多大的贡献。"

专家认为，在物欲和世俗的冲击、家庭的过度呵护下，20世纪90年代后成长起来的青少年虽然见多识广、头脑灵活、个性张扬，但同时也出现了很多问题，比如缺少道德和信仰、功利心强、抗压能力和生活能力较差等等。这一代的青少年，普遍处于一种精神匮乏的"悬空状态"，一方面中国传统的价值观淡漠，另一方面他们抱持的所谓现代价值观，又是那么的矛盾和混乱。

1992年，中日两国青少年在内蒙古草原联合举办了一次夏令营，中国孩子在意志力和生活能力的较量上均输人一等。此事一度引起全国范围内的热烈讨论与反思。时隔近20年后,上海举行了第9届中韩日儿童童话交流活动,结果,中国娃赢了智力输了教养。

在这次交流活动中,外语乐器是中国儿童的强项,但在礼仪方面,中国儿童的表现就堪称糟糕了。

中国孩子购买旅游纪念品出手特别阔绰。从北京飞赴上海,在登机前集合队伍时,日本团和韩国团都准时到齐,唯独中国团有几名学生迟到,原因是忙着在候机楼的商场里"抢购"。活动主办方负责人说,日本孩子最懂礼貌,见到老师就鞠躬打招呼,而中国孩子唯恐躲避不及,即便擦肩而过也大多视而不见。至于日韩的女孩,区别于中国女孩的地方,那就是小淑女气质十足,更像"女孩"。当然,三国孩子都有一个共同的弱项,就是都不太爱劳动,组委会发了几套T恤给他们,但几乎没有一个孩子每天自己洗衣服。

3岁看大,7岁看老。天下父母应当明白:能否成"龙"成"凤",关键在于自幼的教育!

一、孝悌的人忠良忠厚

二、礼让的人领悟尊严

仁与礼,是孔子思想体系的重要范畴。

纵观人类历史,无论什么社会,仁爱与礼仪都是社会安定的必需,越礼犯上从来都是违背和谐的行为。礼仪作为处理人与人之间相互关系的行为规范和道德法则,不仅反映出一个人的文明素质和精神状态,也反映出一个国家的整体素质和社会风貌。

所以古代学者颜元有这样的名言:"国尚礼则国昌,家尚礼则家大,身有礼则身修,心有礼则心泰。"

礼仪礼貌也是现代人进入主流社会的一张镀金名片,对他人没有足够的尊重或是对礼仪规范知之甚少,都会被人看作"不懂礼数"。国家与国家之间、民族与民族之间的交往,礼仪更不可忽视。

礼之用,仁为本;礼之用,和为贵。礼的核心其实是尊重的艺术,它包含了哲学的、政治的、教育的、社会的所有文化要素。所以孔子说:"不学礼,无以立。"

礼之用　和为贵

人类文化中,有的强调征服,有的强调和谐。事实上,"和"与"争"是相对的,无论是人与人之间、人与社会之间,还是人与自然之间,既有对立相争的一面,又有统一相生的一面。

孔子曾经就"礼"的问题求教老子,老子强调顺自然之理而趋,遵自然之道而行,仁义礼乐本来就是自然而然的事情。

人情似水,礼法为堤。

"礼"是调身,让我们的一举一动都有规矩,都符合自然的规律;"乐"是调心,人的喜、怒、哀、乐、爱、恶、欲不能过分,过分就伤身体。从前中国的礼乐,主要意义在于教育,而不是娱乐,并且都守住了一个最高的指导原则:"思无邪。"

孔子说:"《关雎》乐而不淫,哀而不伤。"意思是《关雎》这首乐曲,快乐而不放纵,哀婉而不伤悲。

乐是表达人们思想情感的一种形式。在古代,乐也是礼的一个部分,并且包含了音乐、舞蹈、诗歌等。孔子在齐国听到了舜时的古乐《韶》以后,"三月不知肉味",可见音乐的魅力,也可见孔子的修为。

礼与乐都是外在的表现,仁才是人们内心的道德情感,所以乐不可越礼,乐必须反映出人们对仁德的向往与赞颂。所以孔子说:"放郑声,远佞人。郑声淫,佞人殆。"意思是要禁绝淫靡的郑国乐曲,疏远巧言佞色的小人。

现代音乐早已发展成为一种文化产业,与时俱进那是理所当然的,但是那些类似淫靡的"郑声"的音乐,则会败坏人的心智。

因为现实已经是礼崩乐坏,所以孔子所采取的办法,就是要求人通过强化内心的德性修养来恢复正常的秩序,实现文明的回归。

礼的实质是建立规范的社会秩序。当年的鲁国当政者屡屡出现违"礼"的事件,孔子对此极为愤慨,因为天子有天子之礼,诸侯有诸侯之礼,各守各的礼,才可以使天下安定。

孔子认为礼节不是虚假虚伪的形式,和谐才是礼仪的最高境界。这种礼用思想,与老子的智慧相通。

孔子主张实行"德治"、"礼治",这就首先对当政者提出了道德要求,倘若执政者自身的道德修养不够,又怎能去治理社会治理国家呢?

礼节礼貌,不仅中国人看重,全世界无论哪一个民族哪一个国家都是同样看重。

1953年1月,杜勒斯出任美国国务卿,一直推行反共政策。作为美国出席日内瓦会议代表团团长,他在制定与会方针时,特别强调要孤立和打击中国代表团,不许跟中国代表团的人员接触,包括不许跟中国代表团的人员握手。

会议期间,虽然难免有尖锐的交锋,但会里会外的礼节还是讲究的。杜勒斯在会议开始刚一个星期便打道回府,由副国务卿史密斯留下应付门面。7月18日会议休息期间,大家来到休息厅。这时,史密斯主动来到担任周恩来翻译的浦寿昌跟前交谈。周恩来看到后,走过来跟他打招呼,并向他伸过手去。史密斯碍于杜勒斯不许跟中国代表团人员握手的规定,没好作表示,这当然有失风度和外交礼仪。对此,史密斯感到非常难堪,于是在周恩来过去跟法国外长交谈时,很不好意思地凑上去,插话道:"每次我走近周恩来先生,记者就会说我和周恩来先生握手了。"周恩来答道:"我已经伸出手来了。"史密斯赶紧辩解:"我刚才一手拿香烟,一手拿杯子;下回我会伸得比您快。"周恩来淡淡一笑,没予理会。

第二天,日内瓦会议结束。各国代表团来到休息室相互道别,史密斯也来了。当周恩来走进休息室的时候,史密斯赶紧上来搭话,并伸出右手握住周恩来的左臂。这样,既没有破了杜勒斯不准跟中国人握手的规定,又弥补了昨天的失礼。

孔子告诫弟子:"恭敬而失礼,就会徒劳;谨慎而失礼,就会拘谨;勇猛而失礼,就会乱来;率直而失礼,就会尖刻。"

孔子所说的礼，虽然是指两千多年前的道德仪式规范，但孔子对礼的解释，已经打破了"礼不下庶人"的传统，他认为人人应该遵循礼仪。孔子对夏商周的礼仪制度有着深入的研究，认为后一个朝代对前一个朝代必然有承继，有沿袭。遵从周礼，这是孔子的基本态度，但绝非一成不变，所以孔子提出对夏、商、周的礼仪制度都应该有所损益。

"仓廪实而知礼节，衣食足而知荣辱。"在今天，"礼之用"自然也当与时俱进，但实质肯定是和谐。

行高者　名自高

庄子有一句话发人深省："瞻彼阕者，虚室生白，吉祥止止。"意思是，看看眼前的空间吧：虚空的房间才会展现出光明，吉祥也将聚集于空虚之心。的确，一个房间若是装满了东西，再怎么增加照明设备也难免处处阴影；在一个虚空的房间，一根小小的蜡烛就可以大放光明。

《易经》的64卦，代表了64种人生的处境。64卦中，只有一卦是6爻皆吉。这一卦，就是第15卦——"谦卦"！

《易经》的卦象，处处是神来之笔。谦卦上坤下艮，即上为地下为山，厚德载物的大地覆盖着伟岸的山和连绵的谷。

把高山隐藏在大地之下，不追求陡峭的高度，不炫耀飞湍的喧哗，不希图百鸟的鸣唱，内敛、内化、内秀，于是就凝成了一种沉静的磅礴。

孔子幼年时家境贫困，然而他非常好学，常拜他人为师。孔子不仅"问礼于老聃"，还"访乐于苌弘"，"学琴于师襄"，"学官制于郯子"，甚至向年仅7岁的小孩项橐求教……子禽问子贡说：老师每到一个国家，必能得到有关这个国家的政事情况，是他求得的呢，还是别人主动告诉他的呢？子贡回答：老师之所以能够深入了解到这些国家的政情，不同于别人的地方，是以"温、良、恭、俭、让"的道德品质和人格魅力来获得信赖、支持和帮助的。

孔子去鲁国国君的祖庙参加祭祖典礼的时候，不时向人询问，差不多每件事都问到了。于是有人在背后嘲笑他："不是说孔子懂礼吗，为啥什么都还要问？"孔子听到后说："对于不懂的事，问个明白，这正是知礼数的表现啊！"

人本身就是知与无知的矛盾统一体。每个人有知的一面，更有无知的一面，所以我们不能不保持谦下与礼让。

谦下与礼让是一种品格，是对自身知识理性和伦理德性的双重缺陷的认知和怀疑。缺失了这种认知和怀疑，我们任何人都有可能生活在自我神化的幻觉中。

孔子说："君子无所争。必也射乎！揖让而升，下而饮。其争也君子。"意思是，君子不会因为私利与别人相争。如果有竞争的话，那就是射箭比赛了。赛前相互作揖谦让然后才上场比赛，赛后相互作揖再退下来饮酒切磋。所以，君子之间即使有竞争，也不会失去礼让的风范。

孔子还说："射不主皮，为力不同科，古之道也。"就是说，比赛射箭的技艺，胜败不在于能否射穿皮革靶子，因为各人的体力有所不同，这是古已有之的规矩。

周代经常举行的一种礼节仪式就是"射礼"。周武王建立天下后，以礼治国，朝廷举行射箭比赛时，废除了商朝的"贯革"，即射穿靶子的风气。比赛射箭，也要表现得文雅有礼，如果显示体力射穿靶子，不仅不是本事，而且是粗暴无礼，所以古人常常通过射箭来看一个人的仁德。周朝末年，各国崇尚武力，以强欺弱，"贯革"的风气又恢复了。这不仅仅是射礼的衰亡，更是仁德的衰亡。

1936年，希特勒面对10多万观众宣布柏林奥运会开始。他的目的是借世人瞩目的奥运会，证明雅利安人种的优越，所以要求德国跳远项目的王牌选手鲁兹·朗击败当时田径赛的最佳选手——美国运动员杰西·欧文斯。为此，他亲临这一项目观战。

鲁兹·朗顺利进入决赛。杰西·欧文斯第一次逾越跳板犯规，第二次为了保险起见，他从跳板后起跳，结果跳出了从未有过的坏成绩。他一再试跑、迟疑，不敢开始最后的一跃。希特勒很是满意，准备起身离场。

就在希特勒起身退场的同时，瘦削的、有着湛蓝眼睛的鲁兹·朗走近杰西·欧文斯，他用生硬的英语介绍自己。因为鲁兹·朗结结巴巴的英文和露齿的笑容，杰西·欧文斯全身紧绷的神经很快松弛下来。

鲁兹·朗告诉杰西·欧文斯，最重要的是取得决赛的资格。他说他去年也曾遭遇同样情形，但用了一个小诀窍就解决了困难。鲁兹·朗取下杰西·欧文斯的毛巾，放在起跳板后数英寸处，告诉杰西·欧文斯从那个地方起跳就不会偏失太多。杰西·欧文斯照做了，结果跳出了自己最好的成绩。几天后决赛，鲁兹·朗破了世界纪录，而杰西·欧文斯随后竟然以些微的优势战胜了他。

当时贵宾席上的希特勒脸色铁青，而看台上情绪激昂的观众倏忽沉静。突然，场中的鲁兹·朗跑到杰西·欧文斯面前，把他拉到聚集了12万德国人的看台前，举起他的手高声喊道："杰西·欧文斯！杰西·欧文斯!"看台上经过一阵难挨的沉默后,忽然齐声爆发:"杰西·欧文斯!杰西·欧文斯!"杰西·欧文斯马上举起另一只手来答谢,等观众安静下来后,他也将鲁兹·朗的手举向天空,声嘶力竭地喊道:"鲁兹·朗!鲁兹·朗!"全场观众随即同声响应:"鲁兹·朗!鲁兹·朗!"没有诡谲的政治,没有人种的优劣,没有金牌的得失,选手和观众都沉浸在前所未有的感动里。

品行高尚的人名声自然高,人们所敬重的是德行,并不在乎他的外貌是否出众;才能大的人声望自然大,人们所信服的是他的真才实学,并不是因为他的言论惊人。自己有本领,不要自私,要肯用出来帮助别人;别人有本领,不要不服气,甚至还说人家的坏话。这就是《弟子规》告诫的:"行高者,名自高。人所重,非貌高。才大者,望自大。人所服,非言大。己有能,勿自私。人所能,勿轻訾。"

苏格拉底说:"我的智慧仅在于我知道我的无知。"柏拉图说:"不知道自己的无知,乃是双倍的无知。"爱因斯坦说:"如果用一个圆圈来表示我们所知道的和我们所不知道的关系,那么在圆圈里面是我们所知道的,在圆圈外面是我们所不知道的。我们知道得越多,我们所不知道的也就越多。"

但是总有许多人,既认为自己的那个"圆圈"很大,又以为"圆圈"的外面自己全都知道。

有一天,苏格拉底和弟子们聚在一起聊天。一位相当富有的学生趾高气扬地向所有的同学炫耀:"我家在雅典附近拥有一望无边的肥沃土地。"

当他口若悬河大肆吹嘘的时候,一直在他身旁不动声色的苏格拉底拿出了一张世界地图,然后说:"麻烦你指给我看,亚细亚在哪里?"

"这一片全是。"学生指着地图洋洋得意地回答。

"很好,那么希腊在哪里?"苏格拉底又问。

学生好不容易在地图上将希腊找出来,但和亚细亚比,的确是太小了。

"雅典在哪儿?"苏格拉底又问。

"雅典,这就更小了,好像在这儿。"学生指着地图上的一个小点说。

最后,苏格拉底看着他说:"现在,请你再指给我看看,你家那块一望无边的肥沃土地在哪里?"

学生急得满头大汗。他能找得到吗?当然找不到,他家那块一望无边的肥沃土地在地图上连个影子都没有。

二、礼让的人领悟尊严

于是,这个学生尴尬地回答道:"对不起,我找不到。"

原来,任何人拥有的一切,与大美而不言的天地相比,都不过是沧海一粟。

世人大多喜欢丰盛,那么丰盛就能带给人快乐吗?《易经》正好有一个丰卦,卦象是"雷火"。让人惊讶的是,丰卦的六爻中有四爻都提及"被遮蔽而有阴暗"。也就是说,拥有的越多,越容易出现遮蔽与阴暗。

个中缘由并不难解。西方存在主义就强调一种观念:"拥有即是被拥有。"一个人拥有大量财物,那么仅仅是照顾这些财物,就够我们疲于奔命了。

古今中外,大凡有高深修养的人,从不自觉高人一等。他们在成就了事业之后,态度上更加平易随和,言行上更加严于律己。

孔子说:"刚、毅、木、讷,近仁。"坚定谓之"刚",果断谓之"毅",质朴谓之"木",而讷讷寡言、不张扬、为人谦下、懂得礼让则谓之"讷"。

谦下与礼让不是消极,不是逃避,不是怯懦,不是离群索居,不是孤芳自赏,不是激情消亡。

没有底蕴的"谦"与"让",不是真正的谦让。不学无术的人,即使低声说自己没什么本事,那叫实在;胸无大志的人,即使低声说自己没什么追求,那叫坦率;大会发言之前来一句"水平有限",那叫客套;辩论场上笑应对手一句"我的意见可能不太成熟",那叫狡黠;机遇面前犹犹豫豫左右为难,那叫迟疑;穷途末路一筹莫展向人求助,那叫无奈;陷入失败傲气不再叹息连连,那叫哀鸣;面对强敌放下武器举起双手,那叫投降。

尊师长　勿变味

尊师重教在中国是传统,诸如"程门立雪"这种尊师的例子数不胜数。

然而在今天这个时代,对老师的尊敬似乎有些变味了。鉴于我国师道的隳坠和破坏,政府煞费苦心地规定出"教师节"加以特别提倡,从1985年至今,已经过去了20余年,情况又有多大的改进呢?如今,把教师节、父亲节、母亲节3个节全部加在一起,也比不上"情人节"红火热闹。

大千世界,无奇不有,近些年来怪事异闻似乎更多。

疯狂英语的创始人李阳先生在其博客里贴了一张"全体学生跪下给老师们磕头"的图片,引起轩然大波。许多人认为,现代社会,学生早已无须对老师行"跪拜"礼,因为跪拜代表了一种屈辱和奴性,是封建社会的糟粕,应该予以坚决的抛弃和毫不留情的谴责。

但时隔不久,媒体报道:海口市琼山区旧州镇中学校长周常德3次跪在讲台上给学生讲课,并且当着千余师生的面跪在地上求学生们好好学习。

接着又是一条新闻爆出:哈市某小学一年轻教师,在上课时为了维持秩序,将粉笔头投向班里一个学生,当他转身在黑板上写字时,粉笔头回射到他身上,他一生气就去推搡了一下这个孩子。于是,事情升级为家长、校方与教师的严肃交涉,教师被责令到学生家登门道歉。教师进门后,却被要求下跪道歉。这个教师在一种让其畏惧的力量之下,竟然真就屈膝跪地。

各界舆论为之哗然,叹息声一片:如此下跪,丢尽了师道尊严,体现出我们教育方式的沉重和失败。

《弟子规》告诫我们:"揖深圆,拜恭敬。"就是说,作揖行礼时要把身子深深地躬下去,跪拜时要尊重恭敬。但我们必须清楚的是,行跪拜之礼,只能是晚辈对长辈,弟子对先生。

古时社会尊卑分明,我国曾是跪礼最流行的国度,跪天、跪地、跪祖先;跪君、跪师、跪父母,以表达心中的一份敬意。

对于古人的跪拜之礼,今人若不能理解甚至纠缠不休大加挞伐,未免浅薄狭隘。社会发展到现代,人类的跪拜之礼其实也未消失。

在今天的泰国,地位最高的是国王,第二是和尚,第三就是老师。每年新生入学时,都要首先举行跪拜老师的一种仪式。泰国的拜师,要专门用鲜花、水果、树叶做成"拜师祭",有蜡烛的为男生的"拜师祭",没有蜡烛的为女生的"拜师祭"。"拜师祭"可以做成很多不同的花样形状,如宝塔、花篮、房子或者凤凰,很多"拜师祭"手工还非常精致。

当年向孔子求教的人总会"自行束脩以上",即送给10束以上干肉。于是今天就有人问:既然求学者要交10束以上干肉才能够得到教诲,那么孔子"有教无类"的思想是不是只停留在口头上?

这种推论是理想化的,也是不成熟的。"有教无类"的意思是:人无论高低贵贱,都有接受教育的权利,也就是在教育面前人人平等。不过,既然享有权利,那就应该承担相应的义务。事实上,在任何社会任何时代,要做到让师者为所有的人免费授业解惑,恐怕都有相当的难度。道理在于:其一,倘若一个家庭尚在为生存而挣扎,又没有社会的支持,急于拜师实在不是那么现实,况且还有"行有余力,则以学文"的道理;其二,哪一位私塾先生可以不吃不喝不需要满足基本的生存条件长时间为所有的学子付出呢？况且，一个学生什么都不付出，白捡个老师，恐怕也不会珍惜；其三，犹如"拜师祭"，"自行束脩"当是一种拜师之礼。

时代变了，礼仪礼节也当与时俱进。不过无论如何，父母不可向子女下跪，老师不可向学生下跪。老师向学生屈膝下跪，真是有些惊天地泣鬼神！

除了那种被"强梁"逼着下跪的奇事之外，主动向学生下跪的老师，到底是讲"礼"，还是乞求呢？

据说海口旧州镇中学某班级因为校长的几个跪，纪律好了很多。该校师生在元旦晚会上表演得很成功，感动了这个老师兼校长，于是他在台上又情不自禁地跪下以示感谢。

那么这位老师兼校长是不是跪得值、跪得其所呢？我们中国数千万老师是不是应该向他学习，崇尚师者下跪的教育呢？

如果我们培养的学生都是在老师向他们的下跪中成长，那么学生长大以后将会成为什么样的人？下跪既然是"奴性"的表现，如果学生成了皇帝而老师成了奴仆，那么这个几千年的"奴性"是不是来了个大转移？教育的核心价值是"立人"，现在孩子们站起来了，老师却跪下去了，难道这就是开放时代的人类新文明？

当今社会的师生关系早已不像从前。许多的老师已经采取一种明哲保身的做法。我自讲我的课，你自在下面做你的事情。反正学费交了，爱不爱学是你们的事情。面对反叛的不求上进的学生，我可以做到熟视无睹，你不尊师，我也不重你的教。工资我领了，养家糊口就好了！所以老师在授课的时候，学生们最多一起站起来说声"老师好"！半路上碰到老师，或者熟视无睹，或者打个招呼再道一声"好"。大部分的老师和学生，早已止于这种平淡的关系。

当然，也有老师受到特别"尊敬"的情况，那多是在无原则的人情风、交易风中体现。

但是我们应该明白，师道师德的内朽，犹如"冰冻三尺，非一日之寒"。若要对师道师德正本清源，必然要探究我们今天的社会之道德，探究全体民众之道德，因为师道师德不过是后者的一小部分而已，它无法摆脱社会的整体惯性而孤立运转。

无论社会风气如何，人们还是怀念着、呼唤着真正意义上的师者。凡此种种丑恶现象，并不能改变我们对那些真正的"人类灵魂工程师"的由衷敬意。

虽小节　莫轻略

西班牙王后曾经发出赞叹:"礼节乃是一封通行四方的推荐书。"

培根也有关于礼仪礼貌的论述。他说深入观察人生会看出,获得赞扬之道犹如经商致富之道,正如薄利才能多销一样,小节上的一丝不苟可以赢得很高的赞赏。因为小节更易为人注意,而施展大才的机会犹如节日,并非每天都有。

张九龄是开元盛世的名相,一位锐意革新的政治家,同时又是唐朝非常著名的诗人。他一生三度入朝,位至宰相,供职朝廷20余年,德才兼备,为官清廉,刚正不阿,为巩固"开元盛世"和避免出现暴政局面作出了相当重要的历史贡献。

风骨清峻的张九龄总是衣冠整洁,风度翩翩,大节小节与众不同。他在行、走、坐、卧等方面的姿态礼仪,道法自然,真正做到了立如松,行如风,坐如钟,卧如弓。所以,每当朝廷有重要的朝会,在众人中间,他总是十分显眼,连皇帝对他的举止都赞赏不已。后世将张九龄的历史功绩、政治远见以及独特的气质威仪誉为"曲江风度"。

《弟子规》告诫我们:"或饮食,或坐走,长者先,幼者后。长呼人,即代叫,人不在,己即到。称尊长,勿呼名。对尊长,勿见能。路遇长,疾趋揖,长无言,退恭立。骑下马,乘下车,过犹待,百步余。长者立,幼勿坐。长者坐,命乃坐。"

尚未成年,正处于学习时期,我们不要因为大人的宠爱而忽略了培养自己礼让的美德。不管是吃还是喝,要请长辈先用。如果和长辈坐在一起,要请长辈先坐。如果和长辈走在一起,应让长辈走在前面。长辈呼叫人时,自己听见了要替长辈去传唤,如果所叫的人不在,自己就应来到长辈跟前,问清长辈有什么需要做的事情。

对长辈不可直呼其名,那是很不礼貌的行为。在长辈面前不可表现得自己很有才能,显出藐视之态。路遇长辈,要赶紧走上前去行礼问候,如果长辈没有和我们说话,就应立在一旁恭恭敬敬地站着,让长辈先走过去。

古时的交通工具是马或者牛车马车,所以路遇长辈,骑马者就应该下马,乘坐牛车马车者就应该下车,让长辈先过去,等待大约离自己百步的距离以后再上马或上车。同长辈在一起,如果长辈还站着,年幼的我们不应该先坐下来。长辈坐下后,允许我们坐下时才可以坐下。

今天的交通状态已经同古代社会大不相同。那么《弟子规》中这一条是否就没有意义了呢？并非如此。我们诵读经典，应当从字里行间去理解其含义。现代社会，总是乘坐汽车的人们道路上本也难以相见，而一旦相逢，则更有意外的惊喜。表示友好和礼貌的方法很多，可能的话，打个招呼，笑脸相迎，就是礼貌；如果人多车快，事后也有多种通讯工具助你联络致意。

《弟子规》告诫我们："尊长前，声要低；低不闻，却非宜。进必趋，退必迟。问起对，视勿移"；"凡道字，重且舒，勿急疾，勿模糊"。

我们在长辈面前讲话声音要低，但回答的声音低到听不清楚，那也不恰当。表情要和颜悦色，声音也要柔和清楚。晋见长辈时走路要快一点，动作要敏捷一些，离开时，则要慢慢地退出。长辈问话时，我们要站起来回答，眼神注视长辈，不要左右转动。谈吐说话要稳重而且舒畅，不要说得太快太急，或者字句模糊，让人听不清楚。如果表现得自信而礼貌，无论是尊长还是领导，无不从心里对我们产生好感。

讲礼要恰到好处。比如在一些庄严的场合要求鞠躬，三鞠躬刚好；你只是两鞠躬，那就傲慢了；你要四鞠躬，那就是谄媚。

参加聚会，如果领导、同事、客人或者长辈还没有到齐，某人就迫不及待地开吃开喝，大家就会认为他没有教养，并会对其侧目而视。

用餐时，如果一些小节处理不当，也会给人不礼貌的感觉，甚至会影响到别人的食欲，因此应留意用餐的种种礼仪。比如女士出席隆重晚宴时应避免戴帽子及穿高筒靴；不宜涂过浓的香水，以免香水气味盖过菜肴气味；用餐前应先将口红擦掉，以免在餐具上留下唇印，予人不洁之感；刀叉、餐巾掉在地上时，不要随便趴到桌下捡回，应请服务员另外补给；食物渣屑塞进牙缝时，不要一股劲儿地用牙签挑，应先喝点水，试试情况能否改善，实在要挑，也应到洗手间处理；菜肴中有异物时，切勿惊告邻座，应保持镇定，赶紧把它挑出而弃之，或告知服务员处理；切忌在妙语连珠的时候不自觉地挥舞刀叉；不应在用餐时粗鲁地吐东西，等等。

礼的精神在于凡事适当，所以孔子既反对减免必要的程序，更反对过分的铺张奢靡。孔子认为：就礼制仪式来说，与其奢侈，不如节俭；就祭丧之礼而言，与其仪式上隆重周道，不如内心真正的哀戚和追念。这就是所谓"奢则不孙，俭则固。与其不孙也，宁固"。

礼仪是微妙的东西，它在人与人的交际中不可或缺，但我们又不可把形式看得高于一切，在表现上过于做作，反而会失去真诚和信任。

蔡文姬的父亲蔡邕是东汉时著名的文学家和书法家。59岁时，他担任汉献帝的左中侍郎,进出常常是前呼后拥,车骑填巷,真可谓朝堂显贵,名垂朝野。

当时,有个叫王粲的少年,专程从老家步行到长安拜访蔡邕。此人虽然年少不过十六七岁,却也才华出众,名传四方。

这天,蔡邕正在家中与来宾交谈,门房前来禀报:"有王粲求见。"古时候,人们在家里有个脱鞋席地而坐的习惯,蔡邕听说王粲在门外,急忙起身相迎,倒拖着鞋子就往门外奔去。

满座高士见蔡邕如此急忙,以为来了什么大官,也都连忙起身恭候,等到蔡邕和王粲来到堂前,不禁大吃一惊,只见那王粲不仅年幼,而且长得瘦弱矮小,完全是一个孩子,所以他们觉得蔡邕这样做未免有失身份。可是爱才惜才的蔡邕却满不在乎,他一边和王粲亲切交谈,一边向宾客们介绍说:"这是王粲,有奇异的才能,我是比不上的。从今以后,我家的书籍文章,全都可以给他看。"

年轻的才子王粲受到蔡邕的隆重接待,深受鼓舞。从这以后,59岁的蔡邕和17岁的王粲成了一对忘年之交,两人经常在一起谈心学习,互相交流。后来,王粲成为著名的"建安七子"之一,并且成为曹魏政权的重要谋士。

如此倒屣相迎,难道不是一种动人心魄的礼仪吗?

对人恭　敬自己

孔子说:"质胜文则野,文胜质则史。文质彬彬,然后君子。"就是说,内容是根本,但也需要相应的形式来表现。内容超过形式,就会显得粗野,形式超过内容,就会显得虚华;内容与形式皆备,才是君子之风,才是真正的和谐。所以那些以和为贵的人,懂得内外兼修。

彬彬有礼的美国朋友迈克尔先生,在回忆自己童年时期的一段经历时十分感慨。

小时候因为长得又高又壮,母亲担心他成为学校的"小霸王",所以只要他一惹是生非,母亲就对他严格要求,告诫他一定要与人为善,学会忍耐和宽容。

母亲的教育很有成效。一个学期结束的时候,教师在他的成绩单上写下这样的一段话:"迈克尔是个优秀和懂事的孩子,但他应该学会保护自己,学会维护自己的权益。他虽然比别的孩子更高更壮,但时常受到别的孩子的欺负,他们推他、骂他甚至打他。"母亲惊讶之后是伤心,怎么会是这样的结果呢？

父亲问他挨打的感觉，迈克尔流着泪说："我感觉非常痛苦，我讨厌他们叫我'傻瓜'，讨厌被他们推来推去，更讨厌他们叫我'胆小鬼'。"停了一会儿，他又说："我真想狠狠地揍他们，但我知道如果这样做，妈妈会生气的。"

父亲静静地聆听着迈克尔的诉说，然后平静地对他说："你没有必要揍他们，但可以通过其他的方式，让他们知道你不能再忍受这样的欺负。关键是懂得自尊，树立自信。"迈克尔擦着眼泪，点了点头。

有一天，迈克尔的父母被老师叫去学校。母亲着急地问老师："是不是迈克尔在学校惹事了？"

老师笑着说："没有。"

原来迈克尔与孩子们在篮球场上打球时，那几个经常欺负他的孩子又设法戏弄他，但迈克尔没有像往常一样站在那里动也不动任他们推搡，而是叫他们停止。当他们非但不听劲头更猛时，迈克尔把其中的两个孩子紧紧抱住，但并没有打他俩。

两个孩子没有挨揍，但是他们都知道了迈克尔的力量，更懂得了迈克尔的仁爱礼让，于是他们真诚地承认了自己的错误，与迈克尔握手言和。

智慧中我们不能夹杂傲慢，礼让中我们不可缺乏智慧。

《弟子规》告诫我们："步从容，立端正"；"勿践阈，勿跛倚，勿箕踞，勿摇髀"。

走路时要从容不迫，站立时姿势要端正。进门时不要踩到门槛，站立时要避免身子歪曲斜倚，坐着时不要双脚展开过激或者俯曲，也不要抖脚或者是摇臀，因为这样的姿态很不雅观。

如果我们不自重，结果就是别人也会放弃对我们的尊重。举止自然优美，才会显得高贵。

一个朋友给大家分享了他们公司的一个故事。

从前有一位女员工，人很聪明，也算能干，并且是个美女。可惜她有一个毛病，坐下来就喜欢抖脚，有几个客户都说这个女孩如果提高一点修养，应该是有作为的。于是老总私下提醒了她几次：男抖穷，女抖贱哦，俗话都这样说，你能不能改一改呢？而她不说改，也不说不改，反正不高兴改，结果就是没改。所以，这个公司也就始终没法重用她。最后，她不得不离开了这家公司。

很多人都喜欢以自我为中心，不管别人在干什么忙什么思考什么，自己想亲近就去亲近，想打扰就去打扰，结果弄得双方都不愉快。

他人有事忙碌没有空暇,我们就不要找事搅乱他;对方身心本不安定,我们就不可再用闲言碎语干扰他。

将要入门之前,先要问一下有人在吗?将要走上厅堂时,先放大音量,让厅堂里的人知道。有人问你是谁,回答时要说出自己的名字。如果只说"吾"或者"我",对方可能就搞不清楚你到底是谁。

所以《弟子规》告诫我们:"人不闲,勿事搅;人不安,勿话扰";"将入门,问孰存。将上堂,声必扬。人问谁,对以名,吾与我,不分明。"

在《红楼梦》第30回中,贾府戏班子的女孩们在贾宝玉所住的院子里玩乐,当时贾宝玉不在。下雨的时候,他回来了,在外面拍门。大家先没听见,后来听见了又不清楚,就问是谁。贾宝玉回答:"我!"因为雨声和嬉笑声,再加上他的声音奶声奶气,大家就以为是薛宝钗来了,于是小姑娘们就猜想她为什么要来呢?还是袭人警觉,隔着门缝一看,哎呀,是宝二爷!赶紧把门打开。不想贾宝玉早已窝了一肚子火,进门就是一脚,踢在袭人的肋腰上。于是,一场欢欢喜喜的聚会被本来对女孩喜欢得要命的贾宝玉给毁掉了。

有不少人在给很久不见面的朋友打电话时,总喜欢让别人猜一猜。对方猜对了,便心满意足非常得意,认为自己在别人心目中很重要;但很多的时候,别人会猜错,甚至因为反感故意猜错,这就很没面子了。这一点,女性们尤其需要注意。

别人的短处不要揭露出来;别人有秘密不想让人知道,我们就不要说出来。这就是《弟子规》告诫我们的:"人有短,切莫揭,人有私,切莫说。"

子贡曾经问老师说:"君子也有厌恶的人和事吗?"孔子回答:"有——厌恶传扬别人坏处的人,厌恶身居下位而诽谤上位的人,厌恶只有勇敢而不懂礼节的人,厌恶刚愎而又不通事理的人。"孔子又反问他:"赐啊,你也有厌恶的人和事吗?"子贡回答:"我厌恶偷袭别人的成绩而又自以为聪明的人,厌恶把不谦虚当做勇敢的人,厌恶揭发别人的隐私而自以为直率的人。"

上海世博会有一道礼仪题,很简单,但很多人不会做。问题是:如果你是世博会的工作人员,你突然看见前面过来一位男士,他关键部位的拉链没有拉好,你怎么处理?

你绝对不能拿着喇叭说:"喂,先生,校门开了!"这个就叫揭短。你应该走近他,小声地说:"先生,你关键部位的拉链没有拉好哦!"

对人恭敬,就是庄严我们自己!

三、谨慎的人寡过无失

最伟大的成功,都是由最细小的努力一点一滴汇集而成;最伟大的生命,也正是由那些看来琐屑、普通的事情事件,构成了全部的内涵。

任何事物都有一个从量变到质变的过程,细节在我们的生活当中无处不在,慎重地对待和把握,我们的人生才能最大限度避免失败并获得成功。

所罗门国王曾经说过:"万事皆因小事而起,你轻视它,它一定会让你吃大亏的。"

注重德行修养的古人每天都会主动地检视自己,而今天的我们,将被迫检视自己,因为无所不在的互联网,已经将我们置于显微镜之下,慢慢地,我们都会变成一个透明的人。所以,与其陷于被动,我们不如主动地加强修为自我约束。

细枝末节和着落点,可以比做个人的行为作风和最终结果,前因后果,失之毫厘,谬之千里。

勤扫除　日三省

曾子说:"我每天要多次自我反省:为别人办事,尽心竭力了吗?同朋友交往,诚实而有信吗?传授的知识,复习和运用了吗?"曾子一生勤勉谨慎,所以成为孔门杰出的人物。

懂得"吾日三省吾身"的人们知道,抽出时间让思绪停下来,觉察一下自己生命里固有的模式、观念和所作所为,就能解开内心无形的绳索,重新选择重新开始。懂得"我是一切的根源",正是开发自己潜能的第一步。

东汉时有一少年名叫陈蕃,他15岁的时候独居一室,庭院龌龊不堪。父亲同城的朋友薛勤来拜访他,见状批评说:"小伙子,你为什么不整理打扫房间来迎接客人?"陈蕃说:"大丈夫立身行事,应当以扫除天下的坏事为己任,怎么能在意一间房子呢?"

薛勤认为陈蕃虽有让世道澄清的志向,与众不同,应该鼓励,但须提醒他从处理身边的小事做起,养成良好的习惯,于是当即反问道:"一屋不扫,何以扫天下?"陈蕃无言以对。

老子说:"合抱之木,生于毫末;九层之台,起于垒土;千里之行,始于足下";荀子说:"不积跬步,无以至千里,不积小流,无以成江海。"这些至理名言,说明的都是"扫天下"与"扫一屋"之间的辩证关系。

《弟子规》告诫我们:"晨必盥,兼漱口。便溺回,辄净手。冠必正,纽必结;袜与履,俱紧切。置冠服,有定位,勿乱顿,致污秽";"勿畏难,勿轻略"。

每天早上起床必须先洗脸、漱口。解完大小便以后,应当把手洗干净。出门帽子要戴端正,穿衣服要把纽扣扣好,袜子和鞋子都要穿得贴切,鞋带要系紧,保持全身仪容整齐。脱下来的帽子、衣服应当放置在固定的位置,不要随手乱丢乱放,以免弄皱弄脏。

遇到该办的事情不要怕困难犹豫退缩,也不要轻率随便敷衍了事。

这些事太小吗?确实小;但是我们可以不做吗?不能!

寺院中都有不可违背的清规戒律,即便如此,还是会有些和尚屡屡犯戒。

这天,刚刚做完日常佛事,僧侣们正要走出禅房,方丈守心法师扬手碰落了供台上的一个瓷瓶,摔了个粉碎。众弟子一下愣在那里,不知方丈的这一举动是有意为之,还是无意所致。

守心法师见学僧都以探询的眼光看着自己,便语气凝重地说:"一堆泥土,不知经历了多少工序,经过了多长时间的煅烧,才超脱成珍贵的瓷瓶,被我们摆上神圣的供桌,成为一件高贵圣洁的法器。如果保存好了,千百年都不会损坏,可以万世流传。可是,扬手之间,它就坠落于地,一文不值了。同理,一个人,尤其是敛德修行的僧人,取得了法号,悟出个境界,不是件易事!若不珍惜、不自律,堕落起来与这个瓷瓶无异!"

僧侣们默默无语,有些人忽然有所顿悟,合掌跪地,深表忏悔。

当心中有所畏惧的时候,我们才会"战战兢兢,如履薄冰",才会从内心深处规范自己的行为举止。

"苟日新,日日新"是当年的商汤王刻在洗澡盆上的箴言,意思是说,如果能够做到每一天都清新自身,那我们就能够天天进步,不断进步。

商汤王的箴言,可以说体现的是一种"扫除"的力量。不扫除身上的污垢,我们怎么会有新的开始呢?

每天对自己的打扫马虎不得,我们清扫的,不仅仅是身体,更有心灵。如不打扫,日复一日,年复一年,我们将是污垢缠身,不仅一生难得清净,更将招致恶果。

曾有一家世界知名企业要招聘一个重要的职位,应聘的人非常多。该企业让每个人都仔细填写了一份履历表,这没有什么奇怪的,但其中的一栏为"信仰",让很多人十分纳闷。

结果,这家企业第一轮筛选出局的人,便是在信仰一栏明确填写着

"我信仰自己"和"没有"的应聘者。

针对许多人认为不公平的责问,公司总经理进行了坦率的说明:"当一个人信仰自己,或者坚信自己没有任何信仰时,表明此人对人生、对生活缺乏应有的畏惧之心。而这种'无畏'是十分危险的,它让人很容易陷入名利场中无法自拔,也使人放弃谨慎导致失败。即便他在信仰一栏写上一个人的名字,也表明在他心中,除了自己还有其他的行为准则值得尊重和敬畏。如果完全没有信仰,那么这种人不是我想要的。"

一个心中有所敬畏的人,才会真正懂得谨言慎行自我约束。这样的人,更易被人信任。

事勿忙　忙多错

"千丈之堤,以蝼蚁之穴溃;百尺之室,以突隙之烟焚",此语出自《韩非子》一书,意思是:千里大堤因为有蝼蚁在打洞,可能会因此而坍塌决堤;百尺高楼可能因为烟囱的缝隙冒出火星引起火灾而焚毁。此话提示我们,大的缺点和错误总是出于小的缺点和错误的积累。

1485年,在著名的波斯沃能战役中,英国国王查理三世指挥大军即将与敌军公爵亨利拼死一战,这场战斗将决定谁来统治英国。

战斗进行的当天早上,查理派了一个马夫去备自己的战马。

"快点给它钉掌,"马夫对铁匠说,"国王希望骑着它打头阵。""你得等等,"铁匠回答,"我前几天给国王全军的马都钉了掌,铁片用完了,现在我得打点儿铁片。"马夫不耐烦地叫道:"敌人正在攻打过来,有什么你就用什么吧,将就一点!"

铁匠埋头干活,将一根铁条弄成4个马掌,把它们砸平、整形,用钉子固定在马蹄上。钉了3个马掌后,还差两颗钉子来钉第4个,就说:"我还需要一点时间砸出两个钉子。"而马夫急切地叫道:"我等不及了!"于是铁匠凑合着很快砸出一颗钉子钉上了第4个马掌。"好吧,就这样,"马夫牵上马就走,"要不然国王会怪罪到咱俩头上的!"

"冲啊,冲啊!"国王喊着,率领部队冲向敌军。但是,远远的,他看见在战场的另一头,自己的士兵正在后退。查理策马扬鞭,冲向那个缺口,召唤士兵调转马头继续战斗。然而,他还没冲到一半,那马掌掉了,战马跌翻在地,查理也被抛了下来,惊恐万状的战马跳起来就逃走了。

敌方的军队包围了上来,而查理没有马骑了。他站在地上挥舞着宝剑,"马!"他喊道,"我的马,我的马!"

查理陷入绝境,而他的军队已经分崩离析,士兵自顾不暇。不一会儿,敌军俘获了查理,战斗结束了。

不管人们怎样总结这次战斗,少了1个马掌钉,肯定是一个直接的关键的原因。

现实生活中的事件,有时候就如同多米诺骨牌一样,一点轻微的晃动,就会导致整个系统的崩溃。

《弟子规》告诫我们:"事勿忙,忙多错";"缓揭帘,勿有声。宽转弯,勿触棱。执虚器,如执盈,入虚室,如有人"。

做任何事情都不要匆匆忙忙,否则难免出错。

进门的时候,不要那么风风火火,应当慢慢地掀开帘子,尽量不要发出声响。走路转弯时,离棱角要远一点,保持较宽的距离,以免触伤了身体。拿空的器具要像拿盛满东西的器具一样小心,进到没人的屋子里要像进到有人的屋子里一样。

几年前,成都有所大学的一个女生被发现摔死在宿舍楼下,而且全身赤裸。

是凶杀吗？不是;是自杀吗？也不是。

调查结果最后出来了:这位女生晚上洗澡以后,就到阳台上从晾衣竿上取衣裤。她个子不高,够不着,就随手拿个凳子站上去。大概身上水淋淋的,把凳子打湿了,又慌里慌张,一下就滑下来,栽向了楼下。

血的教训告诉我们,习惯了大大咧咧马马虎虎,难免有一天铸成大错,甚至付出生命的代价。

孔子说:"工欲善其事,必先利其器。"就是说,做工的人想把活儿做好,必须首先使他的工具锋利。

很多人都是忙于实现理想,而疏于做好准备。俗话说"磨刀不误砍柴工",如果刀未磨好就急急忙忙去砍柴,结果当然是效率低下。

一个徒弟跟着一位名师学习技艺,几年之后,徒弟觉得自己的技艺达到了炉火纯青的地步,足以自立门户,于是决定马上自己创业。他收拾好行囊,准备和大师辞别。

大师微笑着问他:"你确定自己已经学到家啦？"

徒弟指了指自己的脑袋,急切地说:"我这里已经装满了,再也装不下了。"

"喔,是吗？"大师随即拿出一只大碗放在桌上,让徒弟把这只碗装满石头,直到石头在碗中堆出一座小山后,大师问徒弟:"你觉得这只碗装满了吗?"

"满了。"徒弟的回答很快。

大师于是从屋外抓起一把沙子,撒入石头的细缝里,然后再问一次:"那么现在呢,满了吗?"

徒弟考虑了一下回答道:"满了。"

大师再取了案头上的香灰,倒入那看似再也装不下的碗中,看了看徒弟,然后轻声问:"现在呢?"

"现在真的满了。"徒弟肯定地回答道。

大师没有再多说什么,拿起桌上的茶壶,慢慢地把茶水倒入碗中,而水竟然一滴也没有溢出来。

徒弟看到这里,心中十分惭愧。他想,自己尚未走出师门,就连连犯错,功夫不到家忙里忙慌自立门户,哪会取得成功呢?

于是他赶紧跪地认错,请求大师再次收自己为徒。

"学无止境",生有涯而知无涯,学习是没有尽头的,除非是你自己限制自己。

我们并非一定要学富五车才开始人生的驰骋,但要达成自己的目标,就不能不做好充分的准备,谋定而后动。

慎终始　无败事

人们通常比较容易做到的是慎始,但是难以慎终,也就是在未成功之前常常能做到谨慎小心,临近成功或成功到来之时往往松懈和放纵自己,最后可能丢掉所有的成果。

谨慎终结犹如谨慎开始,那就不会招致失败了。这就是老子的告诫:"民之从事,常于几成而败之,慎终如始,则无败事。"

几成而败的原因很多,但不外内因和外因。主观上,在成功即将到来之时大意骄傲起来,失去了谨慎和警惕;客观上,往往快要成功时也是最困难的时候,客观阻碍不断涌出,而自己也感到精疲力竭。

没有生病时,我们最容易忽视的是身心保养,身患疾病以后,我们才不得不去治疗。但是,我们常常犯的错误,又是没有等到真正痊愈就放弃治疗。当病情有所好转之后,很多人就会好了伤疤忘了疼,再也不顾往日的病痛,甚至变本加厉地贪图享乐,或者不顾身心健康为了所谓的事业拼命。

孔子说:"及其老也,血气既衰,戒之在得。"人老了,血气已衰,筋骨不便,更要注意保养,更要消除贪欲。然而,现实生活中有不少人,年龄越大,越是抓紧余日贪财揽权纵情好色,结果十之八九晚节不淑,"亢龙有悔",一生英名损玷,生命不得善终。

大唐天子李隆基因平定宫廷叛乱而登上九五之尊,风华正茂,励精图治,在著名宰相宋璟、姚崇、张九龄的辅佐下取得了20多年"开元盛世"的辉煌,使唐朝走向鼎盛的巅峰。然而这位唐明皇却不能慎终如始,在成绩面前飘飘然,故步自封,日益淫逸,把儿媳妇杨玉环霸占过来,"春从春游夜专夜","从此君王不早朝"。一个老头儿泡一个天姿国色的美女,而且爱屋及乌,连她的3个姐姐也都封为夫人,一切政事委托给口蜜腹剑的奸相李林甫和不学无术的所谓舅子杨国忠。这两人狼狈为奸,把朝政搞得一塌糊涂,世人怨声载道,最终引发了8年之久的"安史之乱",唐朝自此由盛而衰。

老子还告诫我们:局势安定的时候容易维持;事变没有征兆时容易谋划;事情脆弱时容易除破;事物微小时容易消散。作为在事端还未出现之先,治理在祸乱尚未发生之前。至于"功成身退,天之道也",这是老子倡导的一种更高境界的善始善终。

在这个方面,华盛顿无疑是一个杰出的榜样。

华盛顿领导美国人民取得了独立战争的伟大胜利,被选举为新美国的首届总统。在鞠躬尽瘁8年之后,他功成身退,弃权让贤,为美国选举定下了规矩:总统最多任两届。华盛顿的高风亮节,使同时代的世界各国领导人相形见绌,自愧不如。

《弟子规》告诫我们:"斗闹场,绝勿近。邪僻事,绝勿问";"见人恶,即内省。有则改,无加警"。

就是说,容易发生打斗的场所不要靠近逗留,对于邪恶怪癖的事情不必好奇地去追问。看见他人犯了罪恶的事,心里首先自己反省。如果自己犯过同样的过错,就要赶快改正,如果没有,也当更加警觉。

"贫贱不能移,富贵不能淫,威武不能屈"。人在贫贱的时候,为了求得一条生路,总会千方百计艰苦奋斗;但到富贵以后,就很难抵御淫乐,最后也往往屈膝于威武之下。

当今时代,离婚率一天比一天升高,因为人心日渐浮躁,"这山望着那山高,不知哪山有柴烧",感情上不能始终如一的人越来越少。热恋时,追求者甜言蜜语大献殷勤,无所不用其极,一旦目的达到失去了新鲜感和神秘感,很快"从奴隶到将军",再也找不到从前那种体贴细致与脉脉温情。喜新厌旧者从前多为男性,在今天,则早已开始男女平分秋色了。

"百日床前无孝子",这是中国民间的总结。尽管人类社会从来不乏孝子,但面对长久卧病的父母自始至终一心孝顺的儿女,今天更是凤毛麟角。

孔子说:"君子固穷,小人穷斯滥矣。"孟子也说:"无恒产而有恒心,唯士为能。"

君子与"士"在今天更加难得了。大学的精神不再,不仅引导不了社会,还开始向世俗缴械投降,专家学者一个接一个沦为权势和财富的附庸。多少从前满怀理想的知识分子,再难有鹤立鸡群的高瞻远瞩和人间正道的顽强坚持。

从职业精神的角度看,能够尽心尽责、慎终如始的人,也是日渐稀缺。

乌鲁木齐市粮食局的一家下属挂面厂,曾花巨资从日本引进一条挂面生产线,后又从日本购进 1000 卷重达 10 吨的塑料包装袋。

塑料包装袋的袋面图案,由挂面厂请人设计。样品设计好后,经过挂面厂与进出口公司的审查,便交付日方印刷。

几个月后,当这批塑料袋漂洋过海运抵乌鲁木齐时,大家全傻了眼,原来每个塑料袋袋面图案上的"乌"字全部多了一点,变成了"鸟"字,乌鲁木齐变成了"鸟鲁木齐"。

调查的结果,是由于挂面厂的设计人员一时马虎,而进出口公司的人员在检查时也没有发现。就这一点之差,使这 10 吨的塑料袋变成了一堆废品。

乌鲁木齐变成"鸟鲁木齐",这是一个现代笑话,十分滑稽,更让人深省。

言寡尤　行寡悔

孔子告诫弟子:要多听,有怀疑的地方先放一放,其余部分即使有把握,也要谨慎言语,这样就可以少犯错误;要多看,有怀疑的地方先放一放,其余部分即使有把握,也要谨慎去做,这样就可以减少后悔。

魏国的襄王即位了,召见了孟子。两人见面谈话的情形和内容没有详尽的记述,只是说孟子见过襄王以后,评价就是:"望之不似人君。"也就是说,这位新王给人的第一印象就是不像个皇帝。孟子还补充说:等到接近他时,再仔细看看,他一点谦虚之德都没有,一点敬畏谨慎的心态都没有。

一个越是有德的人,地位越高,临事就越是小心谨慎。当时的魏国,强邻环伺,四面受敌,败仗连连,国势不振,襄王应该知道这个国君之难当,然而他却没有丝毫的诚惶诚恐,反而志得意满,这正是"器小易盈"的写照。

关于为人处世,老子有一句话:"良贾深藏若虚,君子盛德容貌若愚。"意思是说,善于做生意的人,总是把珍贵的宝贝隐藏起来,不让人轻易看到;修养到家、品德高尚的人,往往在表面上显得愚笨。

每个人都有自己的心智模式和性格特征,但无论哪种心智模式和性格特征,要想保全自己成就自己,就得心存敬畏有所节制。

《弟子规》告诫我们:"年方少,勿饮酒;饮酒醉,最为丑。"

酒是人类的发明,酒是生命之火。但这把火不可乱点,更不可任其蔓延。如果我们年纪还小,尚未成年,就不该尝试喝酒,即便成人,也不可过量,因为喝醉了容易言行失当,甚至丑态百出。

曹植是公认的才子,天生的文学家,却不是合格的政治家。他做事像个孩子,只管做,不想后果,洒脱就行。

有一年,曹操带兵攻打东吴,留曹植守卫邺城。曹操得胜回来,一到家就有人状告曹植,称其"擅开司马门,且奔驰于驰道"。

曹操气坏了。这"司马门"是魏宫正门,只有曹操本人车驾可以出入;而"驰道",那是天子专用的车道,之所以建造,是因为曹操比天子还要"大牌"。

曹操不在家,曹植得意忘形,简直玩疯了,不过,他哪里有篡位的野心呢?但曹操可不这么想!

曹植不只因为"擅开司马门,且奔驰于驰道"令曹操反感,还由于他对工作极为不认真,常常酗酒误事。有一次曹仁被关羽围攻,曹植奉命援救。本来这是一个好好表现的机会,但曹植却没有控制住自己,又因酗酒误了大事。曹操至此对曹植完全失去了信心。

今天的许多年轻人,对所谓谨小慎微的告诫更是不屑,于是时常闹出难以收场的事端。

一位年轻的理发师为一位老人理发。当他拿着剃刀修面时,发现老人的下巴上有颗痣，痣上有几根长毛。小伙子一看，非常影响老人家美观嘛！于是一刀就把那几根毛给剃掉了。

没想到，这一剃不得了，老人家顿时哇哇大哭。为什么呢？因为老人家迷信，认为这是他的长寿毛。长寿毛没有了，那不就活不长了吗？

无论小伙子怎么赔礼道歉，老人家就是不干，老人家的子女也不干。最后，这件事闹上了法庭，弄得法官也十分为难。

"三思而后行"，已成为中国人几千年来做人行事的经验之谈。

因为心有敬畏，孔子杜绝了一般人"意"、"必"、"固"、"我"的四种毛病，他不会臆想猜疑，不会先入为主，不会固执己见，不会唯我独尊——这就是"勿意、勿必、勿固、勿我"。

因为越来越快的生活节奏，因为急功近利的浮华心态，因为职业道德的缺失，因为专业精神的式微，工作马虎导致严重后果的案例比比皆是：由于一件产品不合格，导致工厂声誉大损；设计施工中的小小误差，导致整幢建筑物倒塌；列车员或调度员看错了两分钟，造成列车惨烈相撞；外科医生或护士心猿意马，将纱布、手术钳留在了病人的体内……，如此等等，数不胜数。

我们不可无缘无由地瞻前顾后，但更不可因为意气用事把事情办砸，把关系搞僵，把形势弄坏。

四、感恩的人无尤无怨

懂得感恩的人懂
得感动，懂得
感恩的人懂
得报答
懂得感恩的人
懂得爱
懂得感恩
懂得因果
懂得地恩
懂得仁

"感恩"是个舶来词,"感恩"二字,牛津字典给的定义是:"乐于把得到好处的感激呈现出来且回馈他人。"

感恩,其实是一个人与生俱来的本性,是一个人不可磨灭的良知,也是人格健康的表现。

懂得感恩的人懂得感动,懂得感恩的人懂得报答,懂得感恩的人懂得真爱,懂得感恩的人懂得因果,懂得感恩的人懂得责任。

一个不懂感恩的人,必定只有一颗冷酷绝情的心,他们是攫取者、冷漠者、迷信者、傲慢者、独活者,这样的人即便活着,其实已经死亡。

不知感恩者是不仁之人。雨果就说:"卑鄙小人总是忘恩负义的,而忘恩负义原本就是卑鄙的一部分。"泰戈尔也说:"蜜蜂从花中啜蜜,离开时营营地道谢;浮夸的蝴蝶却相信花儿应该向它道谢。"

一个社会即是一个互为依存的整体链条,不论哪一个环节断开,都将影响链条的整体运转,所以,我们时时处处都当感恩。

感恩之心当从孝悌开始,而后推及天下。

恩欲报　怨欲忘

从1863年开始,感恩节就成为了美国的国家节日。

美国人每年都会在这个充满感激和爱的日子进行一次特殊的祈祷,感谢、颂扬上苍在过去一年里的仁慈和恩惠。

非但如此,感恩节还成为了一种社会活动。超市门口放个大筐,让人们留下一份食品给那些食不果腹的穷人。政府机关、学校和教堂,会准备大量的食物,分发给无家可归的人。更可贵的是那些平日里无忧无虑的孩子们,在这一天都会极其认真地挨家挨户募集食品,帮助穷人。感恩节给了所有美国人行善的机会。

《弟子规》告诫我们:"恩欲报,怨欲忘;报怨短,报恩长。"就是说,他人对我有恩惠,就应该时时想着回报;心有怨恨,应该尽早化解忘掉。怨恨在心里停留的时间越短越好,但是报恩之心却当长存。

行色匆匆中,多少人的心灵被生活磨砺得渐渐粗糙和冷漠,难以停下脚步去倾听自己和他人心灵的蛩音,回味那些无处不有的感动。

感恩是说不出口的在心里隐藏的债务,"施人慎勿念,受施慎勿忘",所以懂得感恩的人报答之心长存。即使没有机会报答施主,也会帮助其他的人。他们不会在获助之后自认为是命里该得,并以生辰八字浅薄地破解。他们明白感恩不是一本花名册,也不同于对别人简单地说声"谢谢"。一个人如果只感谢帮助过自己的人,那叫小气;把人分成已助己和未助己两类,那叫青白眼;没有分别心的感恩,才是生命的境界。

懂得感恩的人懂得责任。"责任"一词,一重涵义是担当起某种职务和职责;二重涵义是分内应做之事;三重涵义是做不好分内之事必须承担过失;四重涵义是全力以赴去完成去实现。在社会关系中成长和生活,每个人都扮演着一定的角色,都必须自觉去承担自己的那份责任。

造物主其实是最公平的,给你一个缺点,也会给你一个优点;让你失去,同时也就让你得到。我们常常憎恨自己的竞争对手和敌人,殊不知,或许正是那些强劲的竞争对手和敌人让我们居安思危,不断提高,保持活力。

越来越多的科学研究发现,那些心存感激的人身体更为健康。他们睡得更香,吃得更香,并善于应对日常生活的压力,即便生病也容易康复。

美国的罗斯福总统是一个常怀感恩之心的人。据说有一次家里被盗,损失不小,一位朋友闻讯后马上来信安慰他。罗斯福在回信中却写道:"亲爱的朋友,谢谢你来信安慰我,我现在很好,感谢上帝!因为,第一,贼偷去的是我的东西,而没有伤害我的生命;第二,贼只偷去我部分东西,而不是全部;第三,最值得庆幸的是,做贼的是他,而不是我。"

对任何一个人来说,家中被盗绝对是一件不幸的事,而罗斯福却找出了3条感恩的理由。

我们生活在这个世界上,一切的一切,包括一草一木都有恩情。每个人活着的每一分钟,都仰仗种种因缘和资源的支持,所以我们不仅要感恩父母,还要感恩老师,感恩朋友,感恩对手,感恩社会,感恩空气,感恩水,感恩整个大自然。

美好的生命总是充满期待、喜悦和感激。懂得感恩,懂得珍惜,我们就有了奋进的动力、生活的动力、生命的动力。

虽贵端　慈而宽

老子有言:"贵以贱为本,高以下为基。意思是高贵以卑贱为根本,高位以低下为基础。老子的这种思想,可以说也是一种感恩的情怀。没有卑贱哪来高贵,没有低下哪来高位呢?

当年的孟氏任命曾子的学生阳肤做典狱官,阳肤向曾子请教怎样为官。曾子说:"在上位的人离开了正道,百姓早就离心离德了。你如果能弄清他们犯罪的真相,就应当怜悯他们,而不要为自己的明察沾沾自喜。"

《弟子规》也明确地告诫我们:"待婢仆,身贵端;虽贵端,慈而宽。势服人,心不然;理服人,方无言。"

对待家中的婢仆,自己的行为要端正庄重,还应进一步做到仁慈宽厚。从前的大户人家,都有仆人婢女,今天的普通人家,也有所谓保姆或者"家庭服务员",相比之下,似乎现代社会双方出现的问题更多。主人家与保姆或者"家庭服务员"心理上都不平衡,对立情绪更大,而谁是谁非难以明辨。由于整个的社会系统、社会风气出了问题,这种对立尚难普遍解决。但从主人家一方来说,当首先端正自己,不可以势压人,而应以理服人,以情动人。

再者,现代中国人因为阶级观念根深蒂固,对"仆人"二字非常敏感和反感。其实,仆人伦理当为做人的伦理,要不然,我们的领导人为何叫做"人民公仆"呢?

这个世界,如果人人都能以仆人的心态对待他人,那么大家都是主人;倘若人人都以主人的心态对待他人,最后谁都成不了主人。

俗话说:"金无足赤,人无完人。"任何人都存在着这样或那样的不足,如果求全责备,那就没有什么人可以相交或使用了。

春秋战国时期的楚庄王,是一个很会恕人之过的贤明君主。

一天晚上,楚庄王大摆宴席,邀请朝中百官赴宴,并且又令自己的妃子向诸位大臣敬酒。

君臣酒酣耳热之际,突然一阵风来,蜡烛被吹灭了,堂内顿时一片漆黑。这时候王妃突然感觉到旁边有人对自己动手动脚,但她十分镇定,没有喊叫,而是抓住那个人的帽缨,用力拽了下来。然后,在黑暗中她摸索到楚庄王身边,告诉他有人非礼自己,希望大王马上找出非礼者加以处罚。

不料,楚庄王听后并没有这么做,反而不许人先点燃蜡烛,并且说:"今天我们尽兴而饮,请大家不拘小节,都把自己的帽缨拔下来,开怀畅饮!"

等到大臣们纷纷拔下自己的帽缨后,楚庄王才令人重新点燃蜡烛,于是宴会继续进行。

事后,王妃埋怨楚庄王不为她出这口气。楚庄王却说:"一时的酒后失态,岂可严加处罚?"以后再未提及此事。

3年后,楚晋相争,双方战于沙场。楚军中一员叫做唐狡的猛将冲锋陷阵,异常勇敢,立下了赫赫战功。但是,当楚庄王论功行赏时,唐狡反而叩头谢罪,原来他就是那一次在黑暗中冒犯了王妃的人。

王之所以为王,正在于胸襟、心量和格局。楚庄王目光远大,宽容属下的过错,不为妃子被非礼一事大动干戈,无论为国还是为己,都是"积德"之举。难怪他稳坐江山,跻身"春秋五霸"之一。

一个有修养有智慧的人,不仅懂得庄严自己,也懂得宽恕他人;不仅懂得控制情绪,更懂得管理情绪。

一个人领导力的高低强弱,看一看他的跟随者的数量和质量,便可一目了然。

孔子说:"放于利而行,多怨。"就是说,因为功利而作为,自己和他人难免心生怨恨。

在清代,曲阜有两家人为了建房的地基而争吵,谁也不愿让步。情绪化之下,东家的家奴马上向在京城做官的主人求援,因为东家主人的官阶大过西家。

没想到,东家主人的回信竟是这样一首诗:"两家相争只为墙,让他三尺又何妨。万里长城今犹在,不见当年秦始皇。"

于是,东家主动让出了3尺之地。西家见状,很受感动,也让出了3尺。于是,此地就形成了一条6尺宽的小路,这就是后来的"新义胡同"。

唐代著名诗僧寒山问拾得:"世间有人谤我、欺我、辱我、笑我、轻我、贱我、骗我,如何处置乎?"拾得答:"忍他、让他、避他、由他、耐他、敬他、不要理他,再过几年你且看他。"

这个世间,当然存在邪恶,但我们尽可以放心:多行不义必自毙,"强梁者不得其死"。

中国共产党军队宽待俘虏的做法,从来是有口皆碑。

1962年,中印之间发生战争。我师388团1连在"二八"高地前后夹击印度军队,印军的机枪手负了伤,举手投降。被机枪扫射打伤的连长李荣汉迅速冲上去缴获了他的武器。这位机枪手没有想到,李荣汉不但没有报复行为,还为他包扎伤口,并将其背下来救护。李荣汉这种严格遵守战场纪律、尊重人权的精神受到了表彰,荣立二等功。

当我国边防部队反击到预定位置时,毛泽东主席命令我军单方面停火后撤,并主动交还缴获的印军武器弹药等装备物资,同时保证了战俘吃饱穿暖,不久后又组织印俘中原印军第7旅旅长达尔维准将和其他27名原印军校官去北京、上海、广州等地参观。在北京,周恩来总理还亲自接见了达尔维准将,畅谈和平与友好。印俘赞誉他们的回国历程,是一条充满"友谊和温暖的道路"。

强权可以使人畏惧;唯有宽恕,才能让人心生感恩。

德以养身,仁者乃寿。如果我们真想复仇,那就记住雨果的一句话:"宽容是最高贵的复仇。"

道人善　即是善

人心两扇门,善恶分两边。我们当时刻谨记开启善门关闭恶门。

佛家说,人人心中都有一尊佛,为恶者的内心深处其实也隐藏着一颗善良的心。为善或者为恶只在一念之间,如果在他善念出现的时候,我们及时给予鼓励,为恶者未尝不能从此改邪归正。感化一个人弃恶从善,那就是大善。

所以《弟子规》告诫我们:"道人善,即是善;人知之,愈思勉。扬人恶,即是恶;疾之甚,祸且作。"

赞美别人的善行就等于是自己行善,因为对方知道了就会更加勤勉地行善;宣扬别人的过恶就等于自己作恶,如果憎恶过分,就会招来灾祸。

沧州有一姓蔡的瞎子,人皆说他能通神灵。于是有一老先生常常邀请他出来弹唱对饮。渐渐熟识后,老先生也偶尔到蔡家共饮。

有一天,发生了一件所谓邪淫性质的事情。人们议论纷纷,有人说确有其事;有人说当事人清白,全属诬陷。老先生偶与瞎子论及此事,便问他:"你既通灵,必定知道其中的真情,何不说来听听。"

瞎子听了十分生气地说:"我辈修道之人,岂可干预、探听人家的隐私?房间是秘密之地,即使男女在其中幽会、见面,外人又岂能真正了解其中正邪的真情。但是一般人都喜欢自以为是地猜测,结果往往就是一犬吠影,百犬吠生。"

其实,就是确有亲密之事,又与你何干?

弘一大师曾说:"吾每日思己之过都来不及,哪里还有时间评说他人是非?"

灌夫是汉朝的一名将军,勇猛善战,疾恶如仇。但他有个缺点,就是脾气太直,说话不分场合,不讲究方式。这样的性格,使他得罪了不少人,特别是与当时的丞相隔阂最大。

有一次,在丞相的婚宴上,灌夫因为一杯酒,又和丞相争吵起来,气愤至极的他,还把丞相平日里所做的坏事都说了出来,以至于搅散了宴会。

丞相是皇上的舅父,当然不会放过他。最后,灌夫被捕处死。

《中庸》记述:舜在做一件事情之前,总是要先做调研,征询别人意见,然后在此基础上,"隐恶而扬善"。

语言的伤害力是相当大的。说话的方式、口气、场合不同,即使表达的是同一个意思,也会引发不同的结果。

明朝开国皇帝朱元璋,少年时生活窘困,常和一些穷孩子一起放牛砍柴。他做了皇帝以后,从前的一些穷朋友都想沾点光,弄个一官半职,或者想官儿再做大一点。

有一天,朱元璋与两个少年时的朋友叙旧。

一个人急于套近乎,抢先开口说:"还记得我们一起割草的情景吗?有一天,我们偷了些蚕豆,在芦苇荡里放到瓦罐里煮。没等煮熟,你就抢豆子吃,把瓦罐都打破了,豆子撒了一地,你抓一把就塞到嘴里,却不小心被一根草卡住喉咙,卡得你直翻白眼……"他还在那儿喋喋不休讲个没完,宝座上的朱元璋再也坐不住了,喝令其住口。当然,此人后来为此丢掉了脑袋。

另一个人当时则说道:"想当年,微臣跟随陛下东征西战,一把刀斩了多少'草头王'。陛下冲锋在前,抢先打破了'罐州城',虽然逃走了'汤元帅',但却逮住了'豆将军'……"朱元璋听了,顿时心花怒放,随即降旨封赏,后来,此人升了将军。

印度哲学家白德巴说过:"能管住自己的舌头是最好的美德。"《开启修行门扉》中也有告诫:"最好是有一把锁,把自己的嘴锁上,不让它乱说话。"

叔孙武叔去拜访孔子的弟子颜回时,总在颜回面前数说他人不是。颜回不仅没有一点谈论的兴趣,还婉转地提醒叔孙武叔"言人之恶,非所以美己;言人之枉,非所以正己"。就是说,谈论别人的不对,并不能因此而显示出自己的美好正直,君子遇到事情,只是就事论事,不议人是非长短,并且反省自己的过错。

曾经有这样一则新闻:57岁的何大妈晨练时一头栽进了荷花池,82岁的孙老伯奋不顾身跳入池中救人。

大妈心存感激,打算登门道谢,不想老伯却要求她找电视台报社宣传一下他的行为。

何大妈的女儿韩女士得知此事,在网上发帖质疑孙老伯的救人目的,她认为孙老伯应学"雷锋做好事不留名"的做法,由此引发了人们的争议。

其实,要求人人具备"雷锋做好事不留名"的境界,实在有点强人所难。人在做了好事以后希望被表扬被赞美,当是常人的情理中事,无可厚非。

事实上,表扬别人所做的好事,一方面能激励他再接再厉;另一方面,也能让更多的人闻知善行,培养善心,聚集更多的善的力量。

媒体报道:一名10岁左右的小女孩不慎掉入深水中,眼看就要沉没。岸边有几十个人围观,很多人高喊"救人",却无人付诸行动。

原本坐在远处的青年男子赵庆(化名)和周林生(化名)一见险情,毫不犹豫地冲了过来。赵庆跳入河中后,才意识到自己不会游泳;周林生虽然腿里打有钢板,但也开始协助赵庆救人。小女孩最终被救上了岸,并转危为安。

当掌声响起来的时候,两名救人者却飞一样地逃走了……

早就认识赵庆和周林生的知情人见此情景,简直不敢相信自己的眼睛——他两人都是小偷!

赵周二人的行为再一次表现出人性的复杂。

就在报社记者采访完毕文章即将见报的时候,又传来一个令人惊奇的消息:在同一地点,赵庆和周林生又救了一个人,再次扮演了英雄的角色!

面对记者的再次采访,周林生不好意思地说:"第一次救人是偶然。在你采访的前前后后和周围人的评价中,说句心里话,我是得到了鼓励。我想以后遇到这样的事,我会一直做下去。"

"道人善"的力量就是如此的强大!

试想,如果赵庆和周林生在救人后得到的不是掌声和赞美,而是谴责他们的小偷身份,结局肯定是相反的一种。

毁灭一个人只要一句话,培植一个人却要千句话。所以,我们不能不口下留情。

有了感恩的心态,我们才能最大限度地避免与人、与事、与物的冲突,于是身心和谐,与人和谐,社会和谐,世界和谐。所以,和谐从感恩之心开始。

痛自找　乐在心

一个人住在佛罗里达海岸,距离肯尼迪航天中心只有几里远。他的朋友见到他,很羡慕地说:"能经常见到航天飞机起飞和降落,一定非常有意思吧?"

"我从来没有到过海滩。"他回答,"我甚至懒得迈出家门去观看飞船发射。"

"你在开玩笑!为什么?"朋友不解地问道。

"我认为没什么好稀奇的。"

见他对自己的生活如此抱怨,本来兴致勃勃的这位朋友再也说不出什么。

这其实是现实生活中许多人身心状况的一个缩影。

每一个人都有很多自己熟悉的人和事,因为容易见到甚至亲近,我们反而会慢慢地忽略;当慢慢忽略这些人和事的时候,我们就很少再去欣赏;当很少欣赏的时候,我们就不会心存感激;当感激从心中消失,我们就开始抱怨;当抱怨无人理睬,我们便开始烦恼、愤恨和痛苦了。

研究发现,长期怀有敌意会直接或间接导致心脏病,负面情绪会产生多种生理反应,如血压升高、应激激素被挑起等等,如果长此以往,就会影响冠状动脉系统。所谓"癌症性格",形成的关键原因就是负面情绪。

广西中医药学院的刘力红教授说,其实抱怨这种情绪很微妙,很多人都会打着追求完美的旗号,为别人做得不够好而抱怨。但是抱怨对自己的身体伤害很大。通常有脾胃病的人,比如胃胀胃痛啊什么的,都与喜欢抱怨有关。

在《一地鸡毛》里,两口子上班之前买了一块豆腐,女人让男人放在冰箱里,结果男人忘了,下班回到家里这个豆腐就坏了,于是两个人就开始推责任争起来了,争到最后就开始砸东西,然后就是当着自己女儿的面以"离婚"威胁对方。

这个时候,突然来了一个电话。这个电话告诉的是一个好消息。男人听到以后,坏心情一下子烟消云散,他把电话一搁说:"我们刚才为什么说离婚啊?想不起来了!"女儿倒是很清醒,说:"为豆腐!"

远在天边的爱往往就是近在眼前的恨,因为跟关系不亲近的人,我们反而能够自觉地以一种界线一种游戏规则去规范自己的行为,但是在所谓自己的地盘里,双方都误以为是自己所有,这样就导致了冲突的不断放大。

儒家强调夫妻之间相敬如宾。因为按照伦常来做事情,反而冲突会减少。所以"礼"这个东西,确实很重要。

生活可以雕塑一个人的相貌。比如女性,年轻的时候通常都是天真烂漫的;但一到中年,就能明显看出幸福和不幸福两大阵营;到了老年,差异就更大了,有人慈祥,有人狰狞。

事情已经很清楚:不懂感恩、心存怨恨是让女人变丑的根本原因。

抱怨就像一个人的口臭,自己一点感觉都没有,但是别人闻到就很难受很不舒服甚至很恶心。

清朝的时候,有一个人叫王凤仪,是个职业劝善家,他主要的工作就是不断地去发现、寻找每个家庭里面的问题,然后帮助大家梳理。有一次,一个老太太抱怨说家里人对她不好,老公打了她很多年,所以一直跟王凤仪抱怨说自己命苦。而王凤仪呢,非但没有表现出同情,反而说:"很简单,您老啊拿个镜子照照,您那张苦瓜脸永远都没有笑容,逢人就说自己有多惨。就是您不嫁给这个老公,换一个老公,人家也要打您啊!"这个老太太终于明白了,原来这个问题不仅仅出在别人身上。

四、感恩的人无尤无怨

抱怨是一种心理暴力。所谓心理暴力,就是我以我的意志、我的愿望作为绝对的评判标准让你服从我。

抱怨也是一种责任病毒。抱怨的潜台词就是:问题是别人的,成绩是我的,这个事情做砸了、做坏了跟我没有关系。

如果我们每一个人都是抱怨者这样一种逻辑,那就会像同频共振一样,形成一种强大的负面能量。

人与人之间打交道,一方的情绪不正常,也会让另一方的情绪跟着不正常。

美国洛杉矶大学医学院的心理学家加利·斯梅尔做了一个实验,他将一个乐观开朗的人和一个整天愁眉苦脸、抑郁难解的人放在一起,不到半个小时,这个乐观的人也变得郁郁寡欢起来。加利·斯梅尔随后的一系列实验证明,只需要20分钟时间,一个人就可以受到他人低落情绪的传染。敏感性和同情心越强,越容易感染上坏情绪,这种传染过程是在不知不觉中完成的。

生活中,每个人都有可能遭遇失业、婚变、朋友背叛、亲人离去等等事情,它对你是大事还是小事,没有特定的标准。有人比喻:这就如同身上被划了个一寸长的口子，算是大伤还是小伤呢？如果是一个柔弱的小姑娘，她能感觉疼痛一个星期；如果是一个粗放的大小伙子，他可能从受伤到这个伤好，都没怎么在意。所以，痛与不痛，在大多时候，我们真的可以由自己来决定。一切痛苦能够毁灭人，人也能把痛苦消灭！

没有冲突就没有人生，没有挣扎就没有成长。

心怀感恩，遇事不怨，恕人恕己，我们就不会心怀怨恨了。《弟子规》就这样告诫我们："言语忍，忿自泯。"

有人清贫如洗却可以开心快乐，有人富甲一方仍旧烦恼不已。世人怨多，往往因为求之不得，或者所得非所求。

孔子为什么说"仁者不忧"呢？因为一个人如果胸怀大，很多事情自然就小了。

法国有一句非常富有哲理的谚语："如果你手里只有榔头，那么世上的一切在你看来都是钉子。"

人若像狐狸那样，永远只是咒骂陷阱而不反思自己，就如同生气的时候用脚去踢石头，疼的只是自己。

同样的瓶子，我们为什么要装毒药呢？同样的心理，我们为什么要充满烦恼呢？

一个山里放羊的娃子，朝着跑散了的羊群喊道："回来，快回来！"他的喊声刚落，便从四面八方传来万山的回音："回来，快回来！"

放羊娃很好奇，接着又喊："你是什么人？"万山也回问放羊娃："你是什么人？"

放羊娃有些生气，又喊："你为什么不回答我？"万山也以同样的回音反问了放羊娃。

放羊娃甩了一下鞭子，愤愤地喊："我讨厌你！"万山并不示弱，也回敬了一响鞭声："我讨厌你！"

放羊娃一整天都不痛快，回家后告诉妈妈："四面八方都讨厌我。"

妈妈说："不对吧，你对着大山喊一声'我爱你'，看看万山怎么回答。"

第二天，放羊娃对着大山一字一句地喊："我———爱———你！"只听万山齐声回应："我———爱———你！"

放羊娃听着，"咯咯"地大笑起来。

五、奉献的人福至心灵

大自然生机勃勃、绚丽多彩的基本原因在于各类生物的存在,而索取与奉献,则是生物存在的基本形式。

没有基本的生存条件,植物都不发芽。只有索取了必要的生存条件,生物才能奉献。

不过,其他所有的生物,都能自然达到索取与奉献的平衡,唯有人类,才有能力打破这种平衡。

我们通过社会舆论和法律程序维护自己的正当权益,是一种索取,同时也是一种奉献。索取的,是应有的荣誉、财产和待遇;奉献的,是对社会不公和腐败现象的抨击以及改良的办法和建议。但若依靠权势维护非正当权益,那就是罪恶的索取了。

一个人对"奉献"和"索取"的不同抉择,表现出两种截然对立的人生追求:或有益于社会,或有害于他人;或对他人和社会做出贡献,或贪婪地向他人和社会索取利益。

人的一生可以索取的很多,可以奉献的同样很多。索取并不丢人,丢人的是索取远远大于奉献。

与宜多　取宜少

《弟子规》告诫我们:"凡取与,贵分晓。与宜多,取宜少。"

我们如果与别人有财务上的往来,应当分辨清楚不可含糊,但主要目的不在于担心自己吃亏,而是担心自己占了便宜。给予别人的财物应该多一点,取用别人的财物则应该少一些。

哈佛大学的一个教授曾经做了一个实验:在一个养老院里,把老人分成两组。一组让他们去养花或者让他们去关注一个孤儿,每天都有牵挂,每天都有活干;另一组人则是纯粹养老,只是吃饭、睡觉。经过1年多时间,教授发现这两组人精神状态很不一样,甚至死亡率差了接近50%。当然,精神状态好并且寿命长的,是那些每天付出的老人。

心性一旦转向真、善、美,福报不请自来。

职场中的人,面临的工作总体有三类:肯定不能做的事;肯定应该做的事;可做可不做的事。

肯定不能做的事,当然不能做;肯定应该做的事,自然首先是本职工作,这是展示能力的机会,做不好就不能立足;可做可不做的事,展示的则是奉献与否的人生态度。

在《杜拉拉升职记》中,上海办行政主管忽然辞职了,李斯特给拉拉特别加薪5%,让她代理这个岗位。

拉拉天性勤快,大学毕业分配到国营单位那会儿,她就成天找活干,毕业将近8年,她已经28岁了,有活干,她就兴奋,至于干好了能够怎么样可以怎么样,她几乎不想,就算偶尔想想,她的想象力也就局限于拿个不错的年终奖、评个先进什么的。

就眼下这个局势分析,做了两年主管的拉拉,目前的底薪是6500元,5%等于325元,这个微不足道的加薪和项目需要付出的艰辛之间,实在不成比例,但她没有盘算过。拉拉和供应商谈判很在行,因为她的注意力在那上面。关于自己的前程、收入等等,她没有想过要在什么时机和老板谈判,也没有想过自己的筹码有多重。拉拉认为,那5%是一个光荣的象征,是组织上对她的信任,而且,像李斯特说的,她可以在项目中"学到东西"。拉拉觉得自己受器重,于是高高兴兴地接受了指派。

那么,是不是永远都不该提加薪升职的事情呢?当然不是,但前提是先把活儿干好。

吃亏是暂时的。最后的结果,当然是杜拉拉吃不了亏!

许多人总是患得患失,凡事必争,而且都冠以正义之名,结果往往争到的是一肚子的气。

心态好的人才可能拥有舍得的智慧。"舍"与"得",其实也可以说是一种交易,一种左手对右手的交易,十分的公平。至于怎样"舍",又怎样"得",值与不值,因为世界观和价值观的不同,那就是见仁见智了。

三国鼎立之前,周瑜并不得意,曾在军阀袁术部下为官,被袁术任命做过一回小小的居巢长。

这时候地方上发生了饥荒,年成既坏,兵乱间又损失很多,粮食问题日渐严峻起来。居巢的百姓没有粮食吃,就吃树皮、草根,很多人被活活饿死,军队也饿得失去了战斗力。周瑜作为地方的父母官,看到这悲惨情形心急如焚。

这时有人建议说,附近有个乐善好施的财主叫鲁肃,想必一定囤积了不少粮食,不如去向他借。于是周瑜带上人马登门拜访鲁肃。寒暄完毕,周瑜开门见山地说:"不瞒老兄,小弟此次造访,是想借点粮食。"鲁肃一看周瑜丰神俊朗,显然是个才子,顿时产生了爱才之心,他哈哈大笑说:"此乃区区小事,我答应就是。"

鲁肃亲自带着周瑜去查看粮仓,鲁家这时存有两仓粮食,各3000斛。

鲁肃痛快地表示:"也别提什么借不借的,我把其中一仓送与你好了。"周瑜及其手下一听他如此慷慨大方,都愣住了,要知道,在如此饥荒之年,粮食就是生命啊!周瑜被鲁肃深深地感动了,两人当下就交上了朋友。

后来周瑜发达了,当上了将军,他铭记鲁肃的恩德,将他推荐给了孙权,鲁肃于是得到了大展宏图的机会。

有一副对联写得好:心态好,事业成,不成也成;心态坏,事业败,不败也败;横批:成败在你!

人愈贪　命愈短

在诱惑面前,世俗中人很难把控自持,所以中国有一个经典的成语叫做"利令智昏"。

有这么一个虚构的但却让人警醒的有趣故事——

一家特别的商店开业了。特别之处就是女士们可以为自己选购丈夫。

入口处挂着如下内容的商店营业规则:

1. 您仅能光临本商店一次。
2. 本商店有六层,随着楼层号的升高,男人的质量也依次升高。
3. 您可以选择某层的任何一位男士或者继续到上一层。
4. 不允许返回到下一层。

一位女士决定逛逛这家丈夫商店,为自己挑一位伴侣。

一层入口处的招牌说明是:"有工作的男人。"她一看立刻上了第二层。

二层的招牌说明是:"有工作且爱孩子的男人。"她没多想就上了第三层。

三层的招牌说明是:"有工作、爱孩子、非常帅的男人。"她很是欣喜:"哇噻!真狠!真厉害!"但还是上了第四层。

四层的招牌说明是:"有工作、爱孩子、帅呆了、还顾家的男人。""太不可思议了!"她惊叹起来,但是,惊叹之后她还是上了第五层。

五层的招牌说明是:"有工作、爱孩子、帅呆了、顾家、还非常浪漫的男人。"她动心了,非常想在这一层停留,为自己选一个配偶,但是她还是忍住了,决定走上最后一层。

在第六层,她读到了招牌上如下的内容:"您是第31456012位光临本层的女士,这里没有男人,本层的存在只是为了再一次证明:要让您心满意足是不可能的。感谢您光临本店!"

其实,贪婪的人哪里分什么男女。

《吕氏春秋》有言:"私视使目盲,私听使耳聋,私虑使心狂。"也就是说,私利膨胀的昧德之夫,观察事物,什么也看不见,是瞎子;听取意见,什么也听不进,是聋子;付诸行动,什么都敢干,是疯子。这种人一旦得势,便会如"中山狼"一般猖狂。

重庆市规划局原副局长梁晓琦,因受贿金额超过1500万元,被判处死缓。与别的贪官不同,梁晓琦袒露胸襟,揭示了"贪官心理学"。

梁晓琦承认,在房地产规划、开发领域中存在一种"潜规则",让他感到"恐惧"、"心理承受着巨大压力",但还是难逃"潜规则"的宿命。梁晓琦回忆说,当收到第一个小小的红包时,他环顾四周,乘无人注意将红包放进了公文包,"那一刻稍有脸红"。2003年,他一次收受好处费25万元,"那一刻心跳加剧,头脑瞬间空白,既有强烈的震撼,又有加倍的恐惧"。

起初是恐惧,然后就是加剧。不到牢狱之灾降临,几乎没有哪个贪官罢手。所以古人谆谆告诫:"勿以善小而不为,勿以恶小而为之。"

贪婪,其实直接危害着自己的健康与生命。

国家卫生部健康教育首席专家洪昭光,2009年2月应邀到广州举办健康讲座时,说了这样一句让很多人意外的话:"人愈腐败,死得愈快。"他说有人对16名腐败官员做过调查,当时他们平均年龄41岁,自开始贪腐的10年间,16人中15人得病,不少人是癌症,病死的有6人。洪昭光具体列举了贪官命短的例子,说明贪官之所以易患病或短命,是因为贪腐之心以及由之而来的压力,会导致身体免疫机能全面下降。

巴西一个医疗机构调查了583名贪官和583名廉洁官员。10年随访的结果也是如此:贪官60%以上得了癌症、脑出血、心肌梗死等,76%的疾病由情绪引发;而廉洁官员患病率只有16%。

有一幅漫画《心理压力最大的中国人:贪官》,形象地描绘了这类人群大起大落的心理状况:晚上收受贿赂,白天大叫反贪。权大了,钱多了,心里却很不踏实,怕到手的财富失落,怕亲朋好友鄙夷,怕纪检谈话"双规",怕落入圈套陷阱……有的人拿着钱不敢用,也不敢存到银行,厕所、墙壁等等地方到处藏钱,关上门数钱,躲在被窝里数钱,搬来搬去,花样用尽。

五、奉献的人福至心灵

广州某专业心理辅导机构负责人透露,近年来,前来寻求心理救助的官员明显增多,一方面的原因是这些人工作压力大,另一方面的原因是心中有鬼,也就是"做了坏事"。广州某三甲医院肿瘤中心主任透露,在他救治的肿瘤患者中,有相当比例的人就是因贪污、受贿等原因被撤职或正被调查的官员。他们普遍存在心绪不安、恐慌、暴躁、抑郁等情绪。

病由心生,心理压力是百病之源;而凡是贪婪的人,都有着不同程度的心理压力。

"亚圣"孟子强调养气。他说:"其为气也,至大至刚,以直养而无害,则塞于天地之间。其为气也,配义与道,无是馁也。是集义所生者,非义袭而取之也。行有不慊于心,则馁矣。"

孟子说的这个"气",实际上是一种精神或是心理的正能量。"浩然正气"之说,主要的内容就是不动心。"不动心"也有两种情况,一种是强制其心使它不动,另一种是其心自然而然不动,也就是"富贵不能淫,贫贱不能移,威武不能屈"。

浩然之气这种做人的豪迈气概,使人感到自己的生命无比刚劲、无比高大,巍然屹立于天地之间。

浩然之气是"养"出来的,而非临时酝酿制造出来的。如何养?"以直养"!什么是"以直养"?洁己以进,正直无私、刚正不阿!"直",不是简单的直来直去,而要"配义与道",即"直"要合乎道义和公理,合乎天理良心,要经得起推敲和检验。浩然之气是"集义所生",而不是"义袭而取之"。就是说,平时一直按道义要求自己,有了日久天长的积累才能有浩然之气。崇高的道德境界和伟大的人格风范,绝不可能被理解为一时的甚至偶然的外在规范和标准的产物,只能来源于我们灵魂深处积蓄已久的力量,来自于我们精神境界的升华。倘若做了有愧于心的坏事,那么这种生命之气马上就会疲乏无力以至于烟消云散。

贪婪的索取者,必将损害仁德,缺失生命中的精、气、神。所以,无论他多么显贵,健康与快乐都与他无缘,并且不得善终。

积福德　行慈善

中国古人说:"有力量济人谓之福。"俄国大作家果戈理也发自内心地这样表达:"如果有一天,我能够对我们的公共利益有所贡献,我就会认为自己是世界上最幸福的人了。"

人生需要奉献。奉献是一种精神,一种行动,也是一种能力。

奉献,在宗教中名为"施"。"施"有三种,即财物施、法(技艺)施、无畏(力量)施。

布施是佛教里讲得最多的一项修行,意思是给予、施舍、喜舍。《金刚经》里一再提到布施,菩萨六度万行也以布施为首要。

智德禅师在院子里种了一棵菊花。转眼3年过去,院子里长满了菊花,香味随风飘到了山下的乡村。到禅院来的信徒们都对菊花赞不绝口:"好美的花儿呀!"

一天,有人开口向智德禅师要几棵菊花种到自家的院子里,智德禅师不仅马上答应了,还亲自动手挑了几株开得最盛、枝叶最粗的,挖出根须送给那人。消息传开了,前来要花的人络绎不绝,接踵而至。智德禅师一一满足了他们的要求。不久,禅院中的菊花都被送出去了。

弟子们看到满园的凄凉,忍不住说:"真可惜,这里本来应该是满院飘香的呀。"智德禅师微笑着说:"可是,你们想想,这样不是更好吗?因为3年之后,就会是满村菊香了!"

"满村菊香。"弟子们听师父这么一说,脸上的笑容立刻就像菊花一样灿烂起来。

不仅甘于奉献,而且满心喜悦,这正是修道者的胸怀。

其实,一个人即使一贫如洗,也可以奉献布施,比如可以用微笑与别人相处,这叫颜施;可以对别人多说鼓励的话、安慰的话、称赞的话,这叫言施;可以敞开心扉,诚恳待人,这叫心施;可以用善意的眼光去关注别人,这叫眼施;可以用行动去帮助别人,这叫身施;可以将自己的座位让给他人,这叫座施……

布施的意义,不在于企图回报,而在于引发善念,将我们人生的残缺破洞给圆满起来,培养出慈悲喜舍的美德,开启内心深处无穷无尽的宝藏。

财物施,本质上是指满足他人精神与物质的缺乏;法施,就是授人以鱼,不如授人以渔。比如我们给一个人一筐成熟的萝卜,而给另外一个人一包萝卜种子,前者是财施,后者不但是财施,也是法施。所以,帮助贫困者寻找一份适当的工作,或者指引一条正当谋生的路子,比财物施更为重要。

无畏施,即奉献无畏。这个"无畏"的意义十分广泛,包含所有能够让人们战胜痛苦与烦恼的办法,以及当人们处于危难之时给予勇气与安全。

在许多哲学中,都说到了法施与无畏施的重要。

以什么样的心态去施予,取决于人生的境界。如果我们做这些事情是为了获得名誉与赞扬,那么,这样的施只是米粒之善;如果我们把心态完全放到让一切生命都能够得到快乐,行善不愿出名,施予不求回报,那就是大善了。

台湾著名女作家张梨华女士在《改变一生的一句话》一书中写道:

下课铃一响,大家纷纷站起,挤向门口,我经过讲台往门口走时,赵老师说:"你到我办公室来一下。"

我跟在她身后,心里七上八下,不知道自己闯了什么祸。老师中,赵淑茹是我最崇拜的。那时她大约二十七八岁,身长如玉,一张瓜子脸,双瞳如剪,语调和婉,生气时,自己两颊先绯红起来,我们都不怕她,但对她敬爱异常,她是我们初二的语文老师。

跟她到办公室,她坐下,把我叫到她跟前,双眼牢牢地看住我说:"好好用功,将来你可以做个好作家。"说着,把手里的我的作文《冬天里的太阳》扬了扬说:"写得实在不错,明天我去贴在布告牌上。"

我鞠了躬,退出来,她还嘱咐了一句:"记住我今天的话哦!"

那年我14岁,44年来,我从来没忘记过她的话。

渴望受人称赞,是人类最微妙的本性,哪怕只是简单的一句赞语,都会令对方感到无比的温馨,并成为人生进取的强大动力。

美国的埃·哈伯德先生说:"聪明人都明白这样一个道理:帮助自己的唯一方法就是帮助别人。"

在他人需要的时候,尽自己所能热情伸出援助之手,这个世界便会产生更多的美好与奇迹。

韦利是一个患有先天性心脏病的小男孩,但他开朗活泼,和所有的人几乎都能成为好朋友。正是因为他的乐观和快乐,很少有人知道他是一个可能随时离开人间的高危病人。

韦利有早起晨练的习惯。尽管医生不让他做高强度的剧烈运动,但是韦利还是愿意早起看看清晨,看看一天的开始是如何的美丽。

那是一个薄雾和轻烟笼罩的早晨,韦利跑步到城市中央广场一个角落的时候,发现一个人倒在地上,身上洒落了露水,脸色发紫,呼吸微弱,正处在危险之中。但是这个人身材高大,韦利无论如何背不动他。怎么办?时间来不及了,韦利顾不上这些,俯身拉起他的衣服,用尽全身力气一点点地把这个人在地上挪动了200米,直到有人发现了他们,韦利只说了一句"快送他去医院"便昏倒在地。

韦利醒来后看到的是一个陌生人一脸的关切和自责。他说自己因贪杯醉倒在街头,要不是韦利救了他,医生说他很快就会冻死在那里。陌生人非常惭愧地说:"对不起,医生告诉我说你的心脏病差一点就要了你的命,你是在拿你的命救我,真不知道该如何感谢你!"韦利笑了,高兴地说:"我现在没事了,你也没事了。这就是最好的感谢!"但是陌生人坚持要报答韦利。韦利想了想说:"我真的不需要你对我有什么报答,只是希望你能像我救你一样,尽自己所能,去帮助比自己的处境还要差的陌生人,我想这就足够了。"

很多年过去了,韦利活过了比医生的预言长数倍的时间。他还是和以前一样乐观和积极,并且真诚地对待每一个人,在需要的时候尽自己所能地帮助别人。但是疾病终于在一个冬天的早晨击倒了他。当时韦利正在一个很偏僻的地方散步,忽然感到心口一阵剧烈疼痛,他挣扎了几下,终于支持不住晕倒在了地上。

韦利醒来时发现自己已经躺在医院里,身边站着一个10多岁的男孩,正瞪着一双大眼睛眼巴巴地看着自己。韦利很感激地握住男孩的手颤抖地说:"谢谢你,孩子,你救了我!你是怎么发现我的?"男孩很开心地说:"我一大早就要去爷爷家陪他,正好路过那个地方,看到你倒在地上,我就想起了爷爷说他年轻的时候被一个和我年龄差不多的男孩救起来的事。我想我也能够做到,于是就使出全身的力气拉你。幸好你还不算重,我成功了!回去后我一定告诉爷爷,他希望我要尽力帮助每一位需要帮助的陌生人,我今天做到了!"

韦利不知道该怎么形容自己激动的心情,他竭尽所能地救了陌生人,想不到在许多年后却又意外地被那个陌生人的孙子所救,而那孩子正是因为当年韦利救了他爷爷,才从爷爷那里得到了教诲:要尽力帮助需要帮助的人。

我们很难估量施予的心态对我们生命价值的大小。行善,就像蜡烛一样,燃烧自己,照亮他人。奉献,给我们带来的是释放感、纯粹感、成就感、幸福感。多种感受融合,就会形成一个"场",一个充满爱心、善行与美德的心灵磁场。

爱的奉献,就是能量的流动。在这样的流动中,爱的能量将会不断放大和倍增。

五、奉献的人福至心灵

培根指出:"过分的权势欲曾使得撒旦堕落为魔鬼,过分的求知欲也曾使人类的祖先失去乐园。但唯有行善的品格,无论对于神或人,都永远不会成为过分的东西。"

尽其性　天地参

《中庸》告诉我们:"唯天下至诚,为能尽其性;能尽其性,则能尽人之性;能尽人之性,则能尽物之性;能尽物之性,则可以赞天地之化育;可以赞天地之化育,则可以与天地参矣。"

就是说,只有天下极其真诚的人,才能充分发挥自己的本性;能充分发挥自己的本性,就能充分发挥众人的本性;能充分发挥众人的本性,就能充分发挥万物的本性;能充分发挥万物的本性,就可以帮助天地化育生命;能帮助天地化育生命,就可以与天、地并列而为三了。

德兰修女是阿尔巴尼亚人,但她一生都在印度的加尔各答为穷人服务,所以大家都称她印度修女。

有一天,德兰修女要到巴丹医院商量工作。在靠近车站的广场旁,她发现了一位老妇人倒在路上,像是死了一般。德兰修女蹲下来仔细一看:破布裹着脚,身上爬满了蚂蚁,头上好像被老鼠咬了一个洞,残留着血迹,伤口周围满是苍蝇和蛆虫。

德兰修女赶紧替老妇人测量呼吸及脉搏,似乎还有一口气,她于是为老妇人赶走苍蝇,驱走蚂蚁,擦去血迹和蛆虫。如果任她躺在那里,她必死无疑,德兰修女因此暂时放弃了去巴丹的行动,请人帮忙把老妇人送到了附近的医院。

医院起初对这个没有家属的老妇人不予理会,但在德兰修女的再三恳求下,医师便替老妇人医理,然后对德兰修女说:"必须暂时住院,等脱离危险期后,需要找个地方静养。"德兰修女把病人托付给医院后,立即到了市公所,希望保健课能提供一个让贫困病人休养的场所。

市公所保健课的课长是位热心的人,他仔细听完德兰修女的请求后,便带她来到加尔各答一座有名的卡里寺院,答应将寺院后面的一处地方免费提供出来使用。

然而,他们一开始就受到印度婆罗门的强烈反对,理由是德兰修女不是印度人。德兰修女不畏反对,依然在街头抢救病患,并将他们搬到收容所,替他们清洗,给他们提供休息的地方,这些被救助的人中,也包括印度教的僧侣。于是,越来越多的印度人被感动,反对声浪渐渐平息了。

自从找到这个落脚点后,不到1天的时间,修女们就将30多个最贫困痛苦的人安顿了下来。其中有个老人,在搬来的那天傍晚就断了气,临死前,他拉着德兰修女的手,用孟加拉语低声说:"我一生活得像条狗,而我现在死得像个人,谢谢了!"

德兰修女在1979年获得诺贝尔和平奖,她是继史怀泽博士1952年获得诺贝尔和平奖以来一个最没有争议的得奖者。除了被誉为"穷人的圣母"外,她还被誉为"慈悲天使"、"贫民窟的守护者"、"行动的爱者"、"贫民窟的圣人"、"带光行走的人"等等。

德兰修女创建的仁爱传教修女会,在她1997年去世时,已经拥有4亿多美元的资产,并拥有7000多名正式成员,组织外还有数不清的追随者和义工。世界上许多有钱的公司,都乐意无偿地捐钱给她。

德兰修女自己住的地方,除了电灯以外,唯一的电器就是1部电话。她只穿凉鞋,不穿袜子。去世时,她所拥有的全部个人财产,就是1张耶稣受难像、1双凉鞋和3件蓝边的白色粗布衣服。

德兰修女带着爱的光芒在大地上行走,把无限的爱带给了那些穷人、病人、被遗弃的人、流浪的人、垂死的人以及内心饥饿的人。

那么,有多少人能够理解德兰修女追求的快乐与幸福呢?

有两个重病人同住在一间病房里。房子很小,只有一扇窗子可以看见外面的世界。其中一个病人的床靠着窗,他每天下午可以在床上坐1个小时。另外一个人则终日都得躺在床上。

靠窗的病人每次坐起来的时候,都会描绘窗外的景致给另一个人听:望出去可以看到公园的湖,湖内有鸭子和天鹅,孩子们在那儿撒面包片,放模型船,年轻的恋人在树下携手散步,人们在绿草如茵的地方玩球嬉戏,草地之上则是美丽的天空。

另一个人倾听着,享受着每一分钟。病友的诉说几乎使他感觉到自己亲眼目睹了外面发生的一切。

在一个晴朗的午后,他心想:为什么睡在窗边的人可以独享外面的风景?为什么我就没有这样的机会?他越是这么想,越觉得不是滋味,也就越想亲自看看窗外的一切。这天夜里,他盯着天花板想着自己的心事,那个病友忽然醒了,拼命咳嗽,一直想用手按铃叫护士进来,但他只是旁观而没有帮忙,最后就睡着了。

第二天早上,当护士进来的时候,那人已经停止了呼吸,尸体马上被

五、奉献的人福至心灵

静静地抬走了。

过了一段时间，这人开口问护士，他是否能换到靠窗户的那张床上。

护士们搬动他，将他换到了那张床上，他感觉很满意。护士们走后，他用肘撑起自己，吃力地往窗外张望……

然而，窗外只有一堵空白的墙！

几天之后，他在自责和忧郁中死去。他看到的不仅仅是一堵冷漠的墙，更是自己那颗冷漠的心。

没有爱的社会冰冷、恐怖，如荒原般寂寞。

狄更斯曾这样描述生命的意义："如果我能弥补一个破碎的心灵，我便不是徒然活着；如果我能减轻一个生命的痛苦、抚慰一处创伤，或是令一只离巢的小鸟回到巢里，我便不是徒然活着。减轻别人的痛苦，分担他人的忧愁，让他或是她感动，我们便不是徒然地活着，生命的内容就不会苍白无色。"

唯有圣者，才会不藏不积。既然帮助了他人，自己必然更加充足，既然给予了他人，自己必然更加丰富——这就是老子对我们的告诫："圣人不积，既以为人己愈有，既以与人己愈多。"

六、淡定的人远离祸端

丰子恺有一个人生三层楼的理论:人生本来就有物质生活、精神生活、灵魂生活的分野。好比是一座三层高的楼房,大多数人停留在一楼,只求物质上的舒适,少数人上到二楼,在吃饱喝足之余,还需要看书听音乐,消费一下精神产品,唯有少数人中的少数人,才会登上楼顶,去追求灵魂的高洁和安宁。

在告别物资匮乏丰衣足食之后,每个人其实都有登上"第二层楼"的潜在需求。至于"第三层楼",一般的世俗中人看来不怎么关心,但是,诸如"我是谁"、"我从哪里来"、"我将向哪里去"这样的问题,不论我们平日里怎么自我安慰自我麻痹,终有一天,仍然需要实实在在地面对它。如果我们对生命的根本问题不能了然,那么在意识的深处,就会感到自己恍若茫茫长夜中一盏迎风摇曳的孤灯,随时可能熄灭,又复归那茫茫的黑夜,于是一种深层的惶恐和不安,总会如影随形地伴随着我们。

只有登上人生第三层楼的人,才会真正地淡定;只有淡定的人,才能真正地活在当下,对过去不悔,对现在不忧,对未来不惧。

衣贵洁　不贵华

世俗的生活似乎是人类正常的生活,但我们很多时候会却觉得很累很烦很闷。那么,这是为什么呢?

这个"闷"字,无非是一个"门"字里面加上一个"心"字。它给我们的启示是,活在世俗之中自然而然,但如果让世俗一直活在心中,心就被关在了一扇门里,人岂有不闷之理?

当年孔子与弟子们畅谈人生志向时,曾皙表示:"暮春三月,穿上春服,与五六位成年人,六七位少年,去沂河里洗洗澡,在舞雩台上吹吹风,然后一路唱着歌走回来。那是多么美妙的生活啊!"孔子长叹一声说:"我赞成曾皙的想法啊!"

这种礼乐治下的和美景象,可以说既在世俗之中,又在世俗之外。

为了满足人类在精神领域的种种需要,西方人属意于天堂,在精神生活里构建了一座精致的阁楼,使生命获得了"意义",找到了安慰;而在同时,中国的古人却看重"仁山智水",在物我两忘、无拘无束中找到了一个安顿精神和灵魂的广阔空间,这其实是一种自然性的信仰。

《弟子规》告诫我们:"衣贵洁,不贵华。上循分,下称家。对饮食,勿拣择。食适可,勿过则。"

穿衣服注重的是整齐清洁,不在于衣服的昂贵华丽。要依照自己的身份穿着,也要与家庭的经济状况适宜。对于食物不要挑剔偏食,而且要吃得适当,不要过量。

古人常以"淡泊以明志,宁静以致远"来自省自励,如果我们远离了这种淡定从容的素朴,就会失去挥洒自如的生命韵律。

孔子说"绘事后素",因为事物的本质色彩就是白色,白素之物也最为吉祥和持久。任何的浓墨重彩,都是在白色的基底上涂染和呈现,但都不如白色经得起时间的流逝。人们总是在饱看了浓艳的粉饰之后,才会悟出素洁的高贵;只有在急风暴雨的洗礼之后,才会觉出生命的原味。

这个世界上的真理,永远都是朴素的,就好像太阳每天从东边升起一样,就好像春种秋收一样。

一个人的视力本有两种功能,一种是向外去,无限宽广地拓展世界;另一种是向内求,无限深刻地发现心灵。但我们的眼睛,通常是看外界很多,看心灵太少。

高僧弘一大师晚年把生活与修行统合起来,过着随遇而安的生活。有一天,他的老友夏丏尊来拜访他。

吃饭时,见他只配一道咸菜,夏丏尊就忍不住问:"难道这咸菜不会太咸吗?""咸有咸的味道。"弘一大师回答道。

吃完饭后,弘一大师倒了一杯白开水喝,夏丏尊又问:"没有茶叶吗?怎么喝这平淡的开水?"弘一大师笑着说:"开水虽淡,淡也有淡的味道。"

这正是老子倡导的境界:以无为为为,以无事为事,以无味为味,即所谓"为无为,事无事,味无味"。

古罗马皇帝马可·奥勒留也有如此的见解:"一个人退到任何地方,都不如退回到自己的心灵更为宁静和更少苦恼,特别是当他在心里有这种思想的时候。"

辽国的圣宗皇帝御驾云州(今山西大同),他要在云州辖界的莽野山林中狩猎。所经之处,地方官员纷纷拿出所能搜寻到的最贵重的礼物奉献给皇上。可是云州太贫瘠了,实在无物可献。

不过,谁也没有料到两袖空空的云州节度使在圣驾莅临之后,不仅泰然自若,而且露出得意的神色。属下猜测,他一定手握宝器了。

"皇上,臣下无能,"节度使拜见圣宗说,"臣下境内无物可献。"

"难道连人都没有吗?"圣宗不高兴了。

节度使忙叩首道:"臣下正要禀告,新科进士、幕官张俭堪称大辽瑰宝,愿献于皇上。"

以人为宝,一句气话竟成了真,这是圣宗始料不及的。但这毕竟是个很新奇的事情,圣宗立即召见张俭。

张俭晋见,圣宗看他行止朴质无华,首先就喜爱了几分。接着,圣宗要他讲讲当前治国的紧要问题,张俭成竹在胸,口若悬河,说出30余条。

圣宗看着眼前这个粗衣布履的年轻人,欣喜若狂,甚至对狩猎都失去了兴趣。他当即收下了云州节度使的这件"宝物"。

张俭果然能力超人,他一路升迁,直至做到左丞相。身居高位以后,这个张俭依然像做云州幕僚时一样温良谦和,依然像寒窗苦读时一样勤俭素朴。穿衣只穿粗布衣,吃饭只吃一种菜,俸禄只要有节余,就去周济亲朋故友。

这可苦了满朝的百官。因为辽国国力日渐雄厚,奢侈之风也在朝野兴起,官员比着穿锦缎华服,可进宫后望着班前左丞相的粗布旧袍,他们不由得心中忐忑不宁。

这年冬天出奇的冷,张俭上朝奏事,圣宗见他又穿上那件破旧的棉袍上殿,便密令侍者暗中在张俭的棉袍上用火烙穿了一个洞作为记号,看他是不是总穿这一件,也好借此为他换上一件新袍。

第二天上朝,圣宗一眼就看到了张俭棉袍上的烙洞。他还是没换啊!圣宗不禁慨叹一声。一连数日,张俭都穿着破棉袍上朝,圣宗忍耐不住了:"张俭,你为什么年年总穿这件旧棉袍?"

"因为还能穿呀,"张俭说,"这件棉袍已穿了30年,每年天暖后将它翻洗干净,入冬取出穿上,抵御风寒与新袍无二,因而无需再换新袍了。"

"可朝中大臣都着华服,你身为丞相,却旧袍披身,他们心中一定很不舒服。"

张俭向圣宗躬身施礼,礼毕,庄重地回答说:"皇上授臣重任,是让臣辅佐皇上安邦定国。现在朝野上下奢华之风甚浓,再这样下去,就会伤及大辽国体。我身为丞相,只能有制止奢风之责,怎么还能随波逐流也学奢华呢?"

圣宗无比感动,但他还是决定实施自己早已谋划好的计策:"可你的旧袍上有了一个洞,再穿上它有损朝廷的礼仪,还是做件新的吧。你现在就到内府库房,里面所有的物品任你选取。"

皇上的旨意是不能违背的,何况是一片好意呢,张俭只好随侍者到了内府。

很快,张俭捧着三端(古时的布帛长度单位)布回到殿上谢恩。

圣宗不解地问:"张俭,内府库上没有锦缎了吗?"

"锦缎的色彩把臣的眼睛都映花了。"

"那你为什么只选了这一点点布?"

"臣已习惯布袍,做一件足已。"

圣宗听罢,长叹一声,感慨地说:"天下为官者若都如张俭丞相这样以勤俭为本,国家何愁不强盛,百姓何愁不富足啊!"

财物轻　怨何生

自我的扩张和欲望的膨胀,已经成为现代人精神世界最为严重的病症。

有位名人说:在人世间有一种庸俗势力的大合唱,谁一旦对它屈服,那就永远沉沦了。

《弟子规》告诫我们:"若衣服,若饮食,不如人,勿生戚";"财物轻,怨何生"。

当我们穿的衣服和吃的饮食不如他人时,当淡然处之,没必要郁闷。把钱财等身外之物看轻一点,就不会有那么多的怨恨了。

阮咸是西晋著名的文学家,年轻的时候家里并不富裕,吃的穿的很平常,可他在有钱人面前却从来是泰然自若,一点也不自卑。

当时有个风俗,就是每年6月初6,各家都要把自家箱子中的衣服拿到太阳下面晾晒,这样衣服就不会被虫子咬噬。

这一天,那些有钱人家会把所有的绫罗绸缎华丽衣服都拿出来,一时间花团锦簇,粲然耀眼。这既是晒衣服,也是一场变相的比富大赛。

于是有些自卑的穷人干脆就不晒了,因为他们感到那些破旧衣服很丢人,也有些穷人只挑拣几件能看得上眼的衣服拿出来晒晒。

只有这个阮咸,每一年都坦然地将自己所有破烂的衣服晾出来,不管出于什么心理,总有许多人会过来围观,而阮咸一点也不自卑,不在意。他一再对家人和朋友说,富贵不是可以夸耀的资本,贫寒也不是耻辱,生命的价值,关键在于德行和学识。

南朝的鲍照曾激愤地指出:"自古圣贤尽贫贱!"他说的是事实,不过,"千秋万岁名,寂寞身后事"这个奇妙的规律,鲍照认识得还不透彻,于是怨气显而易见。

古时一位官员被革职遣返,心中苦闷,无处排解,便来到一位禅师的法堂。

禅师静静听完此人的倾诉,将他带入自己的禅房之中。桌上放着一瓶水,禅师微笑着说:"你看这只花瓶,它已经放置在这里许久了,几乎每天都有尘埃灰烬落在里面,但它依然澄清透明。你知道这是何故吗?"

被革职的官员思索良久,仿佛要将水瓶看穿,忽然似有所悟:"我懂了,所有的灰尘都沉淀在瓶底了。"

禅师点点头:"世间烦恼之事数之不尽,有些事越想忘掉越是挥之不去,那就索性记住它好了。就像瓶中水,如果你厌恶地振荡自己,会使一瓶水都不得安宁,混浊一片;如果你愿意慢慢地、静静地让它们沉淀下来,用宽广的胸怀去容纳它们,那么,你的心灵就不会因此而受到污染,始终保持纯净。"被革职的官员从此不再郁闷。

南怀瑾先生举过一个例子,在《法华经》中,佛说他说的法,等于指黄叶为黄金,为止儿啼而已。那个小孩哭了,怎么办呢?为了使他不哭,顺手捡了一片黄叶来逗他,这个好玩啊,这个是金子!只要把小孩哄住了,不管它是鸡毛也好,树叶也好,只要小孩不哭就行了。佛告诉我们,他讲的佛法,也就是这个样子,指黄叶为黄金,为止儿啼而已!其实任何一法都是黄叶,都是为止儿啼而已。如果一念停了,黄叶就不要了。

然而,世俗中的许多人,一生的目标就是追逐那片"黄叶"。

贪婪和幸福永远不会见面。一旦"欲壑难填",我们将会永远处于宠辱若惊患得患失的状态,只有"求阙"的人,才能从安定祥和的内心涌出满足之感和幸福之感。

虽然"贪欲"也可说成是人类进取的一个推动力,但纵观人类文明发展史,它带来的祸患似乎更多。

声色的刺激使现代人的感官逐渐麻木,麻木的感官需要更强烈的刺激。中央民族大学教授赵士林总结:艺术,从传统到现代、到后现代的历史,就是不断地制造各种佐料,不断地制造浓度越来越高的精神麻醉品来加强感官的刺激。节奏代替旋律已经不够用,音乐已经变成重金属加疯狂念咒。迪斯科、摇滚已经不够用,舞蹈已经变成群体发作的癫痫。

一位身体残疾的诗人感慨:"苍天在上,其实我们都是精神上的残疾人,不可救药!"

放纵的结果,就是精神上更加的烦恼和痛苦,并导致自我的失落。

勿谄富　勿骄贫

人的生存成本其实并不高，如果你敢于除去"浮肿"与"虚高"的话。

今天的中国消费市场，"比富斗阔"已不仅仅是少数有钱人的表现。中国品牌战略协会的一项统计显示，中国的奢侈品消费人群，已经达到总人口的13%，并且还在迅速增长之中。拥有大排量汽车和大住宅的生活，正在成为越来越多的国人、包括未富先奢者的生活目标。摩根士丹利分析师克莱尔·肯特宣称："中国人天生就是奢侈品的受众，在经历了几十年的贫穷之后，中国的'精英'阶层突然间热衷于显示刚刚获得的财富。"

《弟子规》则这样告诫我们："勿谄富，勿骄贫。勿厌故，勿喜新。"

一个人最大的能力，其实不是得到的能力，而是承受失去的能力。

对富有的人态度不谄媚求荣，对贫穷的人不表现骄傲自大。不厌恶、不遗弃亲族老友，也不一味喜爱新人新朋友。

六、淡定的人远离祸端

《弟子规》的告诫中肯而简单，但我们真要做到就不简单了。

亳州市有一个出了名的"老年职业骂人团"，只要给钱就帮人家"闹事"。该团在3年内"摆平"20起纠纷，牟利近30万元。

"骂人团"由中老年组成，共有8名成员，年龄最大的72岁，刚开始他们只是偶尔参与一些小的纠纷，后来见利益可观，就把帮人"闹事"当成了一个职业，而且气焰变得更加嚣张，不仅参与骂人，还发展到对他人的财物进行打砸。

年龄如此之大了，为了钱财，还干出如此缺德之事。这样的人性，的确堪称疯狂。当然，"职业骂人团"最终逃不脱法律的制裁。

孔子的弟子子贡说："贫而无谄，富而无骄。"孔子则说："贫而乐，富而好礼。"这是人生的两种境界。

贫而无谄令人佩服，贫而乐则让人充满敬意了，因为这样的人虽然处在贫穷落魄的境地，仍然毫无怨言，不仅不巴结不奉承不攀比不失意忘形，甚至还自得其乐。孔子就这样赞叹自己的得意弟子颜渊："贤哉回也！一箪食，一瓢饮，在陋巷。人不堪其忧，回也不改其乐。贤哉回也！"又比如庄子，生活清贫非同一般，却毫不犹豫地拒绝了那些不合大道的荣华富贵，"独与天地精神往来"。

当年的季文子任鲁宣公和鲁成公的相国时，妻子不穿丝绸衣服，没有一匹吃肥的马。朋友劝他说："您担任鲁国的上卿，辅佐了两代国君，妻子不穿绸衣,马不吃粮食,人们或许会认为您是吝啬的,况且这样又使国家不光彩啊!"

季文子回答说:"我也愿意吃好的穿好的,然而我看到百姓,看到那些父老乡亲吃着粗粮穿着破衣,我就不敢不节俭啊!况且,我只听说凭借道德仁义可以为国争光,没有听说过让妻子穿得好和马儿吃得好为国争光的事情。"

奢华是败国败家的温床,勤俭是治国治家的瑰宝。

当然,每一个国家和民族都是要讲风范、讲脸面、讲礼仪的。但是,若将奢靡当做礼仪,那就是对礼乐文化的极大曲解和亵渎。

巴西副总统若泽·阿伦卡尔在中国访问期间,参观了一所用现代化武装到了牙齿、连教室桌椅的材质与样式都相当考究豪奢的北京的小学。回国后,在一个有几百名巴西各市市长参加的会议上,副总统说到参观这所小学的情景时,禁不住潸然落泪,感慨万千地说:如果巴西能有这样好的教育,怎能不富强?

有人分析若泽·阿伦卡尔的流泪包含两层意思:一是为中国人对教育如此慷慨的投入而深感震惊;二是为巴西教育与中国教育差距如此之大而深感焦虑。

在这则消息的下面,有许多网友跟帖。有人说:这个小学够强,把人家巴西副总统都吓哭了!有人说:这个副总统真好糊弄,竟把看到的事儿当真了!还有人说:他怎么不随机参观一所小学呢?如果那样的话,我猜他可能会笑的……

一位曾作为"中韩友好夏令营"的随团教师反思:当时他带学生到韩国参观访问。在他们到达韩国的时候,韩国的夏令营师生也到了中国。中方的团长和接待韩国朋友的中方负责人,总是保持着热线联系。中方团长传回国内的信息是吃得太素,上顿下顿吃泡菜,孩子们想肉吃快想疯了;国内传来的消息却是韩国的孩子们在丰盛的宴席前全都惊呆了,前几天吃得很欢,后来就抱怨太腻了。

我们为什么那么热衷于炫耀?为什么那么热衷于博取别人艳羡的眼神?为什么惯于用丰盛、丰饶、丰裕、丰赡来惊吓别人增强自信,而不能以一种自然而然的方式待人?我们的内心世界究竟是自尊还是自卑?我们中国人"扮富"的勇气,为什么总是让人家老外望尘莫及?

看一看贫困山区那些风雨飘摇的校舍,想一想那些廉价无比、不堪重负的校车以及过早凋零的鲜活生命,我们不感到脸红吗?

"亡而为有,虚而为盈,约而为泰,难乎有恒矣。"孔子批评说:没有装有,虚而装实,穷困装富足,这样的人要始终如一向善,实在是太难了。老子则更是将那些自矜、自夸、自我炫耀的行为斥为残饭赘瘤,厌恶之至,不愿与之相处。

我们向他人如此炫耀,其实这就是"骄贫",而"骄贫"者,只要换一个场景,就一定会"谄富"。

网友们的反思与质问让人欣慰:当我们麻木到了展览虚假的东西却恬然自安,挥霍国家的财物却误以为是在为国家赚取脸面时,我们就应该管自己叫"病人"了,我们患上的是可怕的"羞耻感缺乏症"!

虚荣起　愚痴增

打肿脸充胖子的事情,扮嫩、扮富、扮善、扮儒商等等扮相,在今天的社会比比皆是。虚荣,似乎已经成为我们社会的一种"正常"行为。

关于人的虚荣心,马可·奥勒留在《沉思录》中说:"人们相互蔑视,又相互奉承,人们各自希望自己高于别人,又各自匍匐在别人面前。"

阿历克山德尔·波特更是一针见血地说:"每个人的虚荣心和他的愚蠢程度是相等的。"

旧中国山东有个军阀叫张宗昌,没有文化却偏好面子,于是常常闹出笑话。

他在山东督办任内时,有人介绍了一位大学法律系毕业的高材生给他任用。他故作儒雅,随手批示:"派在军法处。"

然而,那个关键的"派"字,被他写成了一个"抓"字。于是这位高材生就糊里糊涂地被"抓"到军法处羁押。

隔了很久,原介绍人因不知高材生的下落,便去拜访张宗昌。张说早已派到军法处工作了。结果副官一查问,才知不是"派"而是"抓"在军法处了。

民间还传说一个他老爹的笑话。

听说儿子做了大官,老爹就去济南看他,可没住几天,就坚持要走。

张宗昌问他爹:"好好的,干吗要走?"他爹说:"孩儿,你这儿什么都好,就是早上那块点心太难咽了。"

张宗昌问副官是怎么回事,副官想了一阵,恍然大悟:"我说嘛,老太爷怎么会一天用掉一块香皂呢!"原来,他老爹是把香皂当成点心了。

没见过,又不好意思问别人,只好自己吃苦头了。看来,死要面子活受罪,还有遗传呢!

不懂装懂是一种病态。老子早就说过："知不知上，不知知病。夫唯病病，是以不病。"就是说，知道自己不知道才是明白人，不知道却以为知道就是有病之人。只有把毛病当毛病，才会没有毛病。

孔子将人分为生而知之者、学而知之者、困而知之者、困而不学者四等人。他坦率承认自己"非生而知之者"，甚至认为自己的悟性还不如弟子颜回，所以"敏而好学"、"不耻下问"、边教边学。正是因为这样的学习态度和学习成果，孔子才成为中国人心目中的圣人。

自以为得道觉悟，就会阻碍自己真正得道觉悟。造作就是疾病，伪善就是疾病，贪婪就是疾病。

人的虚荣心是会膨胀的，膨胀到头，智商就等于一个零。

培根曾提醒人们："世上有许多美人，她们有过放荡的青春，却迎受着悔恨的晚年！"

19世纪初英国伟大的诗人拜伦，被当时的女流们称为"最具魅力的男人"、"最完美的情人"，因为他身材修长优雅，是标准的美男子阿波罗形象。他皮肤雪白，女性崇拜者说他像"一块通体透亮的白玉"。

然而，有谁知道，拜伦为了保持匀称的身材，忍受了极大的痛苦，甚至付出了生命的代价。

在拜伦短暂的一生中，几乎天天都在竭尽全力地与肥胖作斗争。为了保持体形，他每天食量少得让人瞠目：只吃一小块蘸了醋的土豆或一小勺米饭。如果想换换口味，那就吃两块饼干，喝上一杯苏打水。为了去掉身上多余的脂肪，拜伦长期练习击剑、拳击、骑马和游泳。他在打英国当时最流行的板球时，身上穿7件内衣，目的是为了捂汗减肥。此外，他每个星期还要洗3次土耳其蒸汽浴。

过度的节食和不科学的锻炼，使得拜伦的营养严重不良，生理和心理相继出现病变，患上了严重的胃病。他几乎每晚都做噩梦，不得不依靠鸦片和药酒入睡。到后来，吃药、喝药酒都不管用了，他每晚都愤怒地喊叫，像疯子似的在屋里狂跳，手里还挥舞着手枪和短剑。

一个吉卜赛游医曾警告过拜伦："要美，要女人，还是要活命？这全由你自己掌握。你要不信，37岁就是你的限数！"

但是，这位诗圣最终还是选择了优雅的身材和如云的美女。果真，在他度过36岁生日后不久，便告别人世了。

事实上，世界上没有完美的人，只有戴着完美面具的人。

真正静下来，我们就会发现自己的内心可能一直以来充满了挣扎，而生命的能量，都在这种挣扎中浪费了。

如果我们只是为自己为何挣扎于虚荣而辩解,就会迷失在这种辩解之中,内心的挣扎还是不能停止。

美国有一句谚语十分尖锐:"猴子在穿着人的衣服的时候,更显得它是禽兽。"

有些人喜欢表现自己的聪明和能力,明明不关自己的事,却总是要说长道短到处指点,或者以助人的面孔插手他人的事情,结果往往越搅越混,弄巧成拙,小问题变成大问题。所以《弟子规》告诫我们:"彼说长,此说短,不关己,莫闲管。"

有些事情,比如秘密,就算是真的知道,也不可炫耀自己的灵通与聪明。一个父亲就曾对儿子教诲道:"懂得保守一个秘密比传播一个秘密更有价值时,你就成熟了。"

如果我们的目标在于生命的自在自由,那么,还有什么理由放不下愚蠢的虚荣与炫耀呢?

心不定　宠辱惊

"宠辱不惊"这个成语,来源于唐代的一个真实的故事。

有一个人姓卢名承庆,字子余,为考功员外郎,专司官吏考绩,因其秉事公正,行事尽责,广受赞誉。

一次,有个官员的属下发生了粮船翻沉的事故,应受到惩罚,于是他给这个官员评定为"中下",并通知了本人。那位受到惩处的官员听说后,没有提出意见,也没有任何疑惧的表情。卢员外郎继而一想:"粮船翻沉,不是他个人的责任,也不是他个人能力可以挽救的,评为'中下'可能不合适。"于是就改为"中中"等级,并且通知了本人。那位官员依然没有发表意见,既不说一句虚伪的感激的话,也没有什么激动的神色。卢员外郎见他这般,非常称赞,脱口称道:"好,宠辱不惊,难得难得!"于是又把他的考绩改为"中上"等级。

就这样,"宠辱不惊"这句成语一直流传到了今天。

淡定不是消极避世,也不是畏首畏尾,而是将心态调适到平和之处。所以,淡定其实是一种自然而然的生活方式。

人之所以追求物质世界的盈满和"完美",那是物欲所致。而"完美",本来就是一个没有固定标准的虚幻的目标。

印度妇女织毯子时,会故意在毯子上留下瑕疵。为什么呢?因为她们相信不完美的东西才有灵魂。

"断臂维纳斯"不是格外受到人们的欣赏吗?"月儿船"不是比"满轮月"更加令人想象无穷吗?

"求阙(缺)斋",这是曾国藩书斋的雅名。曾国藩为什么求缺而不是求圆求满呢?

从《周易》的"临卦"中,曾国藩明白了宇宙间阳至生阴、阴至生阳的道理。从中年开始到晚年时期,他更是保持某些欠缺的心态,不追求圆满。

曾氏的自律手段是清、慎、勤、廉、谦、劳。除了这几点外,手握重权誉满天下的曾氏,还常常向朝廷表示要分权让赏,即辞掉一部分职位,推让一些奖赏。其治家之道的核心,也是"虽鼎盛,不可忘寒士家风味"。

盈满很可能带来灾难,而追求盈满,又恰恰是人性普遍的弱点。

禅宗说,人生有三重境界:看山是山,看水是水;看山不是山,看水不是水;看山还是山,看水还是水。

看山是山,看水是水——这是一个人涉世之初的状态。目光所及,一切都新鲜有趣,眼睛看见什么就是什么。

看山不是山,看水不是水——这是年龄渐长、阅历渐丰时的状态。因为感受了世事的繁杂,不愿再轻易相信什么,山不再是单纯的山,水也不再是单纯的水。

看山还是山,看水还是水——这是一种拨云见日豁然开朗的状态。自性自然,心无旁骛,面对芜杂世俗之事,从从容容平平淡淡,笑看世间风云变幻,既在尘世之中,又在尘世之外,所以,看到的又是山水的本来面貌。

一个人如果长期停留在人生的第二重境界中,便会在俗世中迷失了自己,这山望着那山高,把追求外在的成功或者"过得比别人好"作为人生的终极目标,卖弄聪明,与人攀比,欲望的沟壑越来越深,犹如穿上童话里漂亮、妖艳而充满诱惑的红舞鞋,再也脱不下来,只是疯狂地转动舞步,内心充满疲惫和厌倦,脸上还得挂出幸福的微笑。

白云守端禅师在方会禅师门下参禅,几年来都无法开悟。怜念他迟迟找不到入手处,一天,方会禅师借着机会,在禅寺前的广场上和白云守端禅师闲谈。方会禅师问:"你还记得你的师傅是怎么开悟的吗?"白云守端回答:"我的师傅是因为有一天跌了一跤才开悟的,悟道以后,他说了一首偈语:我有明珠一颗,久被尘劳封锁,今朝尘尽光生,照破山河万朵。"

方会禅师听完以后,大笑几声,径直而去。白云守端愣在那里,心想:

"难道我说错了吗?为什么老师嘲笑我呢?"因为始终放不下方会禅师的笑声,白云守端几日来饭也无心吃,睡梦中还常常无端惊醒。他实在忍受不住,就前往请求老师明示。

方会禅师听他诉说了几日来的苦恼,意味深长地启发说:"你看过庙前那些表演猴把戏的小丑吗?小丑使出浑身解数,只是为了博取观众一笑。我那天对你一笑,你不但不欢喜,反而不思茶饭,梦寐难安。你对外境如此认真,连一个表演猴把戏的小丑都不如,如何参透无心无相的禅呢?"

活在别人的标准和眼光之中是一种痛苦,更是一种悲哀。

一个人真要做到淡定,那是很不容易的事情。很多时候,我们自以为懂得了做到了,考验一来,便知距离这个"淡定"还差得很远。

北宋文学家苏轼同佛印禅师很有交情。一天,苏轼坐在蒲团上,觉得身心清安,很有境界,就索性写了一首诗:"稽首天外天,佛光照大千。八风吹不动,端坐紫金莲。"写完后很是欢喜得意,就派人把这首诗送给住在江对面的佛印禅师,准备接受一番大大的称赞。

结果,佛印禅师给他写了一个"屁"字就送了回来。苏轼看到后,十分生气,马上就坐着船去找佛印禅师辩论。

到了寺院,苏轼却没有找到佛印禅师。不过,禅师给他留下了两行字:"八风吹不动,一屁打过江!"

苏轼看后,顿觉惭愧,感到自己的修行真的还不够,马上乖乖地回去了。

苏轼是个修为极高的大文豪,自称"八风吹不动",结果一"屁"就把他气得过江来了。世俗之人受到别人的诽谤或称赞时,那就更容易心中波涛汹涌了。

所以圣人教诲:"不怕念起,只怕觉迟。"

罗素关于生命的描述或许能给我们以深刻的启迪——人的生活如同河水一样,开始是细小的,被限制在狭小的两岸之间,然后热烈地冲过巨石,滑下瀑布。渐渐地,河道变宽了,河面扩展了,河水流得更平稳了。最后,河水流入了海洋,不再有明显的问题和停顿了,尔后便毫无痛苦地摆脱了自身的存在。

超然忘我,放下得失之心,不苦苦执著于自己的得与失、喜与悲,便不会陷入欲求的痛苦之中,也才可能宠辱不惊,幡然开悟。

七、诚信的人坦荡自律

诚实守信、表里如一、言行一致的信德,是中国传统伦理准则之一,几千年来都被视为一个人立身处世的基点。

中国人从来就有"一诺千金"的说法。孔子说:"人而无信,不知其可也。"墨子说:"言不信者,行不果。"老子说:"信不足焉,有不信焉。"

无论在什么时代什么社会,诚信都是一种必须普遍遵从的道德规范。诚信的人表里如一,诚信的人坦荡自律。诚信换来诚信,诚信最动人心!

诚信之德,是一个人生存的必备条件和强大的动力源泉,也是一个国家和民族的魅力所在。

信德的基因,先辈们薪火相传,凝聚在民族的血脉中,潜藏在民众深层的记忆里。现代社会的人们,急需在道德修养的炼狱中体会感悟,将信德的基因激活启动,从而实现"凤凰涅槃"。

诚与信 值千金

弟子子贡请教怎样治理国家,孔子说:"粮食充足,军备充足,统治者取信于民。"子贡问:"如果不得不去掉一项,那么在三项中先去掉哪一项呢?"孔子说:"去掉军备。"子贡固执地问到底:"如果不得不再去掉一项,那么这两项中去掉哪一项呢?"孔子说:"去掉粮食。自古以来人总是要死的,如果统治者不能取信于民,那么国家就不能存在了。"也就是说,孔子甚至将"信"置于"食"与"兵"之前,推至国家政治管理中极高的位置。

《弟子规》告诫我们:"用人物,须明求;倘不问,即为偷。借人物,及时还;人借物,有无悭。"

使用别人的物品,事先要对人讲清楚,如果没有得到允许就拿来用,相当于偷窃的行为。借用他人的物品用完了要立刻归还,以后遇到急用时再向人借就不会有困难了。

坚持诚信待人,就是坚持一个自我约束的过程。不过,信守诺言在很多时候不能不付出代价,有时甚至是生命的代价。

法国著名作家莫泊桑的小说《项链》中,女主人公玛蒂尔德是一个普通家庭的女子,因为要去参加一个晚会,借了朋友的一串项链,不慎丢失。于是她省吃俭用、含辛茹苦、没日没夜地工作,年复一年攒钱买项链还债。当她终于将一串贵重的项链归还朋友时,才被告知原来丢失的那串项链根本不值这么多钱。

这个让人唏嘘的故事,一方面说明玛蒂尔德爱慕虚荣付出了多么惨重的代价,另一方面也表现出这位平民女子诚实守信的品德。

董存瑞在部队攻打隆化之前,向首长作出承诺:扫清进攻道路上所有的障碍!可是,当总攻开始时,这个诺言还没有实现,战友在不断牺牲,战斗的胜利难以保证,于是他毅然用手托起了炸药包,用生命给自己的承诺画上了一个句号。

无论对一个人,还是一个国家,诚信只有一次。只要一次丧失了诚信,就会出现追悔莫及的信任危机。

市场经济是契约经济,而诚信则是一切经济活动的基础,也是互利共赢的纽带。只有交易双方有足够对等的诚信,各种交易才有可能降低成本提高效率并进入良性循环,所以诚信不仅仅是一个道德的问题,还是一个经济问题。倘若出现"信用危机",将会极大地阻碍经济的发展,并造成一系列更深层次的危机。

在成熟的市场法则中,失信更如"饮鸩止渴"。

《杜拉拉升职记》中的那个帕米拉,在工作经历上说假话,称自己当过主管。她很聪明,做了多年助理,早把主管的日常职责用心看在眼里。从技术的角度看,她也确实干得了主管的活。只是从她敢撒这么大的谎,人家外企领导就看出她的诚信很成问题。所以李斯特说:"那没有什么好说的了,诚信问题是原则问题,炒吧!"

帕米拉感觉到大祸临头。在拉拉动手的前一天晚上,她对拉拉说:"是不是我做错了什么?能给我一个机会吗?"她的眼睛睁得大大的,露出被猎人追到山崖边的小鹿那样绝望哀求的眼神。但是有用吗?晚啦!

诚信,也是职场中人第一大优秀品质,诚信,是做人的根基!根基没有,怎能立足呢?

在西方文明因素中,信德同样成为契约,诚实同样是获得信任的"硬道理"。不过,西方的诚信守则也不是与生俱来的,它归功于希腊文明源头的滋养和宗教的熏陶,甚至还得益于中国传统文化的影响。然而可叹的是,许多的中国人早已将做人的信德抛在脑后。

一个中国倒爷到俄罗斯做生意,没有戴皮帽,外出送货的时候被骤然来临的寒流冻得半死。这时,有个当地人把一顶皮帽戴在他的头上,并约定明天此时此地归还。这个倒爷满口答应,但没有信守诺言,反而嘲笑那个救助他的朋友是"傻帽"!

一个城市的某大商场,准备了1000把便民伞,免费提供给顾客下雨时使用,虽明确提醒顾客用后敬请送回,结果绝大多数人置若罔闻,最后,

1000把便民伞1把不剩。

在伦理道德尤其缺失的今天,要让社会从整体上形成诚信的风气,已经不是一件容易的事情。

小聪明　误一生

人类社会中从来都是显示聪明的人多,耐得住寂寞的人少,没几个人过得了"愚"字关口。然而,耍弄小聪明的人的头上,似乎都悬着一把"达摩克利斯剑",这把利剑随时都会落下来,斩下他的头颅。

或许做老实人并不能立即获得什么,但若一不老实,生活就会给你重重的耳光。

欧洲某些国家的公共交通系统售票处是自助的,也就是你想到哪个地方,根据目的地自行买票,没有检票员,甚至连随机性的抽查都非常少。

一位中国留学生发现了这个管理上的漏洞,或者说以他的思维方式看来是漏洞,于是心安理得地加以利用,从来不买票而坐车到处溜达。结果,在留学的几年期间,他一共因逃票被抓到了3次。

这位年轻人毕业后,试图在当地寻找工作。他向许多跨国大公司投了自己的资料,他知道这些公司都在积极地开发亚太市场。然而,他一概被拒绝了。

一次次的失败使这位留学生非常愤怒。他认为一定是这些公司有种族歧视的倾向,排斥中国人。最后一次,他冲进了一家公司人力资源部经理的办公室,要求经理对于不予录用自己给出一个合理的理由。于是,就出现了下面的一段令人玩味的对话——

经理:先生,我们并不是歧视你,相反,我们很重视你。因为我们公司一直在开发中国市场,我们需要一些优秀的本土人才来协助我们完成这个工作,所以你一来求职的时候,我们对你的教育背景和学术水平很感兴趣,老实说,从工作能力上看,你就是我们所要找的人。

年轻人:那么为什么不录用英才为贵公司所用呢?

经理:因为我们查了你的信用记录,发现你有3次乘公车逃票被处罚的记录。

年轻人:我不否认这个。但为了这点小事,你们就放弃了一个多次在学报上发表过论文的人才?

经理:小事? 我们并不认为这是小事。我们注意到,第一次逃票是在你来我们国家后的第一个星期,检查人员相信了你的解释,因为你说自己还不熟悉自助售票系统,只是给你补了票。但在这之后,你又两次逃票。

年轻人:那时刚好我口袋中没有零钱。

经理:不、不,先生。我不同意你这种解释,你在怀疑我的智商。我相信在被查获前,你可能有数百次逃票的经历。

年轻人:那也罪不至死吧?干吗那么较真?以后改还不行?

经理:不、不,先生。此事证明了两点:一、你不尊重规则,不仅如此,你善于发现规则中的漏洞并恶意使用;二、你不值得信任,而我们公司的许多工作的进行是必须依靠信任进行的,因为如果你负责了某个地区的市场开发,公司将赋予你许多职权。为了节约成本,我们没有办法设置复杂的监督机构,正如我们的公共交通系统一样。所以我们没有办法雇佣你。可以确切地说,在这个国家甚至整个欧盟,你可能都找不到雇佣你的公司,因为没人会冒这个险的。

这位仁兄在心中暗呼多声"打倒帝国主义"之后,决定回国发展。

由于有着"海归"的金字招牌,他后来成为了某个大学的副教授,并有望于最近被提升为教授。

但是,如此缺乏信德的人,他的人生真能顺利顺意吗?

北宋的苏轼早就在《洗儿》诗中叹息:"人皆养子望聪明,我被聪明误一生!"

《弟子规》告诫我们:"凡出言,信为先。诈与妄,奚可焉。话说多,不如少。惟其是,勿佞巧。奸巧语,秽污词,市井气,切戒之。见未真,勿轻言;知未的,勿轻传。"

凡是开口说话,首先要讲求信用,欺诈不实的言语,可以蒙蔽一时,却绝不可能蒙蔽一世。

天地有大美而不言,四时有明法而不议,万物有成理而不说。言多者必有失,所以我们话说得多不如说得少。

立身处世,当选择淳厚而鄙弃轻薄,存心于朴实而非处身于浮华。说话能够准确表达就行,尖、邪、巧、辩的言语,市井不雅的口气,都要彻底戒除。

还未看到事情的真相,不要轻易发表意见;对于事情了解得不清楚,就不要轻易传播出去。

近几年越来越多的美国院校要求中国的留学申请者提供由专业的美国机构认证的成绩单,而不止是中国学校出具的成绩单。由此可见美国院校对中国学校的怀疑意味。

毕业于清华大学的黄同学想申请去美国一所顶级名校读博士,各方面都非常优秀的他原本以为被录取是十拿九稳的事,可没想到,他收到了来自美国顶级名校教授的一封拒绝信:

亲爱的XXX:

我谨希望借此信告知你,就我校目前中国研究生的有关情况来看,至少在我们系,今后将难以接受中国研究生的申请。

在过去大约1年中,先后有6名中国籍在读博士生终止了他们的研究助理工作和博士课程。他们离开的原因并非由于他们跟不上课程,而是因为他们更希望马上找到一份工作(高薪并且有望为他们申请到绿卡的公司)。他们曾是带着攻读硕博士学位的承诺进入我校的,我方为之支付了硕士学习的学费,教导并帮助他们提升研究的能力。可一旦他们获得机械工程的硕士学位,由于这一时期美国良好的就业市场,他们相对容易地找到了工作。在某种程度上,我们觉得我们被这些中国学生利用了,我们的政策成为他们取得硕士学位、获得工作的跳板。我们每年支付大约4.5万到5万美元给每个在读生,我们更是在他们身上投入了大量的时间和精力,他们(绝大多数)作为助理,也取得了好的研究结果。可是,校方并未获得信誉,因为我们没有培养出博士生,而博士生培养是我们作为研究型高等教育学府的主要目的之一。

一些教授和科研人员已经决定今后不再考虑来自中国的申请者,虽然这不会也不能成为一个政策,只是具有个人偏好地挑选未来博士生的个人决定,在我看来,合乎情理。在此,我不得不通知你,请你向其他学校或者其他教授递交申请。

对此,黄同学颇有微词:"凭什么要后来者为前人的不诚信行为买单?"

在中国留学生中,有相当一部分人的动机都是为移民海外做准备。如果能够依靠自身的努力,一步步实现目标,自然会因为这份脚踏实地而受人称道,但如果只是把留学当成跳板使用,失去了人家最基本的信任,那就得不偿失了。

每一个留学生在海外不仅代表个人,其行为也可能影响到整个国家的形象。

美国首位华裔市长、医学博士黄锦波直言中国的国民素质不高。他说:"很多中国人受过教育,但没有教养……有教养比拿到文凭更重要。"

苟轻诺　进退错

有人总结：人生一半的麻烦都是由于说"行"太快，或者说"不行"太慢造成的。

人无信不立，话一出口就胜于契约。但在现实生活中，许诺又通常分为两种：一种如清茶，倒一杯是一杯；一种如啤酒，刚倒半杯，泡沫就开始翻腾。

《弟子规》告诫我们："事非宜，勿轻诺；苟轻诺，进退错。"

觉得事情不恰当，不要轻易答应，如果轻易答应就会使自己进退两难。

在我国历史上，有一位战将的名气很大，但他留下的不是美名而是恶名。这个人便是三国时期的吕布。

吕布武艺高强，万夫不当，所以有"马中有赤兔，人中有吕布"的说法。他最初跟着丁原干，情同父子，负责管理文书印鉴。后来董卓出现了，虽然暴戾，但势力大得多，吕布就杀了丁原，投向董卓，也以父子相称。由于董卓引起公愤，王允等人谋划干掉他，吕布因为有利可图参与其中，又亲手杀了董卓，王允马上就给吕布封侯晋升。不久，吕布又先后投奔袁术、袁绍，此二人皆因吕布反复无常加以防范，于是他投奔了袁绍的仇人张邈。不料张邈与曹操作战失利，吕布马上投靠了刘备。刘备正与袁术打仗时，袁术给吕布来了一封信，答应他20万斛粮食，条件是向刘备开战，吕布见利忘义，立刻翻脸打刘备。接下来，吕布投奔曹操，可没过多久，因为要求没有满足又背叛了曹操，再与袁术联盟。没想到，曹操很快打败了袁术。吕布激战3个月抵挡不住，只好向曹操投降，但他脸皮很厚，还向曹操夸口："如果您让我带骑兵，您带步兵，那就可以平守天下。"曹操虽然求才若渴，也害怕如此的背信弃义之徒，最后只能结果了吕布的性命。

这个吕布的反叛行为令人眼花缭乱。一个将军能够如此出尔反尔，真是人中少有。诺言就是债务，吕布自己欠下如此多的债务，只能用命来偿还。

所以，在职场中，跳槽是可以的，但不可轻易跳槽，更不要轻易背叛。职业履历是否优秀，一定不是你供职的单位越多越好。

《杜拉拉升职记》中的齐浩天，是个新来的老板。他有几个特点：第一是授权——他认为,既然罗杰是他的副手,他就要信任并支持罗杰;第二是敢于拍板——假如你找他,告诉他你需要他做一个决定,他就会尽快给你一个决定,让你有明确的方向去做事;第三是他经常把酷爱繁杂流程的可比得抛在一边,从而让大家在流程上少了许多痛苦。

于是免不了有人利用这样的局面钻空子。比如有人找到齐浩天说需要若干钱办某事,齐浩天作为那么高级别的老板,自然先问:"有预算吗?"那人告诉他:"没有预算,可是这事情确实是非办不可。"齐浩天也不要人家提交分析报告,只要认为是实情,他便会很快做出判断:"OK,既然这事儿确实需要办,那就报亚太特批费用吧。"

问题是这样的行事风格也害了他,季度末一结算,费用没控制好,业绩也不见得有回升。资本家最终要的是利润,利润好,啥都好谈,利润不好,谁都过不了关。齐浩天总结了一下,注意到引诱他做这样预算外决定的都是些本土员工,他不由得生气了,一方面觉得以后做决定还是要多问问财务总监的意见,免得再上当;另一方面,他和公司管理层中的非本土总监们的联系比刚来中国时紧密了许多,而对本土员工则疏远了。谁再找他做决定,就算是预算里的决定,他也要他们先提交各种分析报告,或者先跟主管领导说好再来,而那个主管领导可是善于折磨人的!

齐浩天的管理方式是:我不撒谎,我相信你也不撒谎;假如你撒谎,只要被我发现一次,你就是个不值得信任的人。我用你我就信任你、支持你到底,你要是好,我们一起好;你要是不好,我们一起玩完;我若是足够幸运,在玩完之前发现你辜负了我的信任,那我就干掉你!

在《论语》中,诚信有两个原则:一个原则是要取得别人的信任,对人讲信用,即所谓"言必信,行必果"、"言忠信,行笃敬";但另一个原则同样非常重要,那就是不符合道义的诚信不能信守。孔子说到"信"的肯定价值时,也强调这个"信"一定要与"道"同在,即所谓"信近于义,言可复也","君子贞而不谅",也就是说,只有符合道义的承诺才可以兑现,君子固守的是正道,不会为不符合道义的承诺去"还债"。

儒家思想的这两个原则,同样适宜于现代社会。一方面,人与人之间必须讲诚信;另一方面,重诚信更须重法制。比如黑社会中的江湖义气,比如被逼迫、被欺骗的违法合同中的责任与义务,倘若说到做到,整个社会就会乱套。从法律的角度来说,不但不合法的承诺本身不需要兑现,在受到严重威胁情况下作出的承诺也不需要兑现。

但是现实生活中,受到严重威胁情况下作出的承诺和遭遇到不可抗因素无法履行诺言的情况,毕竟很少,多数失信和欠债的现象,那是老子所说的"美言不信",或者是糊里糊涂之时、虚荣心膨胀之时夸下的海口说下的大话。

《史记》中记载:有个叫做尾生的年轻人,与女朋友相约在桥下相见。为了信守承诺,在河水突然上涨时,他坚持不离开约会地点,结果被上涨的河水淹死。

尾生的行为,看似诚信,实际上是对诚信的扭曲。他留给人们的,是一个痴情但更是愚蠢的形象,绝无魅力可言。

君子一言,驷马难追!所以我们在承诺的时候,不可不真诚谨慎。

过能改　归于无

《弟子规》告诫我们:"无心非,名为错;有心非,名为恶。过能改,归于无。倘掩饰,增一辜。"

不是有心故意造成过失,称为过错,若是明知故犯,便是罪恶了。不小心犯了过错能够勇于改正,就会越改越少,最后归于无过。如果故意遮掩,反而又增加了一项掩饰之过。

司马光是中国宋代著名的史学家,他的一个卖马的故事,在历史上传为佳话:

老年的司马光日子过得比较吃紧。有一次,家里没有钱用,他叫人把一匹有病的马牵去卖掉,同时嘱咐负责卖马的人说:"这是一匹有病的马,一到夏天就要犯病。要是有人买马,你要老老实实告诉人家。"司马光如此诚实,这都是父亲对他从小严格要求和教育的结果。

司马光在6岁的时候,有一天和姐姐一起在父亲书房里砸核桃吃。核桃仁吃着很涩,姐姐对他说:"把核桃仁外面的一层薄皮去掉就不涩了。"可司马光无论如何也剥不掉那层皮,姐姐帮了一下忙,也没有剥掉,就走开了。这时,正好有个使唤丫头来倒开水,就教司马光把核桃仁放到茶杯里,倒上开水泡一会再剥。果然,很容易就把核桃仁的皮剥掉了。过一会儿,司马光的姐姐又回来了,看到桌子上放着白白的核桃仁,就问司马光:"这是谁剥的?"司马光得意地说:"是我剥的啊!"后来父亲知道了司马光撒谎,很是生气,对司马光严厉地说:"这明明不是你的功劳,为什么说谎? 你这么小就不诚实,以后还有人相信你吗?"父亲的这次批评,对司马光震动很大,于是决心改过,一生诚实守信。

信誉是无价的。一个人如果铸就了响当当的信誉招牌,那就会显示出人格的无穷魅力。

乔治从小聪明能干,好奇心强,不论对什么事情都要动脑筋想一想,问个"为什么"。他的父亲是个大种植园的园主,非常喜爱花草树木,亲手在自家的花园里栽培了几棵樱桃树,每天浇水、松土,爱如珍宝,使樱桃树长得既快又壮。

一天,父亲出去了。乔治望着枝叶茂盛的樱桃树,脑子里闪出个大问号:这几棵樱桃树为什么比别的树长得好呢?他皱着眉头来回打量,突然自语道:"哼,这树干里面说不定有什么'宝贝'呢,弄开看看!"他看看家里没人,便提了一把斧头,来到花园里,"咔嚓"一声把樱桃树干砍断了。然后,他扔下斧头,握把小刀,急切地在树干里拨呀、找呀,但始终没发现什么"宝贝"。于是他泄气了,心想:"宝贝"没找到,树也砍坏了,父亲回来定会打我的。他越想越感到害怕。

父亲回来了。他像往常一样,先去看他的樱桃树。望着父亲的脚步,乔治紧张得冒出了一身冷汗。

果然,父亲拣起被砍断的樱桃树枝,恼怒地吼道:"这是谁干的?谁干的?真是太坏了,我要扭断他的胳膊!"听到父亲的喊声,全家人都跑了出来,摇头摆手表示不是自己砍的。

乔治心想,树是自己砍的,何必连累别人呢?他咬了一下嘴唇,走到父亲跟前说:"爸爸,樱桃树是我砍的!"父亲正要举手打他,乔治睁着一双大眼睛望着盛怒的父亲说:"爸爸,我告诉你的是事实,绝没有说假话!"听着儿子的申述,父亲的怒容消失了,心想:是呀,孩子虽然损坏了樱桃树,但他却认识到了自己的问题,而且能诚实地承认错误,我怎么能打他呢?

他和蔼而亲切地把乔治拉到身边说:"孩子,你不必害怕,我不会打你的。因为你这种勇敢诚信的态度,比爸爸心爱的樱桃树要珍贵千万倍!"接着他拍拍儿子的小脑瓜,又询问了他砍树的前前后后。父亲最后高兴地吻了一下儿子,说:"是啊,对任何事情都要多问几个为什么。"然后父亲大声向全家人说:"我们家的每一个人,包括我自己在内,都要学习我们的小宝贝乔治的这种诚实精神!"

故事中的小乔治,就是后来的美国第一任总统华盛顿。正是凭着优秀的品质,华盛顿受到了广大人民的拥戴,并使他一步步走向成功,成为美国有史以来第一位伟大的总统。

七、诚信的人坦荡自律

多少年来，华盛顿身上折射出来的人性光辉，激励着一代代美国的青少年。

普罗图斯说："能够主宰自己灵魂的人，将永远被称为征服者的征服者。"

要想成功，我们就不可纵容自己，就必须懂得自律。

被人们称为"黑珍珠"的世界球王——巴西足球运动员贝利，自幼酷爱足球运动，并很早就显示出过人的天赋和才华。有一次，小贝利参加了一场激烈的足球比赛，累得喘不过气来。

中场休息时，贝利向小伙伴要了一支烟。他得意地吸着烟，嘴里吐出一缕缕淡淡的烟雾。小贝利有点陶醉，似乎刚才极度的疲劳也烟消云散了。

这一切，全被他的父亲看见了。晚上，父亲坐在椅子上问贝利："你今天抽烟了？"

"嗯，抽了。"小贝利意识到自己做错了事，红着脸，低下了头，一声不吭地准备接受父亲的训斥。

让小贝利意外的是，父亲并没有发火。他从椅子上站起来，在屋里来来回回踱步，直到自己的心情平静下来，才对贝利说："孩子，你踢球的确有几分天资，也许将来会有出息。这也是我很欣慰的地方。可惜，你现在要抽烟了。抽烟，会损害你的身体，使你在比赛时发挥不出应有的水平，到最后可能会毁了你的梦想和前程。"

小贝利的头低得更低了。父亲又语重心长地接着说："作为父亲，我有责任教育你向好的方向努力和发展，也有责任制止你的不良行为。但是，是向好的方向努力，还是向坏的方向滑去，最后还是取决于你自己。我只想问问你，你是愿意一辈子无所作为呢？还是愿意做个有出息的运动员，将来有更大的发展？孩子，你长大了，也该懂事了，自己选择吧！"说着，父亲从口袋里掏出一沓钞票，递给贝利，并说道："如果你不愿意做个有出息的运动员，执意要抽烟的话，这点钱就作为你抽烟的费用吧！"父亲说完头也不回地走了出去。

小贝利望着父亲离开的背影，仔细回味着父亲那深沉而又恳切的话语，猛然醒悟了。他拿起桌上的钞票来到父亲面前，把钞票还给了他，并流着泪坚决地表示："爸爸，我以后再也不抽烟了，我一定要做个有出息的运动员！"

自那件事以后，贝利不但与烟绝缘，并且更加刻苦地训练，球艺飞速提高。15岁参加桑托斯职业足球队，16岁进入巴西国家队，并为巴西队立下了无人企及的大功。

我们都知道"与人为善"，其实还有一个"与物为春"。什么意思呢？就是无论对人对物，都要释放一种善意，一种暖意，一种催生生命、呵护生命的气息。春气之所以让人特别舒服，因为它散发的是那种你看不见、摸不着但能感觉到的一种生机。

与之相反的则是一种肃杀之气。春天和秋天的温度差不多，都是不冷不热，但因为方向不同，这两种气就完全不一样。从中医的角度来说，春气是往上走的，秋气则是往下走的。

"秋"的下面加一个"心"字，合起来就是个"愁"字，所以秋气就是杀气。中国古代判了死刑的人都是秋后问斩，所以叫"秋斩"，春天是不杀人的，中国古人学习的是天地的好生之德。

人之改过，如春气之消融冰雪。

一位乘客在飞机未起飞前，因为自己需要吃药，向一位空姐要一杯水，空姐承诺当飞机起飞并平稳后马上给他送过来，结果她因为太忙就忘记了。

这个乘客非常生气，于是按响了服务铃。这位空姐一听到铃声，马上就意识到自己的失误，赶快把水送过来，并微笑着说："对不起先生，由于我的工作疏忽，耽误了您吃药的时间，非常抱歉。"然而，这位乘客并不买她的账，并且说要投诉她。

为了弥补自己的过失，这位空姐每次经过他的旁边的时候，都会微笑着问："您是否还有别的需要？"但他都板着脸，不予理睬。飞机快要到达目的地的时候，这位乘客让空姐给他意见本，她这时候有点害怕了，以为要投诉她，但还是微笑着将意见本递给了他。

乘客们离开以后，她打开那个意见本一看，发现上面写了这样一段话："在整个过程当中你表现出来的真诚的歉意，特别是你的12次微笑，深深地打动了我，最终让我不再投诉你了，而是要表扬你！你的服务质量很高，如果还有机会，我一定会再次乘坐你们的航班！"这位乘客说，当她第2次向自己微笑的时候，他认为这种道歉是应该的，没有什么感觉；当她第3次微笑的时候，他要投诉她的感觉有点动摇了；当她第4次向他微笑的时候，他已经彻底原谅她了。

在这个故事里，我们感觉到的是春天来临的时候冰雪消融万物复苏的那种情景。

素与朴　动人心

在我们的身边,虚假广告、劣质商品、考生作弊、论文抄袭、"豆腐渣"工程等等诚信缺失的事情,总是大量发生,甚至因此而造成许多的人间悲剧。

老子一再提倡"见素抱朴",也就是保持素朴纯净,这实在是对生命的大彻大悟。

媒体报道了一则新闻:10多年前,大手托小手;10多年后,小手拉大手。

再过一周就是新学期了。在萧山临浦镇,孩子们正在开开心心地为新学期做准备。

然而,11岁的韩鸿丹却不敢奢望什么新书包、新文具、新衣服,她要上学,还要承担照顾75岁的爷爷韩祖成的重任。

这是一个特殊的家庭,爷爷韩祖成是个修车工,终身未娶。

10多年前的一个早晨,韩祖成在临浦镇劳动路的公厕发现了一个被遗弃的女婴。一直未婚的他办理了相关的收养手续,还给孩子取了特殊的名字——韩鸿丹。"丹",就是"单"的谐音。

丹丹出生时脐带是被牙咬断的,还是早产,体重不足3公斤,体质非常差,全靠韩祖成的坚持,丹丹才奇迹般活了下来。靠着每天出去修车,韩祖成省吃俭用把丹丹拉扯大。

在丹丹8岁的时候,韩祖成就把她的身世告诉她了。在丹丹的心里,韩祖成比亲爹爹、亲爷爷还要亲上千倍万倍。她对韩祖成表示,自己要用一生来报答这份恩情!

丹丹是这样想的,也是这样说的,更是这样做的!

这年7月的一个早晨,韩祖成突发中风,偏瘫在床,从此,11岁的丹丹就承担起照顾爷爷的重任,擦身、喂饭,忙里忙外。

老人精神一直不好,也不大愿意配合治疗,只有丹丹的话他最爱听。

他的右腿已经没有知觉,每次洗脚的时候,丹丹必须用两只小手一起使力,才能把爷爷的脚拖到床边碰到洗脚盆。

洗脚的时候,调皮的丹丹还把鼻子凑到爷爷的脚边:"好臭哦,但洗洗就好啦!"

丹丹和韩祖成的故事,让知情的人们感动得热泪盈眶。医院已经和当地政府协商好了,韩祖成的医药费全部由政府报销,只是以后的康复和照顾很难,医院建议韩祖成去敬老院,但老人和孩子坚决不愿分开。

这就是诚信,这就是朴素,这就是真情!没有修饰、没有华丽、没有花言巧语,但却以无比的力量感动了人心。

诚信与否,朴素与否,与学识无关,与聪明无关;很多时候,恰恰是学识和聪明,让我们不再诚信和朴素。

孔子说:"一个人不讲诚信,我不知道他还能做什么。就好像牛车、马车没有车辕横木上的木销一样,靠什么启动驾行呢?"

诚信是上天赐给世人的一种考验,它有时候会与眼前的利益或诱惑相排斥,所以急功近利的人们,总是容易鼠目寸光地对待它。

在欧美,流传着一个有趣的识人用人的故事。

一个村庄里住着一位老绅士。他60多岁了,相当富有,有些奇怪的习惯,但他的慷慨和仁慈没人能比。

这位老绅士已有一位老管家,但他还想请一个小男孩照顾他的日常生活起居,帮他做一些力所能及的事情。听到这个好消息后,很多人都想获得这个职位,不久老绅士就收到20多封来信,他决定从中挑选一位诚实正直、为人谨慎、不爱管闲事的人。

周一早上,7个穿着盛装、打扮帅气的小伙子来到大厅里。每个人都暗下决心一定要得到这份工作。老绅士则想出了一个考察他们的办法:他准备好了一间房子,让大厅里的这些年轻人依次进入。

查尔斯·布朗第一个被叫进房间,老绅士请他在里边等一会儿。查尔斯在门边的一把椅子上坐下。刚开始他显得很安静,坐在椅子上好奇地朝周围看。当他发现屋里有许多珍奇的东西后,终于站了起来偷偷去观察。桌子上有一个罩子,他掀开一看,罩子下边竟然是一堆轻飘飘的羽毛。羽毛被流动的空气卷起来,在房里飞来飞去。于是,他成为第一个被老绅士打发走的人。

重新弄好房间后,亨利·威尔金斯进来了。这个孩子一进门就被一盘诱人的樱桃吸引住了。他小心谨慎地站起来,拿了一颗樱桃放进嘴里。味道美极了!他想,再来一颗也没什么,于是又快速地拿了一颗匆匆地塞进了嘴里。在这堆樱桃里,老绅士故意放了几颗假樱桃,里边全是辣椒粉。不幸的是,亨利碰巧就拿到了一颗假樱桃,他嘴里立即像着了火一样刺痛起来。老绅士听到咳嗽声,马上就明白里面发生什么事了。于是他也被打发走了。

接着，鲁弗斯·威尔森被叫进来了。他刚待了几分钟就开始东摸西碰。他发现桌上有个抽屉，就想看看里边有什么新鲜玩意儿。但是刚把手放在抽屉的拉手上，一阵清脆的铃声就响起来了。原来，桌子下面藏有一个电铃。老绅士听到铃声就急忙走了进来，让结结巴巴想要道歉的他马上离开了。

乔治·琼斯被老管家领到房里。他开始时什么也没碰，但发现有一扇壁橱的门虚掩着，他的好奇心就起来了，把门小心地打开了1英寸，接着又是1英寸。他没想到，门上边系了一个小塞子，塞子堵住一个小桶，桶里装满了小铅球。于是，塞子被拉了出来，蹦出了许多小铅球，小铅球又滚到壁橱底部的锡盘上，发出了很大的声音。老绅士很快就来了，把脸吓得像纸一样白的乔治请出了家门。

现在轮到阿尔伯特·杨金斯了。看到桌上放着一个带盖的小圆盒，他就猜想里边的东西肯定会很奇特。当他刚刚打开盒子，里边竟然跳出一条假蛇来，并且一下子缠到了他的胳膊上。阿尔伯特尖叫一声，跌倒在地。"快起来，快起来！"老绅士马上出现了，"你出去吧！屋里有一条蛇就够了，你就别在这添乱了。"

最后一个接受考察的男孩叫哈里·戈登。他一个人在屋里呆了20多分钟，在椅子上一动不动。他也有好奇心，但他更具有诚实正直的品格。罩子、樱桃、抽屉、拉手、壁橱门、盒子和精巧的钥匙等等，都没能使他离开座位。

半小时后，老绅士留下了他。他一直服侍老绅士，直到他去世，并且从老绅士那儿得到了一大笔遗产。

马基雅弗利曾经特意提醒人们："人的性格和承诺都靠不住。靠得住的只有习惯。"所以，培养诚信的品格，当从一件件小事做起。

八、亲仁的人必有善缘

立天之道阴与阳,立人之道仁与义。

在没有友谊和仁爱的人群中生活的人是不幸的。正如培根所说："得不到友谊的人将是终身可怜的孤独者。没有友情的社会,只是一片繁华的沙漠。那种乐于孤独的人,其性格不是属于人而是属于兽的。"

如果我们把快乐告诉一个朋友,将得到两个快乐;如果我们把忧愁向一个朋友倾吐,将被分掉一半忧愁。所以友谊对于人生,如同炼金术士所要寻找的那种"点金石"。

"近朱者赤、近墨者黑"这句话,中国人耳熟能详。重视居住的环境,重视对朋友的选择,这是儒家一贯的主张。

亲近仁者,必有善缘。

凡是人　皆须爱

苍天之下,大地之上,不论好人坏人、聪明的人愚笨的人、富裕的人贫贱的人,无不需要关怀爱护。

所以,《弟子规》告诫我们："凡是人,皆须爱。天同覆,地同载。"

万事万物千差万别,此消彼长,相克相生。正因为各各不同,这个世界才丰富而多彩。

以对待自己的态度去对待别人这种思想,是儒家"仁"的道德体系的重要组成部分。忠恕即为仁,忠恕之道贯穿于孔子思想的各个方面。

"忠"字由"中"与"心"构成,就是说心要放在正中;"恕"字由"如"与"心"构成,就是说倘若我们对他人有要求,就想一想自己是否愿意并且能够做到,如果连自己都不喜欢不愿意,就应当立刻停止。所以《弟子规》告诫我们："将加人,先问己;己不欲,即速已。"

魏国边境靠近楚国的地方有一个小县,县令姓宋。两国交界的地方,村民们都喜欢种瓜。这一年春天,两国的边民又都种下了瓜种。

不料这年春天比较干旱,由于缺水,瓜苗长得很慢。魏国的一些村民担心这样旱下去会影响收成,就组织一些人,每天晚上到地里挑水浇瓜。

连续浇了几天,魏国村民的瓜地里,瓜苗长势明显好起来,比楚国村民种的瓜苗要高出不少。

楚国的村民对此非常嫉妒,有些人晚间便偷偷潜入魏国村民的瓜地里去踩瓜秧。于是,魏国的村民们打算以牙还牙。

宋县令知道了此事,马上请村民们过来,对他们说："我看,你们最好不要去踩他们的瓜地。"村民们气愤至极,哪里听得进去,纷纷嚷道:"难道我们怕他们不成,为什么让他们如此欺负我们?"

宋县令摇摇头,耐心地说:"如果你们一定要去报复,最多解解心头之恨,可是以后呢?他们也不会善罢甘休,如此下去,双方互相破坏,谁都不会得到一个瓜的收获。"

村民们皱紧眉头问:"那我们该怎么办呢?"

宋县令出了个主意:"你们每天晚上去帮他们浇地,结果怎样,你们很快就会看到。"村民们心里虽然不乐意,但也只好按照宋县令的吩咐去做。

楚国的村民发现魏国村民不但不记恨,反倒天天帮他们浇瓜,惭愧得无地自容。

这件事后来被楚国边境的县令知道了,便将此事上报楚王。楚王原本对魏国虎视眈眈,听闻此事,深受触动,甚觉不安,于是,主动与魏国和好,并送去很多礼物,对魏国有如此好的官员和国民表示赞赏。

宋县令为两国的友好往来立了功,魏王也当即下令,重重赏赐了他和他治下的百姓。

这位宋县令,当是深悟了柔、弱之道,深悟了"己欲立而立人,己欲达而达人"的恕道,并将这种心态和精神传递给了百姓。

孔子对"恕"的定义就是:"己所不欲,勿施于人。"他提倡"恕"道,同时也以"恕"释"仁"。

美国伟大的总统林肯,他手下的人曾抱怨他对敌人不够狠,林肯回答:"你们有你们消灭敌人的办法,我有我消灭敌人的办法,我让敌人成为朋友,不也是一种'消灭'吗?"

林肯的所为,阐释的也就是"仁者无敌"的道理。

如何才能变成一个自己愉快、也能够让别人愉快的人呢?一位年长的智者总结:把自己当成别人,把别人当成自己,把别人当成别人,把自己当成自己。

把自己当成别人,那么在自己感到痛苦的时候,悲伤就会减轻,当自己狂躁的时候,也会变得平和中正一些;把别人当成自己,就可以真正同情别人的不幸,理解别人的需求,并且在别人需要的时候给予恰当的帮助;把别人当成别人,就能充分尊重每个人的独立性,懂得在任何情形下都不可侵犯他人的核心领地;把自己当成自己,就能始终保持自己人格的独立与理想的追求。

"爱"与"被爱"都是力量。爱别人,也是爱自己,只要我们懂得如何去爱。

这是一个真实的故事,故事发生在非洲某个国家内。

那个国家的白人政府当时坚持实施"种族隔离"政策,不允许黑皮肤人进入白人专属的公共场所,白人也不喜欢与黑人来往,认为他们是低贱的种族,避之唯恐不及。

有一天,有个白人女孩在沙滩上做日光浴,由于过度疲劳,她睡着了。当她醒来时,太阳已经下山了。此时,她觉得肚子饿了,便走进沙滩附近的一家餐馆,选了张靠窗的椅子坐下。

她坐了约15分钟,却没有任何侍者前来接待她。

白人女孩看到那些招待员对自己竟然如此的不屑一顾,都忙着侍候比她来得迟的顾客,顿时怒气满腔,想走向前去责问那些招待员。

当她站起身来,眼前的一面大镜子让她停住了。

镜中的自己晒得黑黑的,哪里像个白人呢!她一下子恍然大悟,眼泪也不由夺眶而出。

人类有着普遍被爱、被承认、被关注、被认同、被理解的渴求。这些渴求被满足了,人就会处于积极向上的状态,幸福的感受就会更强一些;这些渴求不被满足,人就会处于消极萎靡的状态,幸福的感受就会大大减弱。

网上看到一个关于《女人这辈子挺难》的帖子:"漂亮点吧,太惹眼;不漂亮吧,拿不出手。学问高了,没人敢娶;学问低了,没人想要。活泼点吧,说你招蜂引蝶;矜持点吧,说你装腔作势;会打扮,说你是妖精;不会打扮,说你没女人味;自己挣吧,男人望而却步;男人养吧,说你傍大款;生孩子,怕被老板炒鱿鱼;不生孩子,怕被老公炒鱿鱼。哎,这年月做女人真难,所以要对男人下手狠点,对自己宽大处理为上。"

看起来,作者似乎想通了,所以要对自己"宽大处理"。但对自己宽大的同时,就是"要对男人下手狠点"。这说明她还理解不了忠恕之道,放不过别人,也就放不过自己!

做人不易,无论男人还是女人,无论从前还是现在。

从根本上说,人之所以痛苦,在于追求错误的东西。如果我们想要成就自己的生命,就不能不停止让外在世界来符合我们的需要的企图,把所有曾经怨天尤人白白浪费过的那些精力,用回到自己身上。

《新约》有言:"可以激动,但不可犯罪;可以愤怒,但不可含愤终日。"

《圣经》中记载了这么一个故事:一些文士和法利赛人带来一个行淫时被拿的妇人,要用石头打死她。耶稣知道后,就对他们说:"你们中间谁是没有罪的,谁就可以先拿石头打她。"于是,那些文士和法利赛人,一个一个全都低着头出去了。最后,耶稣对那妇人说:"我也不定你的罪,去罢,从此不要再犯了。"

紫罗兰被脚踩扁了,却把香味留在了我们的脚跟上,这就是宽恕!

我们不要总以为自己真理在手正义在胸,否则,一出手便易干出伤天害理之事。

不亲仁 无限害

《弟子规》告诫我们:"果仁者,人多畏。言不讳,色不媚。能亲仁,无限好,德日进,过日少。不亲仁,无限害。小人进,百事坏。"

对于一位真正的仁者,大家都会自然地敬畏他。仁者胸怀天下,包容众生,说话不会故意隐晦、扭曲事实,脸色与态度也不会故意向人献谄求媚。

能够亲近仁者,并向他学习,我们就会得到无限的益处,自己的品德自然进步,过错也会日渐减少。

人生不进则退,我们如果不肯亲近仁者,无形之中就会产生许多漏洞,小人乘虚而入,围绕在我们身旁,事情将被弄得一塌糊涂。

新婚燕尔、迎娶娇妻,无疑是人生最美好的一刻。但2009年7月26日成都的一场喜庆婚宴,却在当日将喜事变成了丧事。

这一天中午12点,伴随着《婚礼进行曲》,32岁的成都小伙晓龙和娇妻小颖的结婚大典在某大酒店6楼大厅举行。新郎新娘缓缓走上舞台,在证婚人和亲朋好友的见证祝福下,交换结婚戒指,深情相拥。

婚庆仪式后,晓龙和小颖端着酒杯,在伴郎伴娘的陪伴下,走到每一张餐桌前为嘉宾敬酒。当天共摆下酒席40余桌。但一杯杯白酒下肚,晓龙并没有任何不适,因为这时他喝的是由酒店方提供的新郎专用酒——"白开水"。

下午2时许,婚宴结束,大部分客人留下祝福,渐渐离去,但晓龙的同学、哥们、"死党"却并未离开,而且大声嚷着:"大喜日子和兄弟伙喝酒不能'掺假水'!"晓龙只好换上真酒返回,与好友们继续举杯畅饮,并且用的是喝啤酒的杯子,装的是50多度的白酒,一连被迫干了四、五杯。很快,新郎至醉倒下,被抬进酒店预留的新房中。

没想到,仅仅4个小时,晓龙就气息全无,独留新婚娇妻和亲友落泪断肠。

命断新婚兄弟酒,怪谁? 其实,怪谁也无用了。因为一个人选择了什么样的朋友群,就选择了什么样的生活方式,也就选择了什么样的结果!

我们现代人其实生活在商业模式之中。这个商业模式并非以大众的幸福为目的,它看重的是金钱财富,漠视的是道德良心。比如那些迎合、发掘人性弱点的游戏,犹如有毒的瘾头,祸害着人们的身心,却又让人欲罢不能。

因沉迷暴力网络游戏,河南省焦作市19岁的文弱男青年小秦,竟然产生了在现实中"杀个人"的疯狂念头。终于有一天,他用菜刀砍死了一位无冤无仇的60岁的妇女。

中国青少年犯罪研究会公布的最新统计资料显示:经常玩网游的青少年中,有暴力倾向的比例是普通人的4至5倍;沉溺网游的孩子,分不清现实世界和虚拟世界,容易变得冷漠、孤僻、叛逆,缺乏人情味。

世人习惯谴责"为富不仁",这既是人们仇富心理的痼疾,也是一些富人的自作自受。

在常人眼里,坐拥上亿家产、不愁吃不愁穿不愁买房不愁看病不愁孩子学费昂贵的富豪,应该是天底下最幸福的人。然而,事实并非如此,随着社会两极分化程度不断加深,富豪们的不安全感也在同步增长。

近年来,巴西身价100万美元以上的富翁人数在全世界的排名,已经跃升到了第10位,超过了12万人;同时,巴西又是世界上财富分配最不均衡的社会之一。

严重的贫富分化使很多的巴西富人生活在恐惧之中。在里约热内卢,居住在山上的富豪与居住在山下的穷人,中间拉着很高的铁丝网,并有武装人员持枪守卫。在巴西第一大城市圣保罗,每10万人,一年中就有60人被谋杀。2007年12月7日,是从1995年圣保罗警察局每日公布犯罪情况以来唯一24小时内没有发生凶杀案的一天,为此警察局特意发布公报庆祝;但就在当晚24时刚刚一过,一所富人区的房子就遭到犯罪分子入侵,谋杀案即刻发生。

据当地媒体报道,圣保罗市的整形外科手术业十分发达,因为经常有被绑架者的耳朵、手指或者其他身体部位被残忍地割下寄到他们家人那里用来勒索赎金,所以事后去做手术的人不少。这座城市还算得上世界上空中交通最繁忙的地区之一。由于凶杀绑架案不断,有钱人已经开始购买直升机作为交通工具。

巴西每年有4000辆汽车安装防弹玻璃,比深受内战困扰的哥伦比亚整整多了一倍。很多有钱人为了不因过分招摇而成为抢劫的对象,纷纷购买一些不引人注目的经济型轿车。承包商的太太艾伦说:"我们已经成了关在自己家里的囚犯。"

巴西人类学家、《高墙内的城市:圣保罗的犯罪、种族隔离和公民权》一书的作者特雷莎·卡尔德拉说:"精英们选择了这样生活:他们不去努力为巴西社会创造更好的整体环境,而是选择了逃避,将自己关在自己筑起的高墙内。"

那么我们中国的情况又是怎样的呢?近些年来,中国贫富差距增加的幅度位居亚洲第二,超过了以贫富悬殊著称的印度。《南方周末》披露的中国顶级富豪的情况是:他们人均拥有财富22.02亿元人民币,但他们中的绝大多数人认为金钱同时也给自己带来了"不安全感"和"烦恼"。

企望财富、地位和生活有着天壤之别的两个世界和谐共处,似乎只是既得利益世界的一厢情愿。权贵们、豪富们一方面希望永远占有财富,要求他们的"天堂"生活能够不受干扰;另一方面,对于那个支撑着他们豪华生活的底层世界的人们,则又充满了鄙视、恐惧和不信任。

这真是一个悖论。安全感都失去了,又哪里谈得上什么幸福感呢?

人类世界每造就1个富人,同时就要造就500个穷人。1个与500个之比,穷人能够心理平衡吗?富人能有安全感吗?

企业家自然是富人中的主体人群。中国企业家调查系统所作的《中国企业经营者成长与发展专题调查报告》显示,患有心理疾病症状的占70.5%,疲惫不堪的占62.7%,心情沮丧的占37.6%,疑虑重重的占33.1%,挫折感强的占28.6%,悲观失望的占16.5%。

马克思曾引用过《圣经》中这样一段话:"财主要进天堂比骆驼穿过针眼还难。"换句话说,人要主动舍弃大量的财富是极为困难的。

依照人性的常识,一般的人肯定不愿意为别人创造大量财富。如果赚了很多钱的人都不愿"损有余以奉不足",就会出现两极分化,分化到了一定程度,就会出现社会的对立、分裂,甚至导致剧烈的社会冲突,最终使大家都付出更为沉重的代价。

企业家不能不对社会负责;同样,社会也不能不为企业、企业家提供必要的条件,给他们以应有的保障和尊重。

对企业家的道德要求，为什么总是高于一般人呢？因为企业家是社会的精英，应当"自觉地"承担用财富去帮助别人的责任。一个真正的企业家的最高素养，是人文责任，也就是以天道、人道为基础的人类共同精神价值的主动承担。

倘若为富而仁、善于"约之以礼"的企业家成批出现，我们这个社会将变得和谐而美好。

道不同　不相谋

《弟子规》告诫我们："善相劝，德皆建；过不规，道两亏。"

行持善法者如果相互勉励，彼此都能建立良好的德行。倘若明知对方有过错却不规劝，那么双方都会在品行上留下瑕疵。

孔子将朋友分成了几个层次：一是可以一起学习的人；二是同学以后可以共同寻求道义的人；三是适道以后可以共同立业的人；四是立业以后能够共同权变的人。随着层次的不同，越往后知音越少。也就是说，真正休戚与共的莫逆之交，其实是很少很难得的。

人各有志，交友不能强勉。伯夷、叔齐义不食周粟，饿死于首阳山，司马迁感叹："道不同，不相为谋。真是各人追随各人的志向啊！"

晋时，山涛与嵇康同为竹林七贤中的人物，前者投靠司马昭，升任散骑常侍，举荐后者，而嵇康与司马昭政见对立，对此好意嗤之以鼻，竟然给山涛写了一封《绝交书》。山涛自以为帮助朋友，朋友却与自己绝交！

现实生活中，我们很难一下子分辨出谁是益友，谁是损友。真正的友情在顺境之中难以发现，逆境之中往往才见真情。刘少奇就曾经感慨："人不能老是行时，在你背时的时候，有人还了解你，就是知己了。"

《伊索寓言》中有一个故事说：两个朋友行路时遇到一头熊，路边只有一棵树，其中一个立即爬上树躲起来，另一个人无路可走，只好躺在地上，屏住呼吸装死。熊走近装死的人，嗅了嗅，因为熊不吃死人，于是就走了。熊走之后，树上那人下来了，问："熊刚才对你说了什么？""熊给了我一个简短的忠告：对于在危险面前把你抛弃的人，绝不能与之同行！"

东晋将军苏浚在《鸡鸣偶记》中，则把朋友分成了四种类型："道义相砥，过失相规，畏友也；缓急可共，生死可托，密友也；甘言如饴，游戏征逐，昵友也；利则相攘，患则相倾，贼友也。"意思是说，能相互劝勉、相互鼓励，及时指出朋友的错误，并帮助朋友改正错误，这是畏友或诤友；无论富贵还是贫贱都能心心相印,当朋友处于患难之际,能够挺身而出,鼎力相助,不惜一切把朋友救出困境,这是密友;凑在一起吃喝玩乐,说些互相恭维的话,以酒肉为基础,这是昵友,也即人们常说的酒肉朋友;臭味相投,结成死党,而一旦分赃不均,就大动干戈互相残杀,这是贼友。

恺撒大帝曾经与布鲁图斯结为密友,并把他立为继承人之一,结果此人恰好成为诱使恺撒堕入圈套而被谋杀的人。这是一个伟大帝王交友不慎的悲剧。

如果我们想要预知自己的未来,不妨看一看与自己关系最为密切的朋友们的状况,那么判断起来就八九不离十了。

成为兄弟姐妹,不以自己的意志为转移;成为朋友,则可自主选择。

那么怎么选择呢?孔子教导我们:"益者三友,损者三友。友直,友谅,友多闻,益矣。友便辟,友善柔,友便佞,损矣。"就是说,有益的朋友正直、诚信、学识广博富有智慧;有害的朋友邪门、溜须拍马、言过其实。

正直的人,如同君子一样,"矜而不争,群而不党";诚实的人,如孔子对齐国贤大夫晏平仲的评价:"善与人交,久而敬之";学识广博的人,"六艺"精通,"兴于诗,立于礼,成于乐"。

邪门的人,以骄奢放纵为乐,以佚游忘返为乐,以大吃大喝为乐,这就是孔子所说的:"乐骄乐,乐佚游,乐晏乐,损矣";溜须拍马的人,虚伪阴暗,两面三刀,讨好卖乖,"匿怨而友其人",就像是挖洞爬墙的小偷;言过其实的人,夸夸其谈,"巧言令色,鲜矣仁",不能长久地处在贫困之中,也不能长久地处在安乐之中,并且"群居终日,言不及义,好行小慧"。这几类人就是所谓的狐朋狗友,孔子鄙视道:"难矣哉!"

对于生命中的"损者",我们只能选择拒绝。

在一次闲谈中,乔治的爸爸突然对他说:"在所有的词汇中,我所见过的最难说的就是仅仅两个字母的'NO'。"

"我肯定能说得出口。"乔治很自信地说,"NO,这就像呼吸那样简单。"

"好,乔治,我希望你能像你想象的那样,当你在应该说'NO'的时候能够轻轻松松地说出来。"

一大早,乔治就高高兴兴地去上学了。学校附近有一个很深的池塘,冬天结冰的时候男孩们常到那儿去滑冰玩。因为气温骤降,一夜之间,池塘的水面成了美丽而光滑的冰面。

"乔治,快来呀!"威廉·格林大声喊,"我们可以痛快地溜上一圈了。"

乔治却犹豫不决,他说冰面是昨天晚上才冻上的,还不够结实。

"唉,笨蛋,"另一个男孩说,"够结实了,以前的冰面也是在一天之内冻成的,不会有什么问题,是吧,约翰?"

乔治还是犹犹豫豫。

"我知道他为什么不来,"约翰说,"他怕摔倒。"

"他是个胆小鬼,所以不敢来。"

乔治再也无法忍受了。一直以来,他为自己的勇敢而骄傲。"我不怕。"他理直气壮地大声说,并且第一个跳到冰面上。男孩们玩得十分开心,他们跑呀、滑呀、互相追逐,想在光滑的冰面上抓住对方。

越来越多的孩子加入了他们的行列,几乎所有的人都忘记了危险。突然,有个声音传过来:"冰裂了!冰裂了!"冰面果然裂了,其中3个孩子掉了下去,在水中拼命地挣扎着,乔治也在其中。

老师听到嘈杂声,立即赶到。他从岸边的一个篱笆上折下几根木条,沿着冰面伸过去,直到水中的孩子能够抓到。3个快要冻僵的孩子终于被救出了池塘。

当乔治被送回家里时,他的父母伤心地哭了。在乔治暖和过来之前,他们什么也没问,只是庆幸他脱险了。到了晚上,当大家都围坐在壁炉前的时候,父亲问乔治为什么忘了他的劝告。

乔治回答说,其实他并不想去,可是其他的孩子非让他去不可。

"他们是怎么样非让你去不可的?他们把你绑去的还是拖去的?"

"不,他们没绑我也没拖我,但他们想让我去。"

"那你为什么不说'NO'呢?"

"我想这样说,但他们都叫我胆小鬼。他们这样说,我忍无可忍。"

"也就是说,你就算冒着生命危险也不愿对人说'NO',是吗?昨天的事,你最应该说'NO',但你却没做到,是吗?"

乔治开始明白这个"NO"为什么那么难以启齿了。

拒绝是一门人生的学问,也是一门人生的艺术。学会拒绝,是一个人成熟的标志之一。

古人还有这么一首诗:"采葵莫伤根,伤根葵不生。结交莫羞贫,羞贫友不成。"意思是不要与品行不端也就是以财、色、势、利为目的的人交朋友。因为,"以财交者,财尽而交绝;以色交者,华落而爱渝";"以势交者,势倾则绝;以利交者,利穷则散"。

闻誉恐　闻过欣

要想交上仁德的朋友,首要的前提是自己本有仁爱之心或者向善之心,鲁迅早就说过:"友谊是两颗心真诚相待,而不是一颗心对另一颗心的敲打。"

《弟子规》告诫我们:"闻过怒,闻誉乐,损友来,益友却。闻誉恐,闻过欣,直谅士,渐相亲。"

如果听见别人说我的过错就生气,听见别人称赞我就高兴,那么不好的朋友就会越来越多,真诚有益的朋友就不敢和我们在一起了。

听到别人称赞,首先自我反省,想一想自己是否徒有虚名;听到别人批评,心里却欢喜接受。这样,正直诚实的人,就一定喜欢亲近我们了。

梁启超是中国近代著名的学者和社会活动家,1920年以后他退出了政治舞台,专心致力于学术研究,在社会科学的众多领域里,取得了令人刮目的成就。

但梁启超的朋友周善培直言不讳地批评他的文章说:"中国长久睡梦的人心被你一支笔惊醒了,这不待我来恭维你。但是,写文章有两个境界:第一步你已经做到了,第二步是能留人。司马迁死了快两千年,至今《史记》里的许多文章还是百读不厌。你这几十年中,写了若干篇文章,你想想看,不说读百回不容易,就是使人能读两回三回的能有几篇文章?"

梁启超听了这么刺耳的话,犹如挨了当头一棒。但他毫不生气,而且很虚心地向老朋友请教:"你说文章怎样才能留人呢?"周善培很认真地回答:"文章要留人,必须要言外有无穷之意,使读者反复地读了又读,才能得到它的无穷之意,读到九十九回,无穷的还没有穷,还丢不下,所以才不厌百回读。如果一篇文章把所有意思一口气说完了,自己的意思先穷了,谁还肯费力再去搜求,再去读第二回呢?文章开门见山不能动人,一开门就把所有的山全看完,里面没有丘壑,人自然一看之后就掉头而去,谁还入山去搜求丘壑呢?"

梁启超觉得周善培分析得透彻精当,很有见地,击中了自己文章的要害,于是连声称谢,虚心接受。从此,梁启超写文章更加精益求精,下了一番工夫,果然受益匪浅。

朋友之间,要么人品相当,要么才识相等,要么心智相类,此不足,彼有余,取长而补短。朋友像一面镜子,从他们身上能看到我们自己的差距。如果我们隐藏内心的怨怼而与对方做朋友,那就只能助长虚伪。

立世的道理并不难懂,很多人之所以感受不到什么兄弟情谊,是因为自己只是将"称兄道弟"当做一种谋取利益的手段,而谁又愿意真心对待一个只想利用自己的伪兄弟呢?如果友谊都是昧着本心或者良心去发展,流为利益的交换,那还有什么意义?所以,当人家对自己不买账的时候,不妨扪心自问:我真的拿别人当兄弟了吗?我真的放下了自己滔滔的私心吗?

能够做到"闻誉恐,闻过欣"的人,必定是胸襟宽广的人。虚心地接纳,必将更加升华自己。

即便他人的意见和批评不那么正确,我们也要保持对人的尊重,正如伏尔泰所说:"我不同意你的观点,但誓死捍卫你说话的权利!"

中国姑娘彭丹报考英国牛津大学的博士,但是她在参加面试时,竟然同导师阿加尔教授激烈地辩论起来。

当时教授很生气,整个走廊都能听到他们的争吵声。但是,没想到,秘书在宣布录取名单时却念到了"中国的彭丹小姐"。

阿加尔教授站了起来,当着众人的面对彭丹说:"你看,我的孩子,你骂了我两个小时,但我还是决定要你。因为,我要你尽情地在我的支持下反对我的理论。如果事实证明你是错的,我将十分高兴;如果证明你是对的,我将更加高兴。我希望到我去世时,你能成为比我更好的心理学家。"

什么是胸襟?这就是胸襟!一个初出茅庐的丫头,居然敢同教授叫劲,这就是英国牛津大学的魅力。

生命是一场感召的修炼。感召存在于每个人的生命之中。人这一辈子,要么你感召别人,要么别人感召你,或者共同接受他人的感召。

一个人的感召力来自于他的人文素养和人格魅力。所以,看见他人的优点行为,我们心中就当升起向他看齐的念头,虽然目前还差得很远,只要肯努力,就能渐渐地赶上。不论大善或小善,都要有思齐的信心和力行的勇气。这就是《弟子规》告诫我们的:"见人善,即思齐。纵去远,以渐跻。"

当然,朋友之间、同事之间相互的提醒,当如老子所说:"虽方正而不割人,虽锋利而不伤人,虽正直而不放肆,虽光亮而不耀眼。"

子游也有忠告:"事君数,斯辱矣;朋友数,斯疏矣。"意思是事奉人主,进谏过于频繁,就会受到侮辱;对待朋友,劝导过于频繁,就会被疏远。

即便是非常真挚的好友,相处也须保持恰当的距离,留给对方空间,懂得说话的分寸,把握一定的尺度。批评、责备、抱怨、攻击,都是沟通的刽子手。

台湾著名散文家林清玄送给自己的一个朋友4个字:"常想一二"。那个朋友不懂,林清玄解释说:大家都说这个世上"不如意事常八九,可与言者无二三",我们就算认可这种说法吧,但是起码还有一二如意事啊,我帮不了你太多,我只可以告诉你就常想那"一二"吧,想一想那些快乐的事情,去放大快乐的光芒,抑制心底的不快,这也就是我作为一个朋友能够为你做的最好的事情了。

八、亲仁的人必有善缘

九、有志的人力行高飞

不登高山，不知天之高也；不临深渊，不知地之厚也。

荀子所言，表示有志而为，意成就吾之人生。

然而，

孟子说：人非圣贤，孰能无过。

人生百年志，万事可为。

我们生活在这个世界上,好比一只船在大海中航行。如果一个人不知道他这只船将要驶向何方,那么,任何风对他来说都不是顺风。所以,人生最重要的事情,就是辨清前进的方向。

辨清自己人生的方向和目标,也就是立志。

巴斯德说:"立志、工作、成功,是人类活动的三大要素。立志是事业的大门,工作是登堂入室的旅程,这旅程的尽头就有个成功在等待着,来庆祝你的努力结果。"

志向和热爱是伟大行为的双翼。"不登高山,不知天之大也;不临深谷,不知地之厚也。"荀子所言,代表了有志而竟成者的人生感悟。

苏格拉底说:"别人为食而生存,我为生存而食。"柏拉图说:"什么也不知道,也不打算去知道什么的人,是最可怕的!"

当然,我们的雄心,我们的壮志,不能不合于大道,不能不合于人类社会的和谐发展之道,不能不合于生命的快乐与幸福之道。

人若有志,万事可为。

戒浮华　当力行

雨果有一句名言:"让自己的内心藏着一条巨龙,既是一种苦刑,也是一种乐趣。"

古往今来,凡是伟大的人物,从来不承认命运是不可改变的。对于当时的环境的不满意,不但不会使他抱怨和不快乐,反而让他充满奋斗的豪情,于是,人生从此开始了辉煌的改变。

从来没有梦想的人几乎不存在,孟子甚至说了这样的狠话:"人若无志,与禽兽同类。"但能够实现自己梦想的人,则是少之又少。问题所在,就是行动的能力。

伟大的行动总是伴随着伟大的计划,而伟大的计划如果不伴随着伟大的行动,那就一文不值。

有些人有天才的想法,却没有天才的行动,结果想法便失去了价值;有些人有一个开始未必完美的想法,却有天才的行动,结果这个想法最终结成了正果。

有一个叫达瑞的美国小男孩,父母在生活上对他要求很严,平时很少给他零花钱。8岁的时候,有一天他想去看电影,身上却无分文。是向爸妈要钱呢,还是自己挣钱?他第一次开始思考这样的问题。结果,他选择了后者。

他自己调制了一种汽水,把它放在街边,向过路的行人出售。可那时正值寒冷的冬天,没有人购买,最后只等到两个顾客——他的爸爸和妈妈。

达瑞并不气馁。他偶然得到了和一个成功商人谈话的机会,倍加珍惜。当他讲述了自己的"破产史"后,商人给了他两个重要的建议:第一,尝试为别人解决一个难题,那么你就能赚到许多钱;第二,把精力集中在"你知道的、你会的和你拥有的"东西上。

这两个建议很关键。于是达瑞穿行于大街小巷,不停地思考:人们会有什么难题,如何为他们解决难题呢?

这其实很不容易。好点子似乎都躲起来了,他什么办法都想不出来。但是有一天,父亲无意中激发了他的灵感火花。

一天吃早饭时,父亲让他去取报纸——美国的送报员总是把报纸从花园篱笆中一个特制的管子里塞进来。假如你想穿着睡衣,一边舒服地吃早饭,一边悠闲地看报纸,就必须先离开温暖的房间到房子的入口处去取报,即使在天气不好的时候也必须如此。虽然有时候只需要走二三十步路,但也是非常麻烦的事情。

当他为父亲取回报纸的时候,一个主意诞生了。当天他就挨个按响邻居的门铃,对他们说:每个月只需付给他1美元,他就每天早晨把报纸塞到他们的房门下面。大多数人都同意了,这个小男孩很快就有了70多个顾客。当他在1个月后赚到第一笔钱的时候,他觉得自己简直是飞上了天。

高兴的同时他并没有满足现状,而是继续寻找新的赚钱机会。经过一段时间的思考,他决定让他的顾客每天把垃圾袋放在门前,然后由他早晨送报时顺便运到垃圾桶里——每个月另加1美元。他的客户们很赞成这个点子,于是他的月收入增加了一倍。后来他还为别人喂宠物、看房子、给植物浇水,收入更是直线上升。

9岁时,他开始学习使用父亲的电脑。他学着写广告,而且开始把小孩子能够挣钱的方法全部写下来。因为他不断有新的主意,有了新主意就马上实施,所以很快就有了丰厚的积蓄。他母亲帮他记账,好让他知道什么时候该向谁收钱。

随着业务的扩大,他开始雇佣别的孩子为他帮忙,然后把收入的一半付给他们。如此一来,赚得更多了。

一个出版商注意到了他,并说服他写了一本书,书名叫《儿童挣钱的250个主意》。因此,他在12岁的时候,就成了一名畅销书作家。

后来电视台发现了他,邀请他参加许多儿童谈话节目。他在电视里表现得非常自然,受到许多观众的喜爱。到15岁的时候,他有了自己的谈话节目,通过做电视节目和电视广告,钱如潮水般涌入了他的腰包。

当达瑞17岁的时候,他已经成了百万富翁。

年少的时候,我们一定要珍惜宝贵的时光。早上要早起,晚上也要抓紧时间温习,并善于反省总结。人生的光阴很容易消失,少年人一转眼就成老年人了。

对于孝、悌、谨、信、泛爱众、亲仁,这些应该努力实行的本分如果不肯力行,只在学问上研究探索,那就最容易养成虚幻浮华的习性;如果只重力行而对学问不肯研究,就容易执著于自己的看法,而无法契合真理。

这就是《弟子规》告诫我们的:"朝起早,夜眠迟。老易至,惜此时";"不力行,但学文,长浮华,成何人。但力行,不学文,任己见,昧理真"。

有人算过一笔时间账:把各种假期除外,一个大学生在校4年,真正能用于学习的时间也就800天左右。他们许多的时间,都用在了学习以外的说不清的事情上,但大多不是《弟子规》中倡导的"力行"。

近年春节前的一天晚上,已经10点钟了。长春北京华联附近一名学生模样的小伙子跪在路边失声痛哭。

民警赶到后了解得知,小伙子姓陈,19岁,是一名大学生,因为女朋友来长春亲戚家过年,他想给她制造点浪漫,就从家里跑出来,到长春找她一起过年。没想到来长春后,电话打不通,联系不上女友了。"现在我身上就剩7块钱了,找不着她,家也回不去了,这年可怎么过啊?"说罢又哭了起来。

于是,民警先将他带回了值班室。在值班室,民警想详细了解一下有关他女友的情况,怎奈他掌握的信息少得可怜,连女友的亲戚家到底在什么位置都说不清楚。看到民警也没有理出头绪,他又开始哭。值班民警只好先安顿他住下来,在队里过年。

值班民警回忆,为了让他稳定下来不哭,大家想了好多办法,最后还给他唱了一首五音不全的歌,小伙子这才笑出声来。当民警们四处打听但都无功而返时,他又哭了起来,直说自己没用。

最后的结果是:民警用了3天时间"寻亲接力",终于帮助他找到了女友。

一位大学教师为此感言：读了这则新闻，心里酸酸的，不知道该说什么好。虽然是个案，但也太令人失望了。你已经19岁了，你是个男人，你还是个大学生，然而，就是因为迷路和找不到女友，竟然三天四哭！作为一个男人，我为你的行为感到耻辱；作为一个大学教师，我为我们的教育感到伤心。我们喊了这么多年的素质教育，培养出来的就是这样的"人才"！

在许多家长和老师的眼里，素质教育似乎就是会弹琴、会唱歌、会画画、会说英语，一味地对小孩或学生进行这方面的训练，却忘记了生存能力才是最基本的能力。

郑板桥是"扬州八怪"里最著名的一个。他老来得子，望子成龙，但不溺爱。他要求儿子不要只是埋头死读书，而要在读书、学文以外掌握一些基本的生活技能，但儿子没有理会父亲的一片苦心。

郑板桥临终前，把儿子叫到病床前，说："我快不行了，现在我只有一个愿望，想吃你亲手做的馒头，你能满足我吗！"

这种情况下，儿子当然要满足父亲的愿望，但他确实不知道馒头怎么做。于是马上请教厨师，费了九牛二虎之力，终于做好了馒头。可是等他端上来时，父亲已经咽气了。

儿子在悲痛中，看到了父亲临终前硬撑着留下的几行字："淌自己汗，吃自己饭，自己事情自己干。不靠老天，不靠祖宗，才算真正好汉！"

孔子教导我们说："好学近乎知，力行近乎仁，知耻近乎勇。"

好学的人，离智者也就不远了；无论何种善事都竭尽所能去做的人，离仁者也就不远了；时时刻刻把"荣辱"二字记在心上的人，离勇者也就不远了。

每一个人都要对自己的行为负责。孔子的弟子冉求表示自己不是不喜欢老师的学说，而是力量不够，孔子当即指明："力不足者，中道而废。今女画。"意思是说，你之所以认为自己力量不够，是因为半途而废，自己给自己找借口划了个停止前进的界限。

"骐骥一跃，不能十步；驽马十驾，功以不舍"。世间称得上"骐骥"的人本来就少，所以我们更不要指望一蹴而就的成功，也不可消极观望，止步不前。

有人总结说：人生有三件事不能等：孝老、行善、健身；人生有三件事不能怕：年龄、孤独、未来；人生有三件事不能悔：工作、机遇、出身。

"明日复明日，明日何其多。我生待明日，万事成蹉跎。"拖延和懒怠,是时间的窃贼,是生命中可怕的敌人。

勿自暴 勿自弃

人是社会属性和自然属性的统一体。人的发展,既不同于动植物的生长,也不等同于人的生理能力的变化,而是一个具有丰富的自然、社会内涵的辩证历史过程。

寻求发展是人生的一大目标,也是人生的一大动力。失去了目标,也就失去了人生的动力。

有一个青年,刚满20岁就冻饿而死。阎王一查生死簿,发现他有60岁年寿,还有1000两黄金的福报,怎么会这么早就死了呢?

阎王想:会不会是财神贪污了呢? 于是就把财神叫来责问。财神说:"我看这个人命格中文才不错,能在文章上出成就,就把1000两黄金交给文曲星了。"阎王就问文曲星。文曲星说:"我看他武韬不错,走武道大有前途,就把1000两黄金给武曲星了。"阎王又问武曲星。武曲星说:"这个人文才武韬都不错,却胸无大志,万事不关心,啥事都不做,我觉得没法在文武道上送给他这1000两黄金,就把这笔钱交给土地公了。"阎王又问土地公。土地公说:"这个人实在太懒,啥事不做。我把黄金放在他家门口的菜地里,只要他动手拔一个萝卜就可以看到黄金,可是他宁愿饿死也不动手,我还有什么办法呢!"阎王长吁一口气,在生死簿上判道:"活该!"

当然,这是智者为警示懒惰的世人编织的一个故事,但在现实生活中,当做不做、希望天上掉下"馅饼"的人,的确数不胜数。

所以,有人精辟地总结:命运只负责洗牌,玩牌的永远是自己。

美国科罗拉多州一家工厂的大门口挂着一条标语:"如果你爱自己的工作,你就是它的主人;如果你讨厌自己的工作,它就是你的主人。"

《易经》有言:"明相位,立德言。"就是说一个人首先要了解自己,知道自己的优势和劣势,才能明确方向找到位置。然而现实生活中仍是有许多的人,少年时不了解自己,年龄一大把了,也依然是糊里糊涂,始终找不准属于自己的职业、事业甚至伴侣。

从某种角度看,世界上存在6种人:先做后想、先想后做、边想边做、只想不做、只做不想、不想不做。如果说前3种人可能成功的话,后3种人则绝无成功的可能。

只想不做,只做不想,不想不做,其实就是自暴自弃。

风烛残年的柏拉图知道自己时日不多了,就想考验和点化一下他的那位平时看起来很不错的助手。

他把助手叫到床前说:"我需要一位最优秀的传承者,他不但要有相当的智慧,还必须有充分的自信和非凡的勇气……这样的人选直到现在我还未找到,你帮我去寻找和发掘那位最优秀的人好吗?"

"好的,好的。"助手很温顺很诚恳地说:"我一定竭尽全力去寻找,不辜负您对我的栽培和信任。"说完,他就离开了。

那位忠诚而勤奋的助手,不辞辛劳地通过各种渠道领来了一位又一位人选,但都被柏拉图一一婉言谢绝了。有一天,病入膏肓的柏拉图硬撑着坐起来,抚着那位助手的肩膀说:"真是辛苦你了,不过,你找来的那些人,其实还不如你……"

半年之后,柏拉图眼看就要撒手人寰了,最优秀的人选还是没有一点眉目。助手甚感惭愧,泪流满面地坐在病床边,非常伤心地说:"我真对不起您,令您失望了。"

"失望的是我,对不起的却是你自己。"柏拉图说到这里,闭上眼睛,停顿了许久,又哀怨地说:"其实,最优秀的人不是别人,而是你自己,只是你不敢相信自己,才把自己给忽略、给耽误、给丢失了……每个人都是最优秀的,差别就在于如何认识自己、如何发掘和重用自己……"话没说完,一代哲人就离开了这个世界。

那位助手非常后悔,甚至整个后半生都在自责中度过。

人不可自负,但却必须自信。人不可妄自尊大,但也不可妄自菲薄。自信是一面充满魅力的旗帜,自信是成功者必须依赖的精神潜能和昂扬斗志。

《弟子规》告诫我们:"唯德学,唯才艺,不如人,当自砺";"勿自暴,勿自弃,圣与贤,可驯致。"

当道德学问和才艺不如他人时,应该自我督促,努力改善。不可狂妄自大,更不可自为放弃。圣贤的境界虽高,但我们只要循序渐进,每天进步一点点,那就一定可以到达。

查理·贝尔年仅15岁时,由于家境不富裕,在澳大利亚的一家麦当劳打工。

他的第一份工作是打扫厕所。虽然又脏又累,但他却干得踏踏实实,常常是扫完厕所,接着就擦地板,地板干净了,又去帮着翻翻烘烤中的汉堡包。经过几年锻炼,贝尔全面掌握了麦当劳的生产、服务、管理等一系列工作流程。19岁就成为澳大利亚最年轻的餐厅经理,43岁时竟然成为麦当劳最年轻的掌门人。

贝尔的成功,正是因为他热爱自己的工作,因而成了工作的主人。

失败者,为粉饰自己失败的行为而寻找借口;成功者,为实现自己人生的理想而寻找方法。

美国一流的演讲家和培训师瑞芬伯,曾经是优秀的空军突击队员和指挥官。他在《没有任何借口:最高效的行动模式》一书中总结:"没有任何借口"首先是一种自我负责的表现,只有对自我负责的人,才能对工作、对家庭、对社会负责。瑞芬伯把没有任何借口的理论细化为责任、目标、正直、宽容、自尊等品质,他认为每一种品质都是迈向成功和幸福的一级阶梯,任何人修炼好这些品质,都一定能够成为一个具有高效行动力的人。

西点军校也就是美国陆军军官学校,200多年来为美国培养出了3位总统、5位五星上将、3700名将军以及无数的精英。不仅如此,在世界500强企业里,西点军校培养出董事长1000多名、副董事长2000多名、总经理和董事5000多名。可以说,任何商学院都没有培养出如此多的优秀的经营管理人才。西点军校的诀窍,就是坚持奉行这样一种行为准则:没有任何借口!

关于财富与人的话题,有人提出过这样的一个假说:在一个系统内,初始状态有富人也有穷人。如果让系统内的所有财富重新平均分配给系统内的每一个人,那么我们会看到,这样的平均很快就会被打破。比如:有人拿着分到的钱去下馆子,而有的人用分到的钱去开馆子,1个小时之后,财富就又不平均了。1年以后,5年以后,原来的富人还会是富人,原来的穷人还会是穷人。

同样是粮食,对一些人来说是食物,对另一些人来说则是种子。所以一个人最终是贫穷还是富裕,关键不是运气,也不是所谓的机遇,而是价值观念和生活方式的选择。

当然,对于选择成为富人的人,应该明白这样的选择并不意味着人生一定就会更加开心更加幸福,它同时意味着你将付出更多,承受更多,担当更多。

你可以敬佩别人,但绝不可忽略自己;你也可以相信别人,但绝不可以不相信自己。

志高远　勿杂乱

博而不专,三心二意,是人们的通病。《荀子·劝学》《礼记·劝学》以及东汉蔡邕《劝学篇》中都提到了一种小动物——"多才多艺"而又样样"稀松平常"的鼫鼠。

"鼫鼠五能不能成一技。五技者,能飞不能上屋,能缘不能穷木,能泅不能渡渎,能走不能绝人,能藏不能覆身是也。"就是说,鼫鼠这种动物,能飞却飞不过屋顶;能攀而攀不上树梢;能游而游不过小水沟;能跑而赶不上人走;能藏而不能遮盖住自己的身体。这就是"五能不能成一技"的鼫鼠的悲哀。

很多人把自己一事无成归咎于没有机会。其实,机会永远都是存在的。并且,机会太多就是没有机会,主张太多就是没有主张,朋友太多就是没有朋友,钱太多就跟没有钱一样。

列子说:"天下无全功,圣人无全能,万物无全用。"现实生活中,很多人总是朝三暮四到处出击,结果心有余而力不足,处处碰壁一事无成后,还怨天尤人,感叹自己"怀才不遇,报国无门"。

赵玉平博士有一句话也很精彩:有1件事情你能做得好,那叫合格;有10件事情你能做得好,那叫优秀;有50件事情你能做得好,那叫卓越;有100件事情你都想努力做好,那就叫找死!

世界上有座"人人都是语言学家的城市"。然而,就是这座每位市民至少都会3种语言的城市,却从来没有出现过一个大文豪。

这个以语言见长的国家就是卢森堡。它处于欧洲的"十字路口",夹在德、法、比3个国家当中,人口仅40万,其中外籍人口占26%。首都卢森堡市,有8万人,是欧洲的金融中心和钢铁基地之一,外国人占的比例更高。由于对国外经济的依赖性,在卢森堡,每人精通3种语言是未出娘胎就注定的。

当婴儿牙牙学语时,母亲首先教其说本国的卢森堡方言,这是国人日常交谈的口语;进入幼儿园后开始学习德语和法语,因为二者是官方语言,而德语更是教学宣教的语言,不懂德语就不能跟着神父念圣经唱圣诗;小学同时用德、法两种语言授课;中学修第3门外语,如英语、拉丁语等,因为国内没有大学,要深造必须出国留学。

在卢森堡,约定俗成的是,报纸用德文出版,杂志用德、法文出版,学术杂志只有法文。广播用德、法语,电视用法语。招牌、菜名、各种票证、车票、单据也是法文。议会辩论语言只许用法、卢两种语言。法庭审讯犯人使用卢语,宣判用法语,判决书用德文打印……走进一户人家,你会看到父亲在读德文报,儿子在念法文书,女儿在唱英文歌,母亲在用卢语唠叨。

对于外国人高度赞美的语言水平,卢森堡人却不以为然,他们埋怨为了谋职和生存,将多半精力都消耗在语言的学习运用上,满脑子的单词、音符。虽然他们懂得的语言多,但能够真正精通的却太少。

透视卢森堡,该国之所以难以诞生一个文学巨匠,并非是其文化底蕴的匮乏,而是各种泛滥的语言,阻碍了卢森堡人走进文学殿堂的纵深处。

专注,是做人做事的大原则,博而不专,杂而不精,必会制约人生发展的高度。

九、有志的人力行高飞

专注的人总能让机会碰见准备。国家、企业必须具有战略规划,个人也当有自己的职业生涯规划。人生规划的实质是取舍,一个人如果热衷于与职业目标无关的文凭、证书,那只是兴趣或者虚荣,不是正确的选择。

《易经》中说"至诚可以通天地,察鬼神",道家说"九九归一",佛家说"万法归一",儒家说"制心一处,无事不办"以及"精诚所至,金石为开",讲的都是一个念力集中的问题。

1965年,一位韩国学生到剑桥大学主修心理学。在喝下午茶的时候,他常到学校的咖啡厅或茶座听一些成功人士聊天。这些成功人士包括诺贝尔奖获得者、某一领域的学术权威和一些创造了经济神话的人,这些人幽默风趣,举重若轻,把自己的成功都看得非常自然和顺理成章。

时间长了他发现,在国内时,他被一些成功人士欺骗了。那些人为了让正在创业的人知难而退,普遍把自己的创业艰辛夸大了,也就是说,他们在用自己的成功经历吓唬那些还没有取得成功的人。

作为心理学系的学生,他认为很有必要对韩国成功人士的心态加以研究。1970年,他把《成功并不是你想象的那么难》作为毕业论文,提交给现代经济心理学的创始人威尔·布雷登教授。布雷登教授读后,大为惊喜,他认为这是一个新发现,这种现象虽然在东方甚至在世界各地普遍存在,但此前还没有一个人大胆地提出来并加以研究。

惊喜之余,他写信给他的剑桥校友——当时正坐在韩国政坛第一把交椅上的朴正熙。他在信中说,我不敢说这部著作对你有多大的帮助,但我敢肯定它比你的任何一个政令都能产生震动。

后来这本书果然伴随着韩国的经济起飞了。它鼓舞了许多人，因为它从一个新的角度告诉人们，成功与拼命并没有必然的联系。只要你对某一事业感兴趣，长久地坚持下去就会成功，因为上帝赋予你的时间和智慧，足够你圆满做完一件事情。后来，这位青年也获得了成功，他成了韩国泛亚汽车公司的总裁。

作家周国平认为，确定一个职业是否适合自己有三个条件：第一，有强烈的兴趣；第二，有明晰的意义感，确信自己的生命价值能够借此得到实现；第三，能够靠它养活自己。

善退却　更向前

《庄子·逍遥游》这样为我们讲述了一个神话："北溟有鱼，其名为鲲。鲲之大，不知其几千里也；化而为鸟，其名为鹏，鹏之背，不知其几千里也；怒而飞，其翼若垂天之云。"深海之中的大鱼，突然一变而为高天飞翔的大鹏鸟，包含了事物的两个方面——沉潜与高飞。也就是说，没有沉潜，就没有高飞。

沉潜的日子相当于长长的助跑线，能够让我们飞得更高更远。

再有，大鹏鸟要飞到九万里高空，必须要等到大风来了才行，如果风力不够大，它的两个翅膀就无法张开，也就飞不起来。《红楼梦》中薛宝钗在一阙柳絮词中也写道："好风凭借力，送我上青云。"

孟子有言："大丈夫穷则独善其身，达则兼济天下。"这句话其实也是沉潜以待高飞的深刻解读，千年前的古人已经将"厚积"与"薄发"的辩证道理诠释得淋漓尽致。

学道修行要懂得忍耐，获取成功也需要忍耐。孔子的克己复礼是忍耐，韩信甘受胯下之辱是忍耐，司马迁遭受宫刑著《史记》是忍耐。人身一世，事业失败需要忍耐，感情受挫需要忍耐，人生磨难需要忍耐，经济合作需要忍耐，人际关系需要忍耐，家庭生活需要忍耐。忍耐是一种意志，忍耐是一种修炼，忍耐是一种沉潜，忍耐是一种德性的自我完善。

一群和尚在寺院的石壁上画了一幅龙争虎斗图，龙腾虎跃，好不威风。单看那龙和虎，近似完美，但整幅图组合起来却不生动，形似神散，和尚们为此异常苦恼。

老方丈道破天机："飞龙在天，下击之前，身躯必然向后缩；猛虎踞地，上扑之时，虎头定要尽量压低。龙身越弯，向前飞腾得越快；虎伏越低,往上跳跃得更高。"于是,和尚们按此修改,整幅画面立即生动起来。

做人做事,参禅悟道,都是一样。经过后退几步的准备,才能跳得更高;经历谦卑的反省,才能奔得更远。

著名影星李连杰说自己很喜欢的一首诗是:"手把青秧插满田,低头便见水中天;六根清净方为道,退步原来是向前。"一般人总以为人生高调向前,才是进步风光的,而这首诗却告诉我们低处、忍让。也就是说,懂得换一种方式前进,往往能够迈向更高的峰顶。

现在很多城里的孩子都认为农民插秧就像走路一样,是向前一点一点插的。其实农夫劳作,都是弓着身子,一步一步向后倒退着插秧苗的。看起来农夫的脚步是向后不断退让,实际上却是一步步前进,直到把秧苗插满整个农田。我们再看看成熟的稻子,它们的头,也总是俯向地面。

李连杰的一段闯荡好莱坞的经历可以给我们很大的启迪。

初到美国,李连杰一切从零开始。在好莱坞,票房号召力就是压倒一切的硬道理,而在亚洲电影圈叱咤风云的李连杰在这里只是个无名小子,没有人承认甚至很少有人知道他的成绩和才华。在中国内地和香港,从来都是导演高酬邀请,在美国,李连杰得一次次去试镜,巨大的落差让他体会到异乡生存的艰难,更深悟机会的可贵。凭着对电影事业的执著,他一直坚持着。

终于,有导演找上门来了。"100万美元,干不干?"很狂妄的口气,李连杰答应了,虽然对方态度不怎样。"70万!"对方却又压低了价格,李连杰愤怒了,没遇到过这样的待遇! 但转念一想,这是机会,去吧。"50万!"这次,对方分明是在刁难人了。"好,没问题!"李连杰答应了导演,毫不犹豫。李连杰要的是机会,让人看到自己才能的机会,这个机会是他一直等待的,这个机会是多少钱都买不来的!

那部电影是美国大片《致命武器4》,李连杰演的是出场只有10分钟的反派配角。电影上映后,观众满意度调查出来了,主演梅尔吉勃逊8.5分,李连杰7.5分。接着,又有导演来找他出演另一部电影的男一号,李连杰从此敲开了好莱坞的大门。

合理的要求是锻炼,不合理的要求是磨炼。

少年作家韩寒有一句名言:怀才就像怀孕,时间久了才能让人看出来。

日本有一位禅师曾经譬喻说:"宇宙有多大多高?宇宙只不过5尺高而已!而我们这具昂昂6尺之躯,想生存于宇宙之间,那么只有低下头来!"

瑞典摔跤运动员阿布拉哈米安在奥运赛场怒摔铜牌:"我不在乎这块奖牌,我要的是金牌!"国际奥委会理所当然宣布剥夺其奖牌。一个代表国家形象的运动员,文化素养和精神境界如此之低,让人为之瞠目。

苏轼有一篇散文叫《留侯论》,其中写道:"古之所谓豪杰之士者,必有过人之节。人情有所不能忍者,匹夫见辱,拔剑而起,挺身而斗,此不足为勇也。天下有大勇者,猝然临之而不惊,无故加之而不怒。此其所挟持者甚大,而其志甚远也。"意思是:古时候被人称做豪杰的志士,一定具有胜人的节操,有一般人的常情所无法忍受的度量。有勇无谋的人遭遇挑衅,一定会拔起剑,挺身上前搏斗,这不足以被称为勇士。天下真正具有豪杰气概的人,遇到突发的情形毫不惊慌,当无故受到别人侮辱时,也不愤怒。这是因为他们胸怀极大的抱负,志向非常高远。

林肯总统的谦逊随和在美国有口皆碑。平时他在白宫办公室的门总是开着,任何人想进来谈谈都欢迎,不管多忙也要接见来访者。

他位居总统之尊,却常常喜欢一个人独自走出办公室,到民众中去,因为他不愿意与民众拉开距离,不愿意成为白宫办公室的囚徒,希望自己保持着不寻常的灵活性。不过,这使得保卫工作很不好做,而他也常常告诫那些履行职责的保卫人员:"让民众知道我不怕到他们当中去,这一点是很重要的。"他不仅这样说,还躲避他的卫兵或者命令他们回到陆军部去。当他无法从白宫脱身时,就让政府官员、商人、普通市民们沿着行政官邸的围墙排着队去见他。他曾把这种接见称为"民意浴"。

虽然民众的意见并不见得会让人处处感到愉快,但总的来说,"民意浴"的效果是令人鼓舞的。林肯缩短了他与下属和人民的距离,加深了彼此之间的感情,激发了人民参与国事的主动性和积极性,利民又利国。

谦下低处,正是自由高飞的前提。所以,列宁有一句名言:"鹰有时飞得比鸡要低,但是鸡却永远飞不到鹰那么高!"

志不移　梦成真

有什么样的信念,就会选择什么样的态度;有什么样的态度,就会产生什么样的行为;有什么样的行为,就会得到什么样的结果。一句话,有什么样的信念,就会有什么样的人生。

当宋国司马桓魋砍倒大树,而且要杀掉孔子时,孔子反倒鼓励弟子:

"上天把德赋予了我,那桓魋能把我怎么样!"正是这样的信念,成就了一个伟大的孔子。

1968年,墨西哥奥运会的百米赛道上,美国选手吉·海因斯率先撞线后,转身看着运动场上的计时牌。当指示灯显示出9秒9的字样后,他摊开双手嘀咕了一句。这一瞬间通过电视转播,被几亿人看到了。然而,由于当时海因斯身边没有话筒,对于他究竟说了什么,人们无从知道。

1984年,洛杉矶奥运会前夕,一位名叫戴维·帕尔的记者在回放奥运会录像资料片时,看到海因斯当年破纪录的精彩镜头并注意到了这一绝好的新闻点。于是帕尔去采访海因斯。当帕尔问起16年前的事情时,海因斯竟然一头雾水,直到帕尔播放录像后,海因斯才笑着说:"我说,上帝啊,那扇门原来是虚掩的!"

海因斯告诉帕尔:自欧文斯创造了10秒3的百米成绩后,医学界曾断言,人类的肌肉纤维所承载的运动极限不会超过每秒10米。30年来,这一说法在田径运动界非常流行,我也信以为真。但我想,我该跑出10秒1的成绩。于是,每天我以最快的速度跑5公里。墨西哥奥运会上,当我看到自己跑出9秒9的新成绩后,我简直惊呆了:原来10秒这个成功之门不是紧锁着的,而是虚掩着的,就像终点那根横着的绳子一样!

萨提亚有个冰山理论,它说的是一个人的"自我"就像一座冰山一样,人们能看到的只是表面的一部分——行为,而更大一部分的内在世界却藏在更深的层次,不为人所见,恰如冰山,只有8分之1露出水面,另外的8分之7则藏在水下。人的意识是这样,人的能量同样如此。

20世纪30年代,英国一个小镇里,有一个名叫玛格丽特的小姑娘。

"孩子,永远都要坐前排。即使是坐公共汽车,你也要永远坐在前排!"父亲从来不允许她说"我不能"或者"太难了"之类的话。正是因为从小就受到父亲的"残酷"教育,才培养了玛格丽特积极向上的决心和信念。

玛格丽特在学校永远是最勤恳的学生。她以出类拔萃的成绩顺利地升入当时像她那样出身的学生绝少奢望进入的文法中学。

刚满17岁,玛格丽特就开始明确了自己的人生追求——从政。然而,那个时候,进入英国政坛,要有一定的党派背景。她本人虽然出身于保守党派氛围的家庭,但要从政还必须有正式的保守党关系,而当时的牛津大学,就是保守党员最大俱乐部的所在地。认真思考后,她拿定了主意。

有一天,她终于勇敢地走进女校长吉利斯的办公室说:"校长,我想现在就去报考牛津大学的萨默维尔学院。"

女校长难以置信,说:"什么?你是不是欠缺考虑?你现在连一节课的拉丁语都没学过,怎么去考牛津?"

"拉丁语我可以学习掌握!"

"你才17岁,而且你还差一年才能毕业,你必须毕业后再考虑这件事。"

"我可以申请跳级!"

但是校长还是连连摇头。

而玛格丽特的信念一点点都没有动摇。在父亲的支持下,她开始了艰苦的学习备考工作。在提前几个月得到高年级学校的合格证书后,她参加了大学考试,如愿以偿地收到了牛津大学萨默维尔学院的入学通知书。

上大学时,5年的拉丁文课程,她凭着自己顽强的毅力和拼搏精神,硬是在1年内全部学完了,并取得了相当优异的考试成绩。

玛格丽特不仅仅在学业上出类拔萃,她在体育、音乐、演讲及学校活动方面也显示出过人的才艺。所以,她所在学校的校长这样评价:"她无疑是我们建校以来最优秀的学生,她总是雄心勃勃,每件事情都做得很出色。"

40多年以后,这个当年对人生理想孜孜以求的姑娘终于得偿所愿,成为了英国乃至整个欧洲政坛上的一颗耀眼的明星,她就是曾经连续4年当选保守党党魁并于1979年成为英国第一位女首相的玛格丽特·撒切尔夫人,雄踞政坛长达11年之久。

格局决定布局,布局决定结局。正是"永远坐在前排"的胆气、勇气、浩气,成就了"铁娘子"玛格丽特·撒切尔夫人。

天生我才必有用。每一个人降生到这个世界,一定有一个对于他来说最合宜的位置,但如何找到这个位置,却是一道重要的考题。环境的限制,命运的捉弄,都可能阻碍他走向这个位置,但更多的原因,则是不自知、不知人以及受到多重欲望的蒙蔽。

如果说成功并不是想象的那么困难的话,那也只能属于那些真正能够找准位置和目标的人!

一位事业有成的男士回忆他的经历时,讲了一个自己的故事——

小学六年级的时候,他考试得了全班第1名,出于奖励,老师送他一本世界地图，他感到非常兴奋，跑回家就开始认真翻看。

很不幸，那天轮到他为家人烧洗澡水。于是，他就一边烧水，一边在灶边看地图。看到埃及地图，他着迷了，他知道埃及是一个神秘的国度，有金字塔，有尼罗河，有法老……他心想长大以后一定要去埃及体味那里的神奇和美妙。

正当他看得入神的时候，突然有一个胖胖的人从浴室冲出来，围一条浴巾，怒气冲冲地用很大的声音跟他说："你在干什么？"他猛地抬头一看，原来是爸爸，于是理直气壮地说："我在看地图！"爸爸很生气，说："火都熄了，看什么地图！"他继续有恃无恐地大声回答："我在看埃及的地图。"

没想到，爸爸跑过来，"啪、啪"给了他两个耳光，然后愤怒地说："赶快生火！看什么埃及地图。"随即又踢了他屁股一脚，并用很严肃的口气跟他讲："我向你保证！你这辈子都不可能到那么遥远的地方去！赶快生火吧！整天想入非非，你以为想怎么样就能怎么样呀！"

他当时看着爸爸，呆住了，心想："他怎么给我这么奇怪的保证？我这一生真的不可能去埃及吗？"

爸爸的"保证"一直萦绕在他的耳边，伴随着他成长。但是，他却从来没有放弃要去埃及的梦想。20 年后，他第一次出国就决定去埃及，朋友问他"为什么"，他回答说："因为我的生命不要被保证。"

坐在金字塔前面的台阶上，他寄了张明信片给爸爸。他这样写道："亲爱的爸爸，我现在在埃及的金字塔前面给您写信。记得小时候，您打我两个耳光，还踢我一脚，保证我不能到这么远的地方来，现在我就坐在这里——埃及金字塔前给您写信。"他在写这封信的时候，自然是感触万千。

爸爸收到明信片时跟妈妈说："哦！这是哪一次打的？怎么那么有效？一脚就把儿子踢到埃及去了！"

天有三宝日月星，地有三宝水火风，人有三宝精气神！

我们每个人都守着一扇自由开启的"改变之门"，除了自己，没有人能为我们找到，向哪个方向改变，取决于我们自己。

人生的道路要靠自己去设计，去行动，谁也不能够给我们以生命的保证。

奋进的过程其实都是一样的，挫折与失败在所难免，跌倒了，爬起来，再跌倒，再爬起来，只不过人们跌倒和爬起来的次数不同而已。最后一次爬起来的人，人们就把他们叫做"成功者"；最后一次爬不起来或者不愿爬起来、不敢爬起来的人，人们就把他们定义成"失败者"。

在新泽西州市郊的一座小镇上，一个由26个孩子组成的班级被安排在教学楼最里面一间光线昏暗的教室里。他们中所有的人都曾有过不光彩的历史：有人吸过毒，有人进过管教所，有一个女孩甚至在一年之内堕过3次胎。家长拿他们没办法，老师和学校也几乎放弃了他们。

就在这个时候，一个叫菲拉的女性担任了这个班的辅导老师。新学年开始的第一天，菲拉没有像以前的老师那样，首先对这些孩子进行一顿训斥，给他们一个下马威，而是为大家出了一道题：

有3个候选人，他们分别是——

A：笃信巫医，有两个情妇，有多年的吸烟史，而且嗜酒如命。

B：曾经两次被赶出办公室，每天要到中午才起床，每晚都要喝大约1公升的白兰地，而且曾经有过吸食鸦片的记录。

C：曾是国家的战斗英雄，一直保持素食习惯，热爱艺术，偶尔喝点酒，年轻时从未做过违法的事。

菲拉给孩子们的问题是：

如果我告诉你们，在这3个人中，有人会成为众人敬仰的伟人，你们认为会是谁？猜想一下，这3个人将来各自会有什么样的命运？

对于第一个问题，毋庸置疑，孩子们都选择了C，大家认为他一定是一个品德高尚的人，注定会成为精英。对于第二个问题，大家的推论也几乎一致：A和B将来的命运肯定不妙，要么成为罪犯，要么就是需要社会照顾的废物。

然而，菲拉的答案却让人大吃一惊。"孩子们，你们的结论也许符合一般的判断，但事实是你们都错了。这3个人大家都很熟悉，他们分别是二战时期的3个著名人物——A是富兰克林·罗斯福，他身残志坚，连任4届美国总统；B是温斯顿·丘吉尔，英国历史上最著名的首相；C的名字大家也很熟悉，他叫阿道夫·希特勒，一个夺去了几千万无辜生命的法西斯元首。"

孩子们都呆呆地瞅着菲拉，他们简直不敢相信自己的耳朵。"孩子们，"菲拉接着说，"你们的人生才刚刚开始，以往的过错和耻辱只能代表过去，真正能代表一个人一生的，是他现在和将来的所作所为。每个人都不是完人，连伟人也有过错。从过去的阴影里走出来吧，从现在开始，努力做自己最想做的事情，你们都将成为了不起的优秀人才！"

菲拉的这番话,改变了26个孩子一生的命运。如今这些孩子都已长大成人,他们中有的做了心理医生,有的做了法官,有的做了飞机驾驶员。值得一提的是,当年班里那个个子最矮也最爱捣乱的学生罗伯特·哈里森,后来成了华尔街最年轻的基金经理人。

"原来我们都觉得自己已经无可救药,因为所有的人都这么认为。是菲拉老师第一次让我们觉醒:过去并不重要,我们还有可以把握的现在和将来。"孩子们长大后这样说。

向着合于大道、合于人类事业的方向前进,上天就眷顾你;倘若逆天道、逆人道而行,终究逃不过失败的命运!

宋代的胡宏有言:"立志以定其本,居正以持其志。"就是说,人须立志,否则失本,但当以人间正道来校正。

伟大的人物总是道、德、仁、艺集于一身。孔子告诫我们立志于道,据守于德,依存于仁,致力于艺,前三点是做人、成人,最后一点是做事、成才。

自然大道没有什么偏亲,它会永远帮助那些遵循大道的仁人志士。所以老子告诫我们:"天道无亲,常与善人!"

九、有志的人力行高飞

十、体道的人宝重经典

在整体荒芜的时代,个人的生存是盲目的。两千多年前的荀子就主张"解蔽",而现代文明之蔽更多,已经解不过来;数量与日俱增的各类心灵垃圾,更如雪上加霜落井下石。

人的精神中本来就包含着反思,而现代文明所缺少的,正是深刻的反思。

反思人类的现状、人类的未来;反思科学的真实意义;反思生存与发展的关系;反思人与人之间、人与社会之间、人与自然之间的关系;反思人类的终极目标、终极价值、终极意义……现代文明需要反思的东西太多了!

当一个人失去了灵魂,他已经不是真正意义上的人了;当一个民族失去了灵魂,也必将走向衰亡。

如果我们希望"解蔽",并且希望达到"一览众山小"的人生境界,那就只能将目光从众多的诱惑物上收回,重新聚焦于人类文化的经典。

流俗众　仁者希

自人类诞生以来,从来没有像现在这个时代那样如此快地关心一件事情,又如此快地不关心一件事情。

如今,全世界每年出版近70万种期刊,60余万种新书,电台电视台900多万家,微波通讯塔几十万个,雷达站几万个,移动电话和终端电脑随时都在增加,微博、微信方兴未艾,各类传播工具时刻向我们传播着全球任何一个角落发生的大事件以及层出不穷的新观点。这些信息中,有新闻、调查、数据、分析、广告,更有预言、传言、流言与谣言。所以有人这样说:如今的世界所有资源都匮乏,唯独人口和信息过剩。

在信息过剩的海洋里,我们的有效信息吸收率其实很低。很多时候,我们厌恶信息,却又离不开信息;我们想摆脱信息社会,却被缠绑得越来越紧。我们其实无处可逃。

《弟子规》告诫我们:"同是人,类不齐。流俗众,仁者希。"

同样都是人,类别却不一样。一般来说,跟着潮流走的俗人占了大部分,而真有仁德的人却十分稀少。

在写作泛滥的今天,各种主张、见解、"声音"充斥报刊网络。比如这年头的文学创作,已经再没有什么"神圣"的感觉,在好多人眼中,甚至跟缝纫、糊纸、砌砖等等手艺活儿也没什么区别。许多的作者,别提什么

"两句三年得,一吟双泪流"了,"高手"们一个月就能写出一部长篇,撒泡尿的工夫就能"搞定"一部中篇的构思。有人这样表达了心中的愤怒:"什么叫创作?创作就如同女人脱衣裳,一件一件脱给你看!"

米兰·昆德拉在《笑忘录》中说:"著书癖在人群中泛滥,其中有政治家、出租车司机、女售货员、女招待、家庭主妇、凶手、罪犯、妓女、警长、医生和病人。这向我们表明,每一个人都是一个潜在的作家,没有谁例外,所有的人都有权利冲到大街上高声大喊:'我们是作家'!"

近年来流行的一个段子也是一针见血:"这年头,教授摇唇鼓舌四处赚钱,越来越像商人;商人现身讲坛,著书立说,越来越像教授。流言有根有据,基本属实,越来越像新闻;新闻捕风捉影,随意夸大,越来越像流言。"

广州一个文化记者揭露说:"加入作协和加入一个 QQ 群差不多,有人在潜水,有人成为管理员,有人还可以在上面泡妞、做生意。"

倘若创作者们最看重的就是自身的存在,就是"市场"、"卖点"和钞票,那么,责任、道义、使命在他们眼中算得了什么?

制造垃圾的岂仅在文学艺术领域,中国的大学在学术排名方面令人汗颜,但我们的硕士、博士的"学术论文",在数不清的刊物杂志中,要想露露脸还得挤破了头!

我们也并非心怀"真诚"就可以无愧地"创新"与"创作",倘若是粗鄙的真诚,那么制造出来的,同样是垃圾!

圣保罗早就这样警告过我们:"不要滥用新奇的名词,制造似是而非的新学问。"培根也指出:"某些人专喜欢那些新鲜的名词术语,不是让意义支配辞藻,而是让辞藻支配意义。"柏拉图也认为,一切知识不过都是旧知的回忆。所罗门恰好也有相似的见解,他认为:"阳光之下本无新奇的事物";"所有被认为新奇之事物,都只是由于已被人们遗忘了而已"。

人类跨入 21 世纪以后,关于人才学、人才观和人力资源理论方面的研究成果越来越丰富,而同时我们在人的问题上、人才的问题上的困惑,反而越来越多。因为我们的探索,只是停留在技术的层面,不少重术而轻道的所谓创新,往往是简单变复杂,好心成坏事。

现代社会的垃圾是多样而丰富的,但以文字垃圾的危害为甚,因为它对人的心灵的腐蚀和毒害更加巨大,影响更加深远。

说到底,文字垃圾的诞生都是因为人的关系,而现代人脑袋里的垃圾空前的繁多,或许,这跟我们大吃垃圾食品有着特别的关系。

人类文明由文字而继承,也可能由文字而毁灭。

少快餐　深阅读

不知不觉中,我们已经进入一个泛阅读的时代,甚至阅读的对象也不仅仅是文字,更涵盖了影像、画面、事件等等一切传统阅读没有包含的东西,年轻的人们喜欢在资讯汪洋中嬉戏冲浪,更喜欢浅尝辄止什么都知道一点……慢慢的,我们已经难以静静地品读,文化人变成了知识分子,知识分子变成了"知道分子","知道分子"又依赖于各类新媒体,以至于心灵和精神世界空空如也。

便捷的生活方式,使得今天的年轻人越来越习惯于"在线阅读",也就是从网上"获取信息",于是,浅阅读成为一种时尚。

英国近年来有一项调研,内容是游客(读者)访问两个严肃的学术网站时的各种阅读习惯,结果发现了一个更为普遍的问题,即"用户并非像传统意义上的'在线阅读'。所有的迹象表明,一种新的'阅读'形式已然兴起———用户用鼠标器进行纵向的'强力泛览',对标题、目录和摘要一扫而过,以求快速地收获信息。这看起来简直就像'上网阅读'是为了避免'传统阅读'一样。"

美国的詹姆斯·鲍曼先生这样描述自己读书的感受:"对我来说,阅读一部书籍或长文并沉浸其中,曾经是易如反掌的事情。我的思想会被叙事的铺陈比兴和论述的婉转曲折而紧紧攫住,徜徉于文本的绵延中不觉就是几个小时。而我现在却不行了,才翻了两三页,我的注意力就开始分散,整个人变得躁动不安,跟不上思路,于是开始想找些别的事情来做。"对于鲍曼先生来说,曾经是自然而然的深度阅读,现在却成为一种"挣扎"。

"在线阅读"正在剥夺我们线下深度阅读文本的能力,所以卡尔先生警告说:"当我们依赖电脑来帮助我们理解世界的时候,我们自己的智能恰恰沦为人工智能了。"

在《最愚蠢的一代———信息时代如何使美国年轻人变得愚蠢又怎样威胁着我们的未来》一书中,马克·鲍尔莱因(MarkBauerlein)深刻指出:"时下的教育模式普遍是信息的索取而非知识的建立,学生将材料直接就从互联网上下载到作业本里,根本不经过自己的头脑分析而获取。"

马克·鲍尔莱因为之痛心疾首,因为这样下去,我们与传统的联系将会被割断,从而必会危及未来。

鲍尔莱因呼吁:年轻人要有更多的时间远离电脑,以掌握"深度阅读"的能力。他感叹:现在太多的教育者像信奉公理一样主张"学习可以很有趣"且凡学习必讲乐趣。这些教育者坚决拒斥一切给人类带来痛苦和沉重的事物,即便这些事物最能给人类带来真知灼见。年轻人所需要的导师,是那些不随潮流而摇摆的人和坚持与之抗衡的人,他们的身上需要体现出比社交生活的喧嚣更为睿智也更为高雅的东西。

忧心忡忡的人们进行了一次旨在了解学生阅读状况的调查,得出了大学生也普遍存在阅读误区的结论。值得庆幸的是,中外均有教育家开始在大学校园倡导科学教育与人文教育的有机结合。这些教育家认为,对那些有着丰富养料的文化经典进行深度阅读,理解作者的内心,与他们促膝长谈,达成灵魂的沟通,"安静得像一只蚕,充满兴致地一片片吃桑叶,然后静静地吐丝"——唯有如此,人类的智慧才可传承,文化的脉络才可延续,精神的世界才可有所归依,从而让生命扎根于沃土之中。

一些看重人文素养的企业在招聘员工时,总要问一个问题:"你喜欢读什么书?近些年读过什么书?"结果,很多年轻人回答时含含糊糊支支吾吾,因为这些年来其实就在报刊或网络上看了些零零碎碎的文章,而且都是自己感兴趣的一看就懂的东西,基本没有硬着头皮啃书的深度阅读体验,所以脑袋里还是空空如也,很难形成系统的思想和思考。

只看自己容易懂的合乎自己观点的书,实际上等于没有看书!

《弟子规》告诫我们:"心有疑,随札记,就人问,求确义。"

就是说,学习的时候,有疑问的地方如果经过反复思考还不能了解的话,就要用笔把问题记下来,向有关的师长请教,一定要得到正确的答案才可放过。

《弟子规》教导我们的读书法,其实就是深阅读。

苏东坡的"八面受敌"读书法,讲的也是深阅读。

"八面受敌"法,即"每次作一意求之","勿生余念",意思是说读书分数次来读,每次确定一个视角,有意识地掌握某一方面内容,不要涉及别的问题。这样一次又一次地读,书中各方面的内容都精通了,应对起来,便能够融会贯通,"八面受敌"而皆可应对。"受敌"指经得住考验,抵挡得住各种疑难的袭击。

比如苏东坡读《汉书》时,就列出治道、人物、地理、官制、兵法、财贷等若干方面,每读一遍研究一个方面的问题,一遍遍读下来,对这几个方面就都有了比较深刻的理解。这显然比那种盲目读书、随意涉猎的方法要好得多。

在深圳的读书论坛上,梁文道先生对阅读有一段精彩的描述:"我们阅读,想读出其中的意义,掌握未知的世界,但是你发现书却在抗拒你的欲望,整个阅读过程就像是读者和书籍在角力,这个时候,你会发现阅读无非是让我们发现了自己的顽强意志跟作品本身的不可征服……读完一本很困难的书,你不能说我都读懂了,但是你的深度被拓展了。最精心的阅读就是你和这个作品的对话,在对话的过程中,你不能征服它,它也不能征服你,你会和这个作品一直达到一个高度、深度,然后慢慢被改变。"他的这番话可以说是对深阅读准确而精当的诠释。

深阅读才是真正的阅读,浅阅读其实只是浏览或涉猎,所以说,传统的阅读正在渐渐消失。

学习的方式方法不拘一格,有人靠写作学习,有人靠倾听学习,有人靠游历学习,有人靠实践学习……但是,深阅读的学习,是任何一种学习都替代不了的学习。

曾经有一位小沙弥问禅师说:"我们寺内,千百年以来出了数不尽的得道高僧,佛堂内化育过无数众生,可是,我们佛桌上那只木鱼听过那么多经书,受过如此多佛号,为什么至今仍是只木鱼而不能成佛呢?"

禅师微微一笑问他:"你来这里多久了?"

小沙弥说:"已经两年了。"

禅师问:"那你懂不懂得念经?"

小沙弥说:"懂。"

禅师问:"懂不懂得礼佛?"

小沙弥说:"懂。"

禅师问:"懂不懂得修持?"

小沙弥说:"懂。"

禅师笑了起来,说道:"你看你自己说了那么多'懂、懂、懂',那你成佛了没有?"小沙弥脸红地说:"还没有。"禅师语重心长地说:"这就对了,那只木鱼说了无数声的'咚、咚、咚',却永远只是木鱼,因为佛法不是说出来的,而是悟出来的。"

同样,不懂深阅读,缺乏思考力,就像佛桌上那只木鱼一样,听得再多,看得再多,也不可能真正得道。

浅阅读及其衍生的"读图时代"、"动漫时代",都是文化工业化的一种必然。文化工业化的结果,就是真正的文化很可能被湮没,最后只是留下一堆文化泡沫和文化弃儿。

当然,浅阅读和深阅读并非势不两立,"深浅"其实可以互为补充相得益彰。浅阅读有时候更具有细节的力量,可以激发兴趣,可以从中发现什么才值得深阅读,而深阅读培养的思考习惯,则会使浅阅读的选择更为精细和准确。

无论时代怎样变迁,教育总是应该让某些东西在学生的大脑里根深蒂固。这是中外智者们的共识!

非圣书　屏勿视

孟子赞叹孔子"登东山而小鲁,登泰山而小天下",并且感慨:"故观于海者难为水,游于圣人之门者难为言。"的确,看过大海的人就不会被别的水吸引,领悟了经典智慧的人就不会被别的所谓新奇言论所吸引。

所以《弟子规》告诫我们:"非圣书,屏勿视。蔽聪明,坏心志。"

所有的学问,归根到底都是解决宇宙和生命的问题。读书的目的在于明理,而最大的理就是合于自然。如果不是有利于智慧增长的书籍,我们当予以屏除,不要读它,因为那些不正当的实例和所谓见解,会蒙蔽、败坏我们纯正的心智。

"圣书",就是经典。为什么要读经典？因为经典带给我们千锤百炼的智慧,让我们站在人类思想的高峰。

曾有人比较说,在地铁上,日本人读报纸,俄罗斯人读经典文学作品,法国人读浪漫小说,德国人最酷,竟然抱着厚厚的哲学书在啃,而中国人呢,或者看看市民报,或者表情木然,更多的人则是一直翻弄着自己的手机,表现出"拇指一族"的那些奇怪的特性……话虽夸张了一点,但多少反映了现代社会各个民族的精神厚度。

两千多年前,孔子有一个鲜明的表态:"述而不作。"并且批判说:"有这样一种人,虽然无知或者一知半解却敢于创作,我不会这样做。"今天的许多人因此而嘲笑孔子思想上的保守和不思进取。

的确,如果人类的智者都不创作,完完全全地陈陈相因,人类的文化怎么可能丰富和发展呢？事实上,哪怕在《老子》《论语》等等之后,许多伟大的著作也成为人类社会共同的精神财富。但是,孔子的概念不容偷换,我深信,那些能让这个世界变得和谐变得美好的著作,学而不厌的孔子一定会满怀欣喜。孔子只是提醒人们:创作切忌不负责任,创作者必须对自己负责,对他人负责,对社会负责,对历史负责。有一点我们不能不承认:重在阐述、讲授而不自以为是地创作的孔子,其智慧影响了中国甚至人类社会几千年,直到今天。

郭沫若先生前期写了不少的好诗,人们耳熟能详,但他晚年所写的不少诗歌,却没了早期的大气飞扬,后人对他这个阶段的评价是"郭老不服老,诗多好的少"。而今天的文学,则更是普遍地失去了本质,失去了品位,失去了气韵,失去了精神。

马可·奥勒留在他的《沉思录》中说:"我们应当在我们的思想中抑制一切无目的和无价值的想法,以及大量好奇和恶意的情感。"曾经公务繁忙的美国前总统克林顿说:"就理解和领会能力而言,头脑中塞满东西和头脑中空空如也同样糟糕。"索尔仁尼在1978年指出:"除了知情权以外,人也应该拥有不知情权,后者的价值要大得多。它意味着我们高尚的灵魂不必被那些废话和空谈充斥。过度的信息对于一个过着充实生活的人来说,是一种不必要的负担。"

费尔巴哈认为:"人就是他所吃的东西。"也就是说,我们所"吃"的书籍,决定了我们生命的内涵。

所以,如果你是一个喜欢阅读的人,你是一个希望学习真知领悟智慧的人,实在没有必要有书便读,有文即看。

当然,值得人们专注而"深阅读"的,只能是经典。

在北京平谷区,有一个金海湖派出所,所长叫耿国艳。耿所长在20多年的职业生涯中,不仅本职工作干得很好,还主动承担起辖区内10多所中小学法治课的任务。当然他讲的不仅仅是法治,更有德治。有一天晚上,他偶尔翻看一本薄薄的古书,突然发现,自己绞尽脑汁、冥思苦想总结出来的全部道理,居然只是这本书内容的一部分。这本书就是《弟子规》。从此,他就把《弟子规》作为教材,到处宣讲,取得的效果真是意想不到的好。

汤池是安徽省庐江县的一个普通小镇,近些年,这个地方不仅让全国各地的人趋之若鹜,还引起联合国教科文组织的特别关注,来自上百个国家和地区的海外参观团络绎不绝。

一个普通小镇为什么吸引了世界的目光?因为这里进行了一个"全民皆儒"的试验。

2005年,由于一位德高望重的老法师的努力,由海外人士投巨资,在汤池镇建立了庐江文化教育中心,以《弟子规》等儒家经典为主要内容,传播"孔孟之道",对全镇4.8万人进行伦理道德的教化。这个试验很快成效显著,1年时间便达到了"夜不闭户,路不拾遗"的惊人状态,从而使汤池镇成为名副其实的"和谐示范镇"。

事实证明,《弟子规》堪称和谐人生、和谐社会的智慧读本。

求智慧 心空杯

"青出于蓝而胜于蓝",后代超过前代,这是人类普遍的愿望,但事实上,今人的智慧,并不见得真的就超越了我们的祖先。所以,我们应当抱持空杯的心态来学习真正的文化经典。

《弟子规》告诫我们:"房室清,墙壁净,几案洁,笔砚正。墨磨偏,心不端;字不敬,心先病。列典籍,有定处。读看毕,还原处。虽有急,卷束齐;有缺坏,就补之。"

一面读书,一面力行,我们才能学有所获。书房要整理得清清爽爽,四周墙壁要保持得干干净净,书桌上要整齐清洁,所用的笔和砚台要摆放端正。在砚台上磨墨,如果墨条磨偏了,就是存心还不端正;写字如果随便不恭敬,就是心理上出了问题。排列经典图书要安放在固定的地方,读完以后立刻归还原处。收拾整齐后我们才能离开,不可以时间紧为借口。遇到书本有残缺损坏时,应及时修补保持完好。

我们现在已经不大写字,也更难磨墨了,所以字是越写越差劲。不过,已经有不少企业在招聘员工时,要求看到应聘者亲笔写的简历,以从其或"敬"或"不敬"的书写中,判断应聘者的心态状况和人文素养。

《弟子规》告诫我们:"读书法,有三到:心眼口,信皆要。方读此,勿慕彼;此未终,彼勿起。宽为限,紧用功,工夫到,滞塞通。"

深阅读的方法要注重三到:心到、眼到、口到。正在读这一段,就不要想到阅读另一段;这一段还没读完、读通,就不要开始另一段,东翻西阅,不是读书的样子。

"书非借不能读也",这是古时候劝人读书的一句话。意思大致是一个人好学却没有钱买书,或者说有钱也买不到某本书,于是要向别人借书来读,虽然是憾事,但正因为书是借来的,要还给人家,而且能留在自己手中的时间不长,这就会逼迫自己抓紧时间尽快读完,并把书中的内容牢记消化。

读书学习要有规划,期限应当比较宽裕,但是不能因为时间还多就自我懈怠。一旦规划好了就要赶紧用功,遇到滞塞难通的地方,更要专心研究,只要功夫到了,自然就能通达了解,这正是所谓"书读百遍,其义自现"。

台湾教育家王财贵博士在北京的大学演讲时,讲述了一个自己孩子的故事——

他的第二个孩子是男孩,比较笨。所谓比较笨,就是到了6岁还不太会讲话,还流口水。在小学,一二三年级他都是二三十名,老师以为他有自闭症。但是王财贵博士不紧张,因为他懂教育心理。孩子三年级的时候,王博士拿了一本书给儿子说:"孩子啊,你这么大了,应该读读这些书了。"儿子就翻开了,第1页第1章:"道可道非常道,名可名非常名。无,名天地之始……"把第1章50几个字都读了,都没有读错。一个小子读的什么?读的《老子》。小子读《老子》为什么没有读错,因为有注音嘛!

王财贵博士就这样教他的儿子:"你会读了嘛!现在你去读,你们三年级小朋友下午没有课,整个下午都可以的。"到了晚上,孩子终于把第1章背完了,王博士就说了一句他认为对儿子来说这辈子最重要的话:"孩子呀!从今以后,每天背两章!"

《老子》81章,多少天背完?40天,然后是复习,到第54天,他从第1章背到81章,5000字一口气背完。从那一天开始,《老子》跟着他一辈子。

读完《老子》,王博士马上后悔了,因为应当先读《论语》。于是他赶快让孩子开始读《论语》。

就这样,三年级读《老子》,四年级读《论语》,半年时间,儿子就像变了一个人——气质变,头脑变,用王博士的话说,叫做"脱胎换骨"。

五六年级开始,王财贵的儿子就开始名列前茅,初中成为全班第1名,初二时老师就叫他跳级考高中,他到了高中又成为第1名,考上台大以后读了3年大学,就报考研究所,结果在台北两家最有名的研究所都考了第1名。朋友们都对王博士说:"你的孩子是天才啊!"而王博士唯一知道儿子为什么聪明起来的原因,就是三年级、四年级的时候读过《老子》、《论语》。

值得一提的是,王博士赌咒发誓说:如果自己给儿子讲解了一点点《老子》、《论语》,天打雷劈!

阅读经典,从经典中汲取智慧,我们就有了强大的自觉、自疗、自愈的能力。

教育家们越来越清醒地认识到,阅读经典这样一种教育,就是教育的经济学。因为它太经济了,只要学一点点,就有很大的收获。

存敬畏　勿争辉

当年的叔孙武叔诽谤孔子,并且别有用心地称赞子贡贤于孔子。忠实的弟子子贡坚决地回答:"不要这样做!仲尼是毁谤不了的!别人的贤德好比丘陵,还可超越过去,仲尼的贤德,就像太阳和月亮,无法超越。虽然有人要自绝于日月,然而对日月又有什么损害呢?这只能表明他不自量力而已!"

子贡懂得,不可与日月争光辉,作为文化巨人的弟子,更不允许玷污日月掩盖其光辉的企图。子贡希望人们明白:老师孔子家的围墙很高,如果找不到门进去,就看不见里面宗庙般的富丽堂皇和房舍藏品的丰富多彩。

面对中华民族自己的文化经典,今天的中国人是怎样的态度呢?我在这里归纳为九类。

淡然漠然的一类。一般的世俗中人,尽皆为生活奔波,为宿务劳累,什么文化什么经典什么精神世界,似乎没有要求没有兴趣也不会想起。

心生向往的一类。许多人对现实世界既感觉精彩又感到无奈,困惑困顿中,希望得到指点,但没有读书的习惯,于是电视讲座极大地影响了他们。所以,无论走上大众讲坛传播文化经典的学者受到多少人的攻击,也无论他们的讲座中有多少错漏,我都认为他们对中国百姓的唤醒和启蒙起到了非常积极的作用。正如于丹所说:"我所讲的《论语》心得,就是希望在传播语境中完成一次文化基因的唤醒。为什么是唤醒呢?因为这种文化基因就蛰伏在我们的血液当中,人人都有。比如说孔夫子,没有人不知道。"

追逐潮流的一类。国学热不断升温,渴望补课的人群越来越大。由于人们对"儒商"、"道商"、"法商"等等的追捧,许多商界、企业界的成功人士纷纷不甘人后,要成为一个既有金钱又有文化的人。这就给了很多的大学一个机会——开办国学班,并且收费特贵。可以说,自古以来,中国人教中国人学习自己的文化经典,从来没有要到今天这个价钱。但这不能说完全是坏事,因为商界企业界的成功人士带头,将会促进更多的人关注中国文化,而他们自己也多少能够补一下课。

剪刀糨糊的一类。他们虽然通读过《老子》或者《论语》这类经典,但因为自己在从前的应试教育中,已经失去了思辨的能力,更谈不上什么生命的境界,然而又想著书立说,于是剪刀加糨糊,人云亦云,什么"一分为二"啦,什么"去其糟粕,取其精华"啦,空话套话官话废话一大堆,著书的目的就是评职称。这类学者可以说有他无多缺他不少。

自矜自长的一类。他们似乎有自己的观点,但因为读经典的目的不是为了获得真正的智慧,学会一种把握幸福的能力,让自己成为一个有知识、有教养、有担当、有丰富内心世界的公民,而是为了显示自己的博学和聪明,更是为了给别人上课挣些银子来花,所以不会虔敬地从经典的字里行间去体会去感悟,并且习惯表现自己的"高明"。而他们那点小小的聪明,面对人类社会无与伦比的文化经典,"之不可及也,犹天之不可阶而升也"!

也有人看来怀揣一颗平常心,表现出自己在与先哲平等地对话,似乎那些民族的先哲与自己也差不多。比如强调孔子无非一"丧家狗"。这种做派,很有些迷惑人。倘若我们只是强调孔子的失意,那么毫无疑问会对世人造成极大的误导。如果说孔子因为在现实生活中没有找到实现自己政治抱负的位置如同"丧家狗",那他也是有着极为丰富的精神世界的伟大的"丧家狗";今天那些彻底丧失了精神家园的人,才是一条条真正可怜可悲的"丧家狗"!

审问批判的一类。这类人或深受西方文化影响,或对自己民族的文化彻底失去了自信。他们不能从根本上理解中国文化,更不能理解人类世界和宇宙自然,然而他们胆子很大,犹如代表"真理"和"正义"的法官,把历经几千年岁月检验的经典,当做囚犯来审问和逼供。

美国人文社会科学院院士、哈佛大学教授杜维明指出:"对传统的理解越是粗暴,引进西方就越肤浅!"

有些人将近代中国的衰弱归咎于儒家和孔子,而君主立宪制的推崇者康有为得出的结论是:中国诸多的问题,其根源都是因为不尊孔。一代代封建统治者何等野蛮、冷血,滥杀无辜,对人民严酷到不可历数的残暴,离孔孟之道的"仁"相距何等遥远,他们什么时候真的尊过孔?

真正的人类文化经典是玷污不了的。谬误想吞噬真理,却总是作了真理的养料。所以伽利略有这样的认识:"真理就是具备这样的力量,你越是想要攻击它,你的攻击就愈加充实了和证明了它。"

恶搞狂欢的一类。这类人本来就玩世不恭,对所谓学者文人的责任感嗤之以鼻,"不知天命而不畏也"。从前的中国只有"阶级分析法"一种解释独霸天下,造成了"解释学"死于单调;而现在正好相反,越是"新奇古怪"的解释越能得到市场的鼓励,于是过多过滥的"解释"正如"劣币驱逐良币"一样,让"解释"本身变得面目可憎,让"解释学"死于狂欢。

敬畏景仰的一类。这是有良知有责任真正理解文化的人们。他们深知,金鸡独立式的人类文明必然不会长久,况且物质文明的进步愈来愈依赖于精神文明。他们懂得:没有老子、孔子这些古圣先贤,就没有今天的中华文化;忽视古圣先贤,就是自我忽视;轻薄古圣先贤,就是自我轻薄;尊重古圣先贤,就是自我尊重;失去了古圣先贤,就失去了民族自尊!

身体力行的一类。他们是老子所称道的"上士",闻道即"勤而行之"。他们努力学习、领悟秉天之德和顺天之情,如孔子的弟子颜渊那样喟然感叹:"对于老师的学问与品德,我越是抬头仰望,越是感觉高远;越是努力钻研,越是觉得不可穷尽。看着它好像就在前面,忽然又像存在于后。所以自己想停下来都不可能,直到用尽了全部的力量。"

一个丝毫不懂中文的美国人韦恩·戴尔博士,将注意力转向古老的东方文化以后,惊叹于老子的智慧。他用1年的时间涉猎数百种《老子》的译本,受益良多。

更为可贵的是韦恩卖掉了自己在佛罗里达的房子,举家迁至夏威夷,在美国最靠近亚洲的地方,按照自己的想象盖了一栋中国式房屋。在那里,他用4天时间琢磨《老子》的一个章节。面对屋子里的老子画像,他一遍遍地提醒自己在日常生活中运用这些智慧,并告诉自己"改变你的想法,然后看看生活发生了什么变化"。韦恩最终以一种给读者提建议的方式写作成《改变你的思想,改变你的生活》一书,希望引导读者运用老子智慧过一种"平衡的生活"。韦恩在书的前言中说:"这本书最终能永久地改变你对生活的态度,你会逐渐发现自己身处一个全新的和谐世界中。写作本书也改变了我的人生,我现在能与自然世界更好地融合,并体会到前所未有的平和心态。"

既在奉献中修炼,又在修炼中奉献。韦恩·戴尔成功了。他的书卖得很好,他的关于《老子》的讲座也十分地火爆。

罗兰说:"要有光!仅有太阳的光明是不够的,还必须有心的光明。"

大自然有日月,人间社会也有日月。古往今来那些伟大的文化经典及其智慧的传承者、发掘者,就是人类精神天空大大小小的日月!无论对于自然界的日月,还是对于人间社会的日月,我们都当心怀敬畏,谢天谢地,感天戴地。

第三部分

自由与戒律

自由,是人人向往的权利和境界。有人希望物我两忘,超然尘外,让自己的精神天马行空;有人则希望在现实中约束少一点,限制少一点,让自我的欲求最大限度地实现。

生而为人,如果一辈子生活在枷锁之中,那真的是生不如死。

"生命诚可贵,爱情价更高,若为自由故,二者皆可抛!"曾几何时,人们怀着对自由的无限憧憬,打破王权的枷锁,不顾一切奋斗争取。从欧洲开始,自由的思想犹如冲破堤坝的洪水,涌向世界各地,每当新生事物遭到反对时,许多人习惯性的反驳就是:"这是别人的自由,碍着你的事了吗?"

与自由相对的似乎就是规矩、戒律和准则。这些东西总是让很多人心生反感。不过,即便是这些心生反感的人,当自己被人无端妨碍或者遭遇不公时,就会突然感到规则的重要了。

法国昆虫学家近年公布了一项关于蚂蚁的研究成果:在狭窄的道路中,离开蚁巢的蚂蚁会自动为那些带着食物返回的蚂蚁让路。在返回途中,那些空手而归的蚂蚁,尽管可以比那些带着食物的蚂蚁们速度快,但它们并不会超过去,而是跟在携带食物的蚂蚁后面,排起了长队。

蚂蚁们认为,在狭窄的道路上,超越不是好的选择,而且它们在一条很窄的路上相向而行并相遇时,必定有一方的蚂蚁会主动绕到道路的侧面,等待对面的蚂蚁经过,然后再重新回到路面上来。如果蚂蚁像人类那样超越行进,将大大增加相遇的次数,造成昆虫世界大堵车。研究者们计算,空手的蚂蚁在横穿一个3米长的拥挤路桥时,如果跟随在慢速行进的队伍中而不试图超越,通过这段路桥平均费时32秒钟;如果它们以超越同伴的方式前进,将平均费时64秒,也就是说,个体的耐心使团队的效率提高了一倍。

蚂蚁向我们展示了如何优化个体行为以服务于整体利益,并最终使个体受益的生存方式。

当人类看到自由的正面时,不能不同时承担自由所带来的矛盾效应。这里的所谓矛盾,就是个体之间的自由的碰撞与妥协,因为我们不能因为自己的自由就去破坏别人的自由;这里的所谓担当,就是当我们享受自身自由的时候,也不能不对自由所带来的很多负面效应负责,担当自由的联动后果。正是由于这种对于自由的不同认识和不同需求,导致了形形色色的哲学认知和现代社会体制。

美国独立战争的第一枪——莱克星顿的枪声,是民兵打响的。美国独立战争在很大程度上是一场平民百姓拿起武器保家卫国的战争,因此美国国父们深知民兵对确保自由国家的必要性,在宪法中规定了公民有权利拥有、携带、买卖枪支。但是枪支的泛滥也带来了严重的社会治安问题。大约1/4的美国成年人拥有近两亿支私枪,每年有近3万名美国公民死于枪杀,伤者更是众多。美国的大学大概是世界上最为自由的了,一般的校园甚至连围墙都没有,但近年来在校园内频繁发生的枪击案,刺痛了无数美国人的神经,要求对枪支采取更加严厉的管制措施的呼声越来越高。

我们每个人都力图使自己的行为看起来合理,因而总是为行为寻找理由,而在寻找理由时,又总是首先寻找那些显而易见的外在理由。所以,心理学中有个"过度理由效应"的概念。

培根在《论真理》中说:"世上还曾有一种毫无原则的人,他们认为具有一种信念就等于戴上一种枷锁,会使思想和行为无法自行其是。"

对孔子和儒家的思想不以为然的人,往往也是这样的"毫无原则"的人。孔子要求"克己复礼",要求"居处恭,执事敬,与人忠。虽之夷狄,不可弃也",要求"讷于言而敏于行",要求"父母在,不远游,游必有方",还说什么"三省"、"三愆"、"三戒"、"三畏"、"九思"等等,这在许多崇尚"自由"的人看来,实在是麻烦,实在是腐朽,实在是让人束手束脚的不爽!

道家崇尚自由,而其鼻祖老子却有如此经典的总结:"人法地,地法天,天法道,道法自然。"我们是地球人,我们渴望自由飞翔,但如果没有了地球引力的约束,我们真的是一个跟斗就翻到太空里去了,那还活得了吗?可见,道家追求的自由,并不同于世俗之人理解的自由。

谈到自由,《逍遥游》这篇庄子的神文不可不读。在超乎寻常的想象力的庄子笔下,"鲲"不知有几千里之大,一变而为"鹏",鹏的背也不知有几千里长,羽翼遮天蔽日,奋起南飞,击水三千,扶摇九万。《逍遥游》讨论的核心就是"绝对自由"。这是一个哲学命题,如果我们把庄子的"绝对自由"理解为现实社会中的无组织无纪律,那就错了。庄子的"绝对自由"是一个"理念",是对人的精神的阐释。庄子认为,作为形体的生命,是没有绝对自由的,也不可能拥有;而作为精神的生命,则是有绝对自由的。于是,庄子开始追求精神上的天马行空,无所羁绊,并让精神的生命去解放作为形体的生命,进而达到物我两忘的超然境界。

中国哲学有所谓"形而上"与"形而下"之说。其实任何一个人,一生中总有"心为形役"的烦恼,也就是不得不做些违心的事情,所以古代文人追求的是"形为心役"。当"心为形役"时,即处于"形而下"的物质的状态;当"形为心役"时,即处于"形而上"的精神的状态。"形"与"心"此起彼落,时上时下,有上有下,上上下下,下下上上,永无休止。这种交互起伏,构成了人生的基本矛盾。

自由与戒律

庄子提出的精神自由,便是想彻底解决这对矛盾。《逍遥游》整个的宗旨说明一个观念:人的精神可以解脱物理世界的束缚,从而找到自己生命中真正的自在与自由。庄子的理想就是人应该达到"形而上"的状态,并永远保持。这种从本质上对人的肯定,对中国哲学、中国文化影响巨大。

"5·12"特大地震发生的那一刻,弃学生而不顾第一个跑出教室却自称是挑战中国传统道德观的范美忠,被人们戏称为"范跑跑"。这个范跑跑很率性,他直言不讳自己的思想逻辑和价值判断:"以充当道德逃兵的方式从缺乏个人自由与尊严的社会中出走。"他以为自己的理念和行为因此而具有了合理性,但大众和媒体的评论却是:"他对自己的本能反应作出了'非本能'的解释",他所谓自己是"思想烈士"的结论,不过是一种故作姿态的开脱说辞。

自由不是抽象的,平等也是在人与人的关系中体现的,自由和平等从来不是孤立于社会之外的单个人的选择。对于"绑架"自由和平等的范跑跑来说,自我永远是第一位的。因此,大难当头,号称挑战中国传统道德观、弃学生而不顾的范跑跑,在那许许多多默默无闻、先人后己、牺牲自己而又不会高谈阔论"生命权"的普通人面前,顿时黯然失色。

卡夫卡在《致科学院的报告》中提醒我们："人类上'自由'两字的当似乎上得太多了！"而罗兰夫人留下的遗言也是此意："自由呵，多少罪恶假汝之名以行！"

对于范跑跑这样的人，两千多年前孔子就骂过："狂而不直，侗而不愿，悾悾而不信，吾不知之矣。"的确，那些狂妄而不正直、幼稚而不朴实、貌似诚恳而不守信的人，不仅仅孔子，即便是现代社会的大多数人，也不知道这样的人是怎么一回事。

现实生活中，其实并非每个人都在乎自己的全部自由。在各种社会性合作中，每个人都必须以自己一部分自由的代价，换取团队的整合与效率，享受更多的社会福利。一个人如果完全失去约束，一定会处处失误和碰壁，那就更无自由的空间了。《红楼梦》中，焦大以奴才的身份，仗着酒醉，从主子骂起，直到别的一切奴才，大喊只有两个石狮子干净。结果是主子深恶，奴才痛嫉，给他塞了一嘴的马粪。可以想见，焦大酒醒之后，虽然心有缺乏自由的抱怨，但还是会为自己"自由"的言论导致的后果而懊丧。

真正懂得自由的人，关心的不仅仅是自己的自由，更是所有人的自由，甚至包括敌人的自由。崇尚自由的法兰西人都明白："一个公民的自由是以另一个公民的自由为界限的。"

从一定意义上说，文化也就是一种规范，人类社会中优良的伦理道德和习俗自有其宝贵的价值。如果凡是违背所谓自由的法规、伦理道德和习俗都不复存在，那么人类的文明将何去何从？

人心一旦失去敬畏，就会像脱缰的野马，随意践踏这个世界。

懂得主动约束自己，才会摆脱被动约束的尴尬与痛苦，从而赢得生存的正常环境。一个精神世界荒芜却高谈自由的人，犹如自我囚禁者向别人高喊救命一般滑稽可笑。

十问经典"洁本"制造者

由于担心各地中小学在开展经典诵读活动时甄别不够,"带有糟粕性的内容"会扭曲学生的价值观念,腐蚀他们的心灵,山东省教育厅于是在2011年发出通知:要求各级教育行政部门和中小学校在组织以颂扬传统文化为内容的专题教育活动时,原则上应以地方课程《传统文化》规定的学习篇章作为诵读的主要内容,不可不加选择地全文推荐如《弟子规》、《三字经》、《神童诗》等。

山东省教育厅要求各市教育局将文件精神迅速通知到所属中小学校,并立即组织开展一次专项检查,对存在的问题要立即予以制止和纠正。

"传统文化"是山东省统一规划建设的课程科目,其中的篇章由经过删节和筛选的传统经典组成。

此举很快受到社会各界的广泛关注,倾向性的看法是:出问题的不是典籍,而是社会。所谓"山东教育厅并不因为孔子在家门口而失去理智地去狂热炒作国学"之说,那是对自己的美化;制造"洁本",其实反映的是一种教育简单化的偷懒心态。

更让人遗憾的是,如此制造经典"洁本"的,已经不止山东一处。

对于国学经典"洁本"的制造者,我有十个问题请教。

一问:如果一个历史悠久的伟大民族的文化经典都还不算精华,那么何为精华?

验证一种东西是否经典,还有比漫长的时间和自发的选择更好的手段吗?

对于自己民族的传统文化,采取"取其精华、去其糟粕"的态度理所当然,但是,我们倡导诵读的既然是文化的经典,岂可自己站在传统之外甚至传统之上,按照自己的喜好,像在商场选购商品一样指指点点挑挑拣拣？难道符合当下需要的东西就是精华，不符合当下需要的东西就是糟粕？倘若不同时代不同观念的人，都要对国学经典进行自以为是的删节和改编，那么，中华文化的经典必定尽皆糟践，经不成经，典不成典！

况且，这个世界不是只有一种颜色，无论是黑是白，至少应该让孩子们有所了解。

植物的生长就是最好的例子。温室里的植物或许可以长得更快，但远不如外面的植物耐热耐寒，开出的花结出的果更是不能和野生的相比拟。教育工作者们不可试图建造一间无菌房，将孩子保护在里面，只给他们提供所谓好的内容，却让他们失去了辨别好坏的能力。如此方式教育，让孩子们一旦脱离学校家庭的庇护，走进千变万化的社会，很快就会"染病"。

随意筛选、删节贻害无穷。比如，"昔孟母，择邻处"，删节者认为其宣扬"环境决定一切"的论断，让人啼笑皆非。我们如能对此融会贯通，以古论今，不但能从孟母三迁的故事中让孩子们理解父母的苦心，还能帮助孩子辩证科学地理解"环境对人的成长可能产生的影响"。又比如，"相濡以沫"被用来形容相依为命的一种精神，如果删除了后面那句"不如相忘于江湖"，岂不就遮蔽了一种更高的生命境界？

教育部、国家语委启动的中华经典诵读活动，目的在于加深我们对民族精神和优秀传统文化的理解。价值观的扭曲，难道是全文诵读了一本《弟子规》或者《三字经》所致吗？港澳台一贯重视国学，《三字经》等更是家喻户晓，也没见人家的价值观扭曲到哪里去，反倒是传统与现代的理念结合得更彻底、更融合。

二问：几千年的中国传统文化中，"精华"与"糟粕"当然都有，但是，谁有资格充当鉴别的裁判呢？

世界上没有绝对完美的事物。倘若一定要取"精华"而去"糟粕"，那么，谁有资格来"取"，谁有资格来"去"呢？

经典"洁本"的制造者，真的清楚中华文化经典中的"精华"与"糟粕"吗？

如果当下实在要对"精华"与"糟粕"作出一个判别，我们认为不妨以"容"（包容之容）、"中"（中庸之中）、"和"（和谐之和）为标准。因为这是中华五千年道统的精髓所在，合乎天道，合乎人道。

若以此为标准，中国传统文化中的诡诈之术、厚黑之术、裙带观念、固步自封的观念等等，就是糟粕！这些糟粕思想，恰恰与真正的经典智慧背道而驰。

我们需要培养的是孩子们自己判断何为精华何为糟粕的能力，而不是当权者对民众自以为是的说教。诚如《弟子规》所言："势服人，心不然；理服人，方无言。"

三问：有媒体报道称，钱文忠先生也说过"按国学经典标准培养孩子90%要吃亏"，此话当真吗？

没有人会搬起石头砸自己的脚，这是一个简单的道理。钱文忠先生怎会一边在百家讲坛大力推广《三字经》、《弟子规》，一边又从根本上否定呢？"按照《弟子规》、《三字经》的标准培养出来的孩子，到社会上90%是吃亏的"这句话，到底是钱文忠先生自己的认为呢，还是钱文忠先生转述社会上有些人的认为从而说明推广国学经典的难度？

断章取义是可怕的，以讹传讹更为可怕。这恰恰就是《弟子规》中所告诫的："见未真，勿轻言；知未的，勿轻传。"

"君子一言以为知，一言以为不知，言不可不慎也。"遗憾的是，今天的人们已经没有耐性来考察什么背景什么前提，便将这句话大肆引用和宣传，这只能说明人心的浮躁。

富有经典的智慧，我们将无往而不胜；如果由于阅读经典而败，那么只能问问自己究竟是怎么读的？

十问经典『洁本』制造者

四问：既然按照《弟子规》、《三字经》的标准培养出来的孩子在现代社会上会吃亏，为什么还要让孩子们诵读？

如果真的认为按照《弟子规》、《三字经》的标准培养出来的孩子出去就会吃亏，出去就会"被人摆平"，但却还要让孩子们学习，那就说明只是为了完成任务，为了追赶时尚，为了装点门面。如此的工作态度，责任、道德、良心何在？

孔子说："古之学者为己，今之学者为人。"我们今天的学习究竟是为了提高和充实自己呢，还是为了追逐名利或者装样子给别人看？

没有教育的理想，哪能办出理想的教育！

五问：忠诚、守信、孝悌、守规矩的人在现代社会真会吃亏吗？背信弃义、寡廉鲜耻的人才能成功吗？

没有哪个父母希望自己的孩子不忠不孝，没有哪个人喜欢与不仁不义的人打交道，也没有一个正常人愿意生活在寡廉鲜耻的社会。

古今中外，忠信孝悌的人无不受人敬仰，背信弃义的人无不被人唾弃。本与末，是与非，做人与做事的道理，难道还不清清楚楚明明白白吗？

没有人永远吃亏,也没有人永远占便宜。"吃亏是福"这句老话,是推不翻的真理。

孔子说得好:"人之生也直,罔之生也幸而免。"事实正是如此——一个人能够立身处世,正是由于坦诚正直。如果说不正直的人也还是生存着,那只是靠着侥幸在避免灾祸,但终将付出代价。

六问:教育的目的何在?担心孩子们被误导的人,自己悟道了吗?

教育的目的是什么?这个问题看似简单,真能明白的教育工作者却不是很多,否则,今天的中国教育就不会出现那么多举不胜举的问题了。

南怀瑾先生说:"我们中国几千年教育的目的,不是为了谋生,是教我们做一个人,人格教育、学问修养是贯穿一生的。而现在家庭和学校的教育,乃至整个社会的教育观念,专门为了职业,为了赚钱,基本人格养成的教育都没有。人如果做不好,你讲什么民主、科学、自由、法治?"

曾子在《大学》中,开门见山深刻地阐释了儒学"垂世立教"的目的所在:明明德,亲(新)民,止于至善。即教育的目的有三:弘扬光明正大的品德,使人弃旧图新,使人臻于完善的境界。

如果教育者本身都是迷惑的,又怎么能够向我们的下一代传道授业解惑呢?

七问:我们的教育为什么失败?为什么老师、家长辛辛苦苦培养出来的孩子,最后却难以成才?根源在哪里?

当今的中国人,上学是越来越早、性爱是越来越滥、成家是越来越晚、毕业后找工作是越来越难,成家立业更是越来越力不从心。

原因何在?因为中国现行的教育模式只是一种功利性极强的教育技术。我们的基础教育,多在理、法、术上做文章,而在精神、心灵和智慧上所下的工夫非常之少,分科精细繁杂,却只是抓到了枝叶,未求根本。我们一心要让孩子们成"才",并不在乎他们是否成"人"。缺失了学习的兴趣、孝悌的品德、思辨的灵光、创造的精神、选择的自由和生命的智慧,考试再多,成绩再好,孩子们也无法成人!"人"都成不了,又哪里谈得上"人才"呢?

如此大的一个国家,需要如此多的人才,而我们相当多的大学生竟然毕业就等于失业!"专门为了职业,为了赚钱"而学而教,十几年后竟是如此的结果,这对我们的基础教育来说,是多么大的讽刺!

值得欣慰的是,一批又一批自觉肩负责任和使命的教育工作者,已经开始向那个自我复制、自我满足、自我欣赏的教育体系利益共同体发起了勇敢的挑战!

八问:传承中华文化的经典智慧同与时俱进有矛盾吗?

经典之所以成为经典,因为它们蕴含着天地自然、人间社会古今相通的朴素道理和本根智慧。

"周虽旧邦,其命维新"。当年的周朝,虽然是旧的邦国,因为不断禀受新的使命,所以生生不息,充满活力。这是中国文化的基本精神,是激励中华民族不断创新、不断前进的思想源泉。试问,这不是与时俱进是什么呢?

人类社会要繁衍要繁荣,只能选择在传承中创新,在创新中发展。

九问:人类的文化经典应当怎样学习和诵读?死读书、读死书的问题怎么解决?

文化底蕴需要长期的人生积淀,经典需要我们用一生的时间去感悟。对于年纪尚小的孩子来说,先背诵再慢慢体会品味,不失为学习的好方法。因为背诵经典,就是扎根的教育,哪怕经典的内容他们现在不懂或者不那么懂,将来也一定会比我们更懂。

当然,言传身教和适时的指导那是不可或缺的。教会孩子完整阅读、辩证理解,再通过去粗存精的过程学以致用,是一个远比删节更为浩大的系统工程。只可惜,我们太缺乏能够指导和指引学生的优秀老师。

因材施教的孔子,本来就反对死读书、读死书。"苗而不秀者有矣夫;秀而不实者有矣夫";"可与共学,未可与适道;可与适道,未可与立;可与立,未可与权";"诵诗三百,授之以政,不达;使于四方,不能专对。虽多,亦奚以为";"不愤不启,不悱不发。举一隅不以三隅反,则不复也"。这些论述,正是孔子对教育工作者的谆谆告诫。

那么,是谁在让孩子们死读书、读死书呢?

是我们的教育方式、教育方法和教育方向!绝不是文化经典!

十问:身为教育工作者,甚至身为教育工作的领导者,自己阅读了几本中华民族的经典著作?

放眼世界,美国、法国、英国、俄罗斯等等所有伟大的国家,在国民教育中,无不将本国的文化经典置于一个非常重要的地位。比如在俄罗斯,一个地铁车厢,简直就是一个公共阅览室。走进俄罗斯农家与教授之家,你不能立刻将他们分辨出来,因为他们的书架上都摆放着人类文明的经典著作,几乎没有人没读过《叶甫盖尼·奥涅金》,也几乎没有人没读过《战争与和平》。

《弟子规》、《三字经》这两本儿童启蒙读物,可说是我们进入中国国学这座大山的极佳门径。现在的教育工作者,大概没有几个人经过了这样的启蒙,更不用说认真诵读《大学》、《中庸》、《论语》、《老子》、《易经》等等这些中国传统文化中最基本最经典的原著了。

这样的教育工作者,能够具备区分的能力、判别的能力、引导的能力和教育的能力吗?

孔子有言:"知耻而后勇"。只有勇敢面对自身存在的种种问题,我们才可能改过迁善,向着人间正道前行!

"留守"之殇

家庭是成长的摇篮,家庭是生命的港湾,家庭是幸福的基础。然而,现今的中国,数千万个家庭实际上支离破碎。

中国进城务工的农民已经达到2.26亿,那么,农村留守儿童——也就是广大农村地区随之产生的一个特殊的未成年人群体,又是多少呢?根据共青团中央的统计,大约2300万,占全国农村儿童总数的20%,这一比例,在四川、重庆、安徽、河南等地更高,达到了50%甚至70%!也就是说,在中国3.6亿儿童中,有数千万个孩子无法与父母共同生活。

如果说2.26亿进城务工的农民支撑起的几十年经济繁荣是一道令世人仰止的高山,那么,作为进城务工农民的家庭以及留守和流动儿童的悲剧命运,就是我们未来面临的一个不可测量的深谷。

为什么广大的农民会选择如此的悲剧命运?统一的回答,无非一个字:"穷"!

早在2011年"两会"召开期间,国务院扶贫办就召开新闻通气会宣布:未来10年,也就是2020年之前,我国将基本消除绝对贫困现象。在十八大报告中,针对2020年全面建成小康社会的宏伟目标,中国共产党又提出了"实现国内生产总值和城乡居民人均收入比2010年翻一番"的新指标。

这是中国政府面向世人的庄严承诺,我们对此理应充满信心,因为在短短的30年间,我国的贫困发生率由65%奇迹般降至2.8%。因此,无论从增量还是存量角度观测,中国都完全有能力迈过普遍脱贫这一人类发展里程碑式的关隘。

然而,当代中国战略使命指向的目标,不能不同时聚焦于不断凸显的相对贫困现象。因为贫富差距还在不断拉大,相对贫困的判断标准是主观化的,生成原因是多样化的,而利益分歧又是对立化的,所以相对收入的因素逐渐取代绝对收入的因素,从而成为人们行为选择的决定性的因素。

譬如说,近年来,中国城乡居民人均居住面积相比1978年时增幅超过4倍,但是,这种绝对水平的快速提高因为跟不上期望标准提高的幅度以及相对水平变化的速度,住房问题仍然成为了民意焦灼的热点议题。

贫富差距的日益加剧当然是一个严重的问题,所有负责任的政府都会致力于调整利益关系,化解社会矛盾,重建社会基础秩序,否则后患无穷。但是,作为社会的个体,倘若人人都企望成为富人,那么,关于"贫困"的焦虑将永远不会消除。

在20世纪八九十年代,除了进城打工潮之外,另一股风潮就是出国留学。在一些电影、小说里,留守男女们总会发生一些缠绵悱恻、凄婉哀伤的故事。但是,对于那些父母不在身边的留守儿童来说,就没有什么缠绵悱恻了,剩下的仅仅是凄婉哀伤。

留守儿童可说是中国长期的城乡二元体系松动的一群"制度性孤儿"。一方面,他们的父母到城里打工拼命挣钱,争取、获得了另一种生存方式;另一方面,他们又因为在城市里,或自身难保,或无立锥之地,无法将子女带进城里留在身边。为了生活或生存,他们不能够轻易地离开自己的工作,离开打工的城市,在这种带不出与回不去的双重矛盾中,留守儿童虽有父母,却依然不得不接受"骨肉分离"的现实。

留守儿童的悲剧性,主要体现在:严重的"亲情饥渴"与心理封闭;学习的懈怠与心灵的冷漠;招致意外伤害与违法犯罪的比例远高于非留守儿童。

公安部的调查结果显示了两个"大多数":全国未成年人受侵害及自身犯罪的案例大多数发生在农村,其中大多数又是留守儿童。调查结果还显示:80%的农村留守儿童存在或轻或重的心理障碍。北京一家社会调查所公布的调查结果也显示:超过半数的父母明显感觉到孩子留守后变得沉默、孤僻;三成的父母知道孩子结交了不良朋友,经常惹是生非。华中师范大学在湖北的调查显示:90%的教师认为农村留守儿童在学习、生活两个方面都存在较为严重的问题。父母不在身边,孩子们普遍过早地成熟,但从他们缺爱的眼神里很难找到这个年龄段应有的天真与活泼。还有调查显示:20%的留守儿童有自杀的心理倾向。

央视记者曾经来到四川井研县采访。到达门坎乡中心小学时,正好赶上一些学生过来递交自己给父母准备的礼物。10多个孩子,年龄最大的14岁,最小的只有7岁。他们中大多数人只见过父母三四次。

俊宇同学说:"我制作的是一辆小轿车,我想开车去看爸爸妈妈。"

为了表示自己对爸妈的思念,雷焱然和弟弟还准备了一瓶思念水,并在瓶子上粘贴了一架纸做的飞机。

卢丹同学说:"我想他们的时候经常哭,我已经有4年多没见妈妈了,爸爸也1年多没见了,什么时候能回来,我也不知道。"

尽管年龄都不大,但和其他同龄人比起来,这些孩子却要懂事得多。

孩子们普遍这样向父母表达说:"爸爸妈妈请你隔几年就回来一次,不要为了钱不注意身体。"

11岁的罗雨山想把灯笼和粮食送给父母,她说:"这些灯笼代表我们一家人,因为我们是分不开的;一包家里的粮食,里面装有玉米和大米,我知道他们很长时间没有吃过家乡饭了,他们一定很想尝尝。他们出去11年了,妈妈在工地上开搅拌机,爸爸在牢房里服刑。"

长到这么大,罗雨山只见过妈妈三四次。爸爸走的时候,雨山还没有出世,在雨山8个月大的时候,妈妈也外出去了深圳。现在,雨山就和奶奶相依为伴。

一个不到8平方米的小屋就是罗雨山跟奶奶的卧室,屋子里堆满了杂物。每天早上5点多,雨山就起床开始张罗着刷锅、做饭、喂猪。虽然只有11岁,但是雨山干起活来却非常利索。他说:"我最大的愿望,就是全家人能够坐在一起吃一顿饭。"

亲情的抚慰与关怀对孩子的成长起着至关重要的作用。留守儿童正处于身心迅速发育的时期,他们对自身生理和心理的变化、人际交往等方面有着自己的理解与认识,同时也面临许多的问题和困惑,如果没有渠道倾诉,可以想见他们是多么绝望!

来京打工的18岁四川男孩廖珍平,在一起交通事故中撞伤了一名老太太,老太太的家属索要3万元医疗费。在无钱赔偿的压力和母亲的责难打骂下,廖珍平最终选择了服毒自杀。

1991年7月23日,廖珍平出生于大英县一个山村。父母早年来京打工,廖珍平上中学时也到北京就读打工子弟学校。他有梦想,也曾真诚地努力过。

因为与父母没什么接触沟通,缺乏对父母的信任,难以感受到父母的亲情,所以出事以后,廖珍平认为自己成为了父母亲戚的负担,而死亡是解决这件事情的最好方法。

事实上，即使母亲对孩子有过埋怨甚至打骂，但她怎么愿意怎会想到自己的孩子竟然会以命抵债？母子之间的信任危机，原因当然要从长期的骨肉分离中去寻找。

由于留守儿童的父母长年在外务工，有的半年、一年、甚至几年都难以给孩子打一个电话、写一封信、见一次面，有些孩子竟然连父母的相貌都遗忘了，更谈不上什么交流、沟通、亲情。

《弟子规》中说："亲所好，力为具；亲所恶，谨为去。"这种付出是双向的，为人父母，如果对自己亲生儿女在成长中的真情呼唤和需要不以为然，将来儿女又怎么会倾听自己的呼唤和需要呢？

一位照看留守儿童的老人说：他们（儿女）出去，我们不反对，多搞点钱也好。要是以我个人角度来讲，儿子在家，媳妇在家，父母亲照顾自己的孩子要好得多。我们对他们不好教育，像书本上的知识，他们（孙子孙女）找我，我也不知道，我只读过6年书。

留守儿童中有大部分处于0－14周岁的年龄。父母外出打工后，他们的监护人大多数是老年人，并且文化不高。在这个日新月异的时代，隔代教育更是问题多多，老人们不知道从心理上关心孩子、照顾孩子，不能够在学习上帮助孩子、指导孩子。尽管有许多留守儿童也表现出了强烈的求学愿望，然而他们整体的学习情况不容乐观。从总的调查情况来看，留守儿童只有2%成绩优秀，10%成绩中等偏上，成绩中等或中等偏下水平和相当差的，占到了88%。

2004年6月2日，湖北省黄梅县濯港村发生了一起命案，村里12岁的女孩小双被自己的奶奶勒死了。

就在外出打工的陈峰夫妇俩赶回家的那天晚上，陈峰的父母被警方带走了。

6月1日儿童节，陈峰12岁的女儿小双早上上学前发现红领巾不见了，于是划了根火柴在储物间的角落里寻找，不小心把房间里的东西全烧了。奶奶发现后非常生气，狠狠地训斥了她一顿。第二天下午小双没去上学，并玩到很晚才回家，余怒未消的奶奶骂小双不争气，并作势要打她。小双一边往外跑一边"回敬"奶奶："你不要住在我家里。"奶奶气急之下，捡起一条毛巾说："你再不听话，看我不勒死你！"倔强的小双依然顶嘴说："你勒，你勒。"盛怒之下的奶奶把毛巾往她脖子上一缠，使劲拉了一会儿，小孙女瘫倒在地后，奶奶伸手一摸，人已没了气息。

这时候已是晚上11点多钟，慌了神的奶奶连忙找到老伴也就是小双的爷爷商量,结果就是两人共同把孙女的尸体丢进了离家不远的一个水塘中。6月9日,也就是惨剧发生的第7天,小双的尸体浮出了水面。

陈峰兄妹5人,有4个都在外地打工。年近70的父母亲不仅要种5亩多地,还要照顾留在家里的3个孙子孙女。去年春节回家过年时,父母告诉陈峰,自己岁数大了,孩子太调皮,不听话,管不了了。可是陈峰舍不得在外面打工的那份收入,就请姐姐回娘家做父母的工作,老人这才答应再帮他带一两年。

早在女儿小双1岁多的时候,陈峰就开始外出打工。经过多年奔波,他在福建找到了一份相对稳定的工作——跑长途运输。前年,妻子也跟着他一起去了福建,用在外面打工挣来的钱建起了一幢漂亮的小楼房。在外人看来,这是一个让人羡慕的家。

面对如此的惨剧,陈峰痛心疾首地说:"如果我们不去打工,过清贫的生活,尽了做父母的职责,我相信我这个家还是比较快乐的,我的父母也不会出这样的事故。"

由于大部分留守儿童属于未成年人,缺乏自我保护的意识和能力,对于突发性事件也缺乏应变和自救能力,没有父母的直接监护,很容易被不法分子侵害和利用。不少留守儿童上学路途较远,经常起早摸黑赶路,人身安全令人担忧。

广东惠州林就万夫妇长年在深圳打工,3个女儿由80多岁的奶奶照顾。结果林家3姐妹在7年之内相继伤残。

其中一个女儿林文容,在一次火灾事故中被烧得面目全非,没有一个人敢面对面看她,就连她的母亲都说,见了这个女儿晚上经常做噩梦。因为辗转四五个医院都没人愿意给她动手术,林就万夫妇甚至想过遗弃这个孩子。

走投无路的时候,广东省第二人民医院整形美容科提出愿意帮助林文容。主治医师罗盛康说:"我从医20多年来第一次看见这样的病例!父母不仅没有在孩子身边照顾好她,而且在她烧伤后的4年里也没有给予必要的救助,只是将她藏在家里,导致病情一天天恶化。"

在人们的共同帮助下,这家医院10位专家进行了7个小时的手术,使林文荣的下巴和胸部成功剥离。但是,在1年内她至少还要进行5次手术才可能恢复正常人的生活。

类似的悲剧还很多。据媒体报道:一个13岁的农村留守女孩,竟然在网吧产下一个婴儿。湖南省涟源市荷塘镇遭遇一场特大洪灾,12名儿童死亡,其中11个是"留守儿童"。2009年11月,广西贺州一爆竹黑作坊发生爆炸事故,13名伤亡儿童全部是留守儿童,他们之所以来到黑作坊插炮信,是为了挣点零花钱,价格是1小时1元钱。重庆大足县农村两名由老人抚养的孩子在家玩捉迷藏游戏时,一个孩子躲在木箱中,因箱扣落下扣死箱子,被活活闷死。

大多数留守儿童自我控制能力不强。有的生活习惯不良,不讲卫生,不换衣服,挑食挑穿,乱花钱;有的不听代养人教导,逃课逃学,顶撞祖辈,我行我素;有的认为父母对自己无情,由此产生怨恨并开始疏远父母。

《弟子规》中说:"衣贵洁,不贵华。上循分,下称家。对饮食,勿拣择。食适可,勿过则。"如果我们希望孩子素朴守则听话懂事,那么,为人父母首先就应当以身作则。

来自广东三大监狱的一项大规模调查报告显示,进城务工农民犯罪人员中,9成以上在26岁以下,8成犯罪者在幼年时期留守农村无人看管。这些在城乡流动状态中成长起来的新生代进城务工农民,既融入不了城市,又退不回农村,不少人宁进监狱也不肯回到家乡。来自北京、上海等地的有关调查也显示,新移民二代的犯罪率是当地户籍青少年的3倍。

2005年,湖南省邵东县一栋民宅里发生了一起恶性杀人案件。一位年迈的老太太满身血污,死在自家二楼上,旁边放着一把菜刀和一柄生锈的锤子,屋里的桌椅和柜子翻倒,衣服、蔬菜等散落一地。

经过侦察,警方很快锁定了犯罪嫌疑人——15岁的少年侯某。原来侯某经常在案发地点附近偷东西,被抓到过几次,但他屡教不改,而这次杀人也是因为盗窃引起。

侯某被抓后,对犯罪事实供认不讳。他说,自己潜入受害人家中偷窃时被老人发现,因为老人叫喊,他想都没想,到厨房拿出菜刀就把她砍死了。他从老人身上翻出了300块钱,还从她家冰箱里拿了点吃的,就上网去了。当被问及"谁教你用菜刀杀人的"时候,他回答说:"在网上看的。玩那些游戏时,什么杀人的方式都玩过。"

侯某的老家在湖南边远的绥宁县贫困山区。几年前,侯某的父母就双双去广州打工,把年幼的侯某和姐姐交给了年迈的奶奶照料。侯某本来就性格顽劣,在父母离家以后完全没了约束,顽劣表现变本加厉。他整天和几个坏孩子混在一起,结成团伙,一起逃学、打架、偷东西。奶奶说他,他就和奶奶吵,吵不过便骂,没有半点悔改之意。

更为不幸的是,侯某的母亲打工不久就得了癌症,不得不从广州回家治疗。母亲听闻儿子的斑斑劣迹,痛心疾首。去世之前,她还是放心不下儿子,对床前的侯父说:"如果这个娃娃还是不听话,你就再找个婆娘,好好管着他。"

母亲到死也牵挂着侯某,担心儿子不能改过误入歧途。然而,侯某最终还是干出了如此残忍的无法回头的事情。

北京大学一位心理学教授说:我们父母都是好心,希望给孩子创造很好的生活条件。但是要知道,如果孩子的情感生活缺失,心理就不平衡。一个心理不平衡的人怎么能够正常地适应社会呢?我们的社会如果都是由这样畸形的个体组成,那也会成为一个畸形的社会。

我国已经开始建立农村留守儿童问题的长效保障机制,全社会也是越来越关注和关心农村留守儿童的问题。但是,社会不可能承担孩子所有的责任,缺少了父母这个最主要最直接的责任者,学校和社会的关爱,总如杯水车薪。

几十年前,鲁迅曾发出了"救救孩子"的呼声;今天,留守儿童更该救救了!

记得一位著名的外国作家说过:因为贫穷,男人可能犯罪;因为饥饿,女人可能堕落;因为黑暗,儿童则会绝望。

父母是阳光,父母是温暖,父母是依靠,父母是儿女的第一老师,但父母一定不等于金钱!

如果说为人儿女应当"游必有方",那么,儿女尚小的父母是否就可以托孤远游呢?

湖北浠水县一名13岁的留守女孩在写完日记后就自杀了。她在最后的日记里这么写到:"我好想妈妈,又好想哭。妈妈从我读(小学)一年级就在外面打工,只有过年那短短的一段时间才能与妈妈在一起。每当有别的孩子的妈妈在给自己孩子送菜的时候,我总是想:要是我家不穷该有多好,要是家里不穷,妈妈就不必出去打工了,可以在家陪我。"

这位花季女孩如此思念自己的母亲,以至于痛不欲生。那么她的母亲呢,不可能不思念自己的女儿,但是她放不下远方的那份薪水。相信这位母亲现在一定体会出了什么是"仁亲为宝"。

这是个舍与得的问题。为了国家、民族的大义大利,父母不惜抛下年幼的儿女,那是一种崇高的牺牲精神,将永远被人们颂扬;如果不远游就无法生存,也是情有可原;但若是为了更大物欲的满足或者所谓的个人自由理想,让家庭一分为二甚至一分为三,种下的多是苦果,而且只能自作自受。

一位老年人反思说:年轻的时候,为了学业、职业、事业,我舍弃了家庭的温馨,舍弃了天伦之乐,选择了去奔波,去奋斗,去"淘金",当时觉得值,但当如今再也没有机会承欢膝下并弥补对家人的亏欠的时候,我真正怀疑自己当初的选择了。

音乐人麦子杰一首新歌歌词唱道:"幸福是什么? 医院里没我家病人,牢房里没我家犯人!"

《大学》有言:"物有本末,事有终始。知所先后,则近道矣。"每样东西都有本有末,每件事情都有始有终。明白了这本末始终的道理,我们的选择才是人间正道,我们才能把握已经拥有的天伦之乐。

如果我们在"富贵"的诱惑中迷失自我,无论增加多少现实的财富,也一定会丢失生命的祥和与幸福。

人类希望"城市让生活变得更加美好",但是,生态环境更为恶化的现代都市,真的能让我们生活得"更加美好"吗?

当农村的青年壮年尽皆出走,当无数的农家生机不复存在,我们期待中的"新农村"美好在哪里呢?

那首农民工演唱的《春天里》一直让人心肝俱痛:"还记得许多年前的春天,那时的我还没剪去长发。没有信用卡也没有她,没有24小时热水的家,可当初的我是那么快乐,虽然只有一把破木吉他……还记得那些寂寞的春天,那时的我还没冒起胡须。没有情人节,没有礼物,没有我那可爱的小公主。可我觉得一切没那么糟,虽然我只有对爱的幻想……凝视着此刻烂漫的春天,依然像那时温暖的模样。我剪去长发留起了胡须,此刻的苦痛都随风而去,可我感觉却是那么悲伤,岁月留给我更深的迷惘。在这阳光明媚的春天里,我的眼泪忍不住地流淌。如果有一天,我老无所依,请把我留在,在那时光里;如果有一天,我悄然离去,请我把埋在,这春天里……"

经济的发展需要农民进城务工,社会也并非要消灭"留守"现象,但是,合乎常情、理性的"淘金"和"留守",才不会有损于生命的根柢。

美国曾在1980年通过了《新难民法案》,使得居住在纽约水牛城收容所的500名难民成为了美国的合法公民。这些人大多是来自贫困国家的偷渡者,希望在美国实现自己的幸福梦。

新法案颁布25周年时,这些该法案的受益者们搞了一次集会,他们承认自从成为美国公民,生活有了空前改善,但是,幸福的梦想远远没有实现。

一位社会学教授闻知此事,便展开了调查。首先他对那批难民的身份进行了一次全面的核实,发现这500人有一些共同点,即贫穷艰苦的经历和对金钱强烈的渴望。这批偷渡者由于都有着强烈的发财梦,来美后,经过20余年拼搏,有将近一半的人达到了美国中产阶级的物质生活水平。那么,为什么他们没有找到梦寐以求的幸福呢?

为了找出根源,教授对他们一一进行剖析。下面是他对其中的3位所作的调查记录:

某水产商,初来美国时,在迈阿密的水产一条街做黄鱼生意,现已由原来的一间店铺,发展为连锁店。20年来,为挤垮竞争对手,没休息过一天,更未出外度假。

某房产开发商,1995年之前,在12个市镇拥有房产开发权,因逃税被判1年6个月监禁,剥夺开发权,罚款7300万美元,现从事涂料进出口业务。

某中介商,来美国后一直从事海地、多米尼加、波多黎各等国的劳务输出工作,通过他,本家族60%的人在美打工或暂住,现在和他一起居住的亲属有10多个人。

教授的调查报告历数了每个人的生活状态,这份报告交到美国国务院之后,又迅速被移交到移民部门。没过多久,原纽约水牛城收容所的500名难民每人收到一本小册子,小册子的封面上写着:一个穷人成为富人之后,如果不及时修正贫穷时所养成的贪婪,就别指望跨入幸福的境界。

2005年的某天,美国《加勒比海报》报道,有一位来自加勒比海地区的富翁卖掉公司,打算去过简朴的生活。第二天,教授收到美国移民局的一封信,信中告诉他:这批难民中,已经有一个人找到了人生的幸福之路。

「留守」之殇

关于《大学》

（一）

《大学》原是《礼记》中的一篇文章，也是我国儒家经典的重要组成部分，与《论语》、《孟子》、《中庸》并称为儒家《四书》。

按照传统说法，《大学》是孔子门生曾参所作。在孔门弟子中，只有两位获得"圣"的殊荣：颜回被封为"复圣"，曾参被封为"宗圣"。

曾参又称曾子，字子舆。春秋末期战国初年鲁国南武城（今山东费县）人，比孔子小46岁，生于公元前505年，死于公元前436年。

据记载，曾参的祖先是夏朝时少康子曲烈的后代。曲烈封于鄫（今山东省临沂市西南）。春秋时代鄫国被他国所灭，当时曾世子巫公就逃奔到了鲁国。曾参的父亲曾点求学于孔子，曾参长大后，在孔子周游的过程中也受业于孔子。这样，曾参父子都成为孔子的学生。

曾子不是阔少爷，在青壮年时就参加农事劳作。因为家境比较贫寒，常常过的是"三日不举火，十年不制衣"的生活。但是曾子非常勤奋，很快就学有成就。为了养活父母，他曾到莒国当过"得粟三秉"的官职，之后就收徒讲学，弟子达到70多人，吴起就是其中的一个。

"吾日三省吾身"是曾子的修身名言。他认为"忠恕"是孔子"一以贯之"的思想，提出了"慎终（慎重地办理父母的丧事）、追远（虔诚地追念祖先）、民德归厚"、"犯而不校（计较）"等主张。

曾参尊崇孔子，重视仁德的修养，在义、利问题上，也是以孔子重义轻利的思想为准绳。他格外重视对人进行"讲信用"的品德教育。曾子的妻子原来答应赶集回来给儿子杀猪吃，可后来又舍不得杀，反而对儿子说这是开玩笑的话。曾子立即批评妻子："是教子欺也！母欺子，子而不信其母，非以成教也。"然后马上杀猪兑现妻子的诺言。曾参还十分重视孔子倡导的礼，对儒家提倡的谦逊、爱民、安分守己等等道德规范，也都修养全面。

曾子的思想内容十分丰富,但影响最大的还是他的"孝"的思想。在这个方面,除了闵子骞以外,当时没有人能和他相比,唐代的皮日休评价说:"曾参之孝道,感天地,动鬼神。"

由于曾参的弟子越来越多,名声越来越大,齐国欲迎以为相,楚国欲迎以为令尹,晋国欲迎以为上卿,可是他一概推辞,专心致力于忠、孝、仁、义的修习和传授弟子的教学活动,最后终于成了一位享有盛誉的儒学大师。

(二)

宋代朱熹祖述程氏兄弟程颢、程颐的观点,竭力尊崇《大学》在"经书"中的地位。据传,在周代,贵族子弟8岁入小学,学习基础文化及武艺;15岁入大学,又称太学,学习治理政事的理论。汉代郑玄将"大学"解释为"博学"之义。朱熹则认为:"大学者,大人之学也";《大学》是"为学纲目","修身治人底规模";好像盖房子,读《大学》等于搭好房子的间架,以便将来"却以他书填补去";"先通《大学》,立定纲领,其他经皆杂说在里许。通得《大学》了,去看他经,方见得此是格物致知事,此是正心诚意事,此是修身事,此是齐家、治国、平天下事。"

自汉代起,就有以《诗》、《书》、《礼》、《易》、《春秋》等诸经为"大经"和以《礼记》中的《大学》、《中庸》与《论语》、《孟子》为"小经"的提法。在唐代,韩愈、李翱等把《大学》、《中庸》看做与《孟子》、《易经》同样重要的"经书"。朱熹从《礼记》中抽出《大学》、《中庸》,与《论语》、《孟子》相配,合称为《四书》,并在淳熙年间(1174年—1189年),对"小经"进行注释并合编在一起,称为《四书集注》。从此以后,《四书》之名遂定,成为儒家传道、授业的基本教材。

以后许多朝代,都以"四书"、"五经"开科取士,清代更是一直将《四书》内容列为科举考试的题目,于是《四书》成为民间最普遍的读本。

对于《四书》中之《大学》一书,孙中山先生赞叹说:"中国政治哲学,谓其为最有系统之学,无论国外任何政治哲学家都未见到,都未说出,为中国独有之宝贝。"

(三)

《大学》给我们展示的,是儒学三纲八目的追求。

所谓三纲,是指明德、新民、止于至善。它既是《大学》的纲领旨趣,也是儒学"垂世立教"的目标所在。所谓八目,是指格物、致知、诚意、正

心、修身、齐家、治国、平天下。它既是"三纲"的条目,也是儒学为我们所展示的人生进修阶梯。

纵览"四书五经",我们发现儒家的全部学说实际上都是循着这三纲八目而展开的。所以,抓住这三纲八目,我们就等于抓住了一把打开儒学大门的钥匙。循着这进修阶梯一步一个脚印,我们就会登堂入室,领略儒学经典的奥义。

八目包括"内修"和"外治"两大方面:"格物、致知、诚意、正心"是"内修";"齐家、治国、平天下"是"外治";而其中间的"修身"一环,则是联结"内修"和"外治"两方面的枢纽。"修身"与"内修"条目连在一起,是"独善其身";与"外治"条目连在一起,就是"兼善天下"。

两千多年来,一代又一代中国知识分子都是"穷则独善其身,达则兼善天下",把生命的历程铺设在这一人生阶梯之上,并由此铸造了中国知识分子的人格心理。

"传"的第一章,是对"经"中"大学之道,在明明德"一句进行的引证发挥,说明弘扬人性中光明正大的品德是从夏、商、周三皇五帝时代就开始强调的,不是今天别出心裁、标新立异的产物。

《三字经》说:"人之初,性本善;性相近,习相远;苟不教,性乃迁。"意思是说人的本性生来都是善良的,只不过因为后天的环境影响和教育才导致了不同的变化,从中生出许多恶的品质。因此,儒家的先贤们非常强调后天环境和教育的作用。

《大学》开宗明义,提出"大学"的宗旨就在于弘扬人性中光明正大的品德,并且不断自新,达到最完善的境界,也就是加强道德的自我完善,发掘、弘扬自己本性中的善根,摒弃邪恶的诱惑。

"苟日新,日日新,又日新",说的是精神上的洗礼,品德上的修炼,心态上的迁善,展示的是一种革新的姿态,驱动人们弃旧图新。

"知其所止",即知道我们应该落脚在什么地方,其次才谈得上"止于至善"的问题。鸟儿尚且知道找一个栖息的林子,人怎么可以不知道自己应该落脚的地方呢?人不可只是身体上"知其所止",更应在精神上"知其所止",并"止于至善"。

要达到"至善"的境界,就须通过"如切如磋,如琢如磨"的研修来实现。

"为人君,止于仁;为人臣,止于敬;为人子,止于孝;为人父,止于慈;与国人交,止于信。"就是说,不同的角色定位有不同的"所止",关键在于寻找最适合自身条件、最能扬长避短的位置和角色。

《大学》以孔子谈诉讼的话来阐发"物有本末，事有终始"的道理，强调凡事都要抓住根本。审案的根本目的是使案子不再发生，这个道理正如"但愿世间人无病，何愁架上药生尘"一样。

教化是本，治理是末。正是由此出发，我们才能够理解《大学》为什么强调以修身为本，齐家、治国、平天下都只是末的道理。

格物致知，就是通过对万事万物的认识、研究而获得知识，而不是从书本到书本地获得知识，这种认识论即便在今天的研究者看来，也十分具有实践的色彩，打破了一般对儒学死啃书本的误解。

要做到真诚，最重要也是最考验人的一课，便是"慎其独"，意即在一个人独处的时候也能谨慎，简而言之，就是人前人后一个样。

正心，是诚意之后的进修阶梯，也就是要以端正的心思（理智）来驾驭感情，合理调节，以保持中正平和的心态，集中精神修养品性。当然，儒家的"正心"不是要摒弃七情六欲，只是应该用理智来克制、驾驭，使心思不被情欲所左右。

儒学的进修阶梯由内而外地展开。"格物、致知、诚意、正心"都是在个体自身进行，"齐家、治国、平天下"则开始处理人与人之间的关系，从家庭走向社会，从独善其身走向兼善天下，其程序仍然是由内逐步向外：家庭和家族、国家和天下。

《大学》要求"君子有诸己而后求诸人，无诸己而后非诸人"，指出"其所令反其所好，而民不从"，"所藏乎身不恕，而能喻诸人者，未之有也"，这些思想从古至今都闪耀着夺目的光辉。

《大学》的最后一章，在阐释"平天下在治其国"的主题下，具体展开了如下几方面的内容：一、君子有絜矩之道；二、民心的重要；三、德行的重要；四、用人的问题；五、利与义的问题。

所谓絜矩之道，与"恕道"一脉相承。如果说，"恕道"重点强调的是"己所不欲，勿施于人"，那么，"絜矩之道"则是重在强调以身作则的示范作用。

《大学》关于民心重要性的论述，已经是古往今来毋庸置疑的真理。

德行是儒学反复记述、强调的中心问题之一。《大学》把德与财对举起来进行比较，提出了"德本财末"的思想。

在用人的问题上，同样是品德第一，才能第二，因为"唯仁人为能爱人，能恶人"。

与"德本财末"密切相关的另一对范畴,是"利"与"义"的问题。《大学》提出了"生财有大道"的观点,即生产的人要多,消费的人要少;生产的人要勤奋,消费的人要节省。这是一段极富经济学色彩的论述,浅显易懂。"仁者以财发身,不仁者以身发财",已成千古名言。

《大学》原典与白话

子程子曰:"大学,孔氏之遗书,而初学入德之门也。于今可见古人为学次第者,独赖此篇之存,而论、孟次之。学者必由是而学焉,则庶乎其不差矣。"

程子说:"《大学》是孔门流传下来的文章,是初学者进修德行的入门篇章。如今可以知道古人学知识的顺序,全靠这篇文章的存在。《论语》、《孟子》当在之后学习。学习知识的人必须要从《大学》学起。如果这样,那就几乎不会错了。"

"经文"章

大学之道,在明明德,在亲民,在止于至善。

知止而后有定,定而后能静,静而后能安,安而后能虑,虑而后能得。物有本末,事有终始。知所先后,则近道矣。

古之欲明明德于天下者,先治其国;欲治其国者,先齐其家;欲齐其家者,先修其身;欲修其身者,先正其心;欲正其心者,先诚其意;欲诚其意者,先致其知;致知在格物。物格而后知至,知至而后意诚,意诚而后心正,心正而后身修,身修而后家齐,家齐而后国治,国治而后天下平。

自天子以至于庶人,壹是皆以修身为本。其本乱而末治者,否矣。

其所厚者薄,而其所薄者厚,未之有也。

大学的宗旨在于弘扬光明正大的品德,在于使人弃旧图新,在于使人达到最完善的境界。

明确了自己追求的目标和要达到的境界才能够志向坚定;志向坚定才能够镇静不躁;镇静不躁才能够心安理得;心安理得才能够思虑周详;思虑周详才能够有所收获。每样东西都有本有末,每件事情都有始有终。明白了这本末始终的道理,就接近事物发展的规律了。

古时那些要想在天下弘扬光明正大品德的人,先要治理好自己的国家;要想治理好自己的国家,先要管理好自己的家庭和家族;要想管理好自己的家庭和家族,先要修养自身的品性;要想修养自身的品性,先要端正自己的心思;要想端正自己的心思,先要使自己的意念真诚;要想使自己的意念真诚,先要使自己获得知识;获得知识的途径在于认识、研究万事万物。通过对万事万物的认识、研究人们才能获得知识;获得知识后,意念才能真诚;意念真诚后,心思才能端正;心思端正后,才能修养品性;品性修养后,才能管理好家庭和家族;管理好家庭和家族后,才能治理好国家;国家治理好了,才能让天下太平。

上自国家元首,下至平民百姓,人人都要以修身养性为根本。如若这个根本被扰乱了,家庭、家族、国家、天下要治理好是不可能的。

就人情常理而言,所厚者当厚,所薄者当薄。如果当厚者薄,当薄者厚,则是违反常情常理的。违反常情常理而能修齐治平,那是不可能的事情。

释"明明德"章

康诰曰:"克明德。"太甲曰:"顾諟天之明命。"帝典曰:"克明峻德。"皆自明也。

《康诰》文中说:"能够弘扬光明的品德。"《太甲》文中说:"念念不忘这上天赋予的光明禀性。"《帝典》文中说:"能够弘扬崇高的品德。"这都说明我们必须也能够弘扬光明正大的品德。

"释新民"章

汤之盘铭曰:"苟日新,日日新,又日新。"康诰曰:"作新民。"诗云:"周虽旧邦,其命维新。"是故君子无所不用其极。

商汤王刻在洗澡盆上的箴言说:"如果能够做到一天清新自身,就应保持天天清新自身,以臻于完善。"《康诰》说:"激励人弃旧图新。"《诗经》说:"周朝虽然是旧的邦国,但却不断与时俱进,禀受着新的天命。"所以,品德高尚的人无处不追求完善,以自新新民。

释"止于至善"章

诗云:"邦畿千里,唯民所止。"诗云:"缗蛮黄鸟,止于丘隅。"子曰:"于,止,知其所止,可以人而不如鸟乎?"

诗云:"穆穆文王,于,缉熙敬止。"为人君止于仁,为人臣止于敬,为人子止于孝,为人父止于慈,与国人交止于信。

诗云:"瞻彼淇澳,绿竹猗猗。有斐君子,如切如磋,如琢如磨。瑟兮僩兮,赫兮喧兮,有斐君子,终不可谖兮。"如切如磋者,道学也;如琢如磨者,自修也;瑟兮僩兮者,恂慄也;赫兮喧兮者,威仪也;有斐君子,终不可谖兮者,道盛德至善,民之不能忘也。

诗云:"于戏!前王不忘。"君子贤其贤而亲其亲,小人乐其乐而利其利,此以没世不忘也。

《诗经》说:"京城及其周围,都是老百姓所向往的地方。"《诗经》又说:"'缗蛮'叫着的黄鸟,栖息在山冈上。"孔子说:"唉,关于追求啊,连黄鸟都知道它该栖息在什么地方,难道人还可以不如一只鸟儿吗?"

《诗经》说:"品德高尚的文王啊,为人光明磊落,做事始终保持庄重谨慎。"做国君的,要做到仁爱;做臣子的,要做到恭敬;做子女的,要做到孝顺;做父亲的,要做到慈爱;与他人交往,要做到讲信用。

《诗经》说:"看那淇水弯弯的岸边,嫩绿的竹子郁郁葱葱。一位文质彬彬的君子,研究学问如加工骨器,不断切磋;修炼自己如打磨美玉,反复琢磨。他庄重开朗,仪表堂堂。这样的一个文质彬彬的君子,真是令人难忘啊!"这里所说的"如加工骨器,不断切磋",是指做学问的态度;这里所说的"如打磨美玉,反复琢磨",是指自我修炼的精神;说他"庄重而开朗",是指他内心谨慎而有所戒惧;说他"仪表堂堂",是指他非常威严;说他"这样一个文质彬彬的君子,令人难忘",是指由于他品德高尚,达到了完善的境界,所以才使人难以忘怀。

《诗经》说:"啊啊,前代的君王真使人难忘啊!"这是因为前代的君王能够尊重贤人,亲近亲族,普通的平民百姓也都蒙受恩泽,享受安乐,获得利益。所以,虽然前代君王已经去世,但人们还是永远不会忘记他们。

释"本末"章

子曰:"听讼,吾犹人也,必也使无讼乎!"无情者不得尽其辞,大畏民志,此谓知本。

孔子说:"听诉讼审理案子,我和别人也差不多,但我的目的关键在于使诉讼不再发生。"使那些隐瞒真实情况的人不敢花言巧语,从而使人心畏服,这就叫做抓住了根本。

释"格物致知"章

所谓致知在格物者,言欲致吾之知,在即物而穷其理也。盖人心之灵莫不有知,而天下之物莫不有理,惟于理有未穷,故其知有不尽也。是以《大学》始教,必使学者即凡天下之物,莫不因其已知之理而益穷之,以求至乎其极。至于用力之久,而一旦豁然贯通焉,则众物之表里精粗无不到,而吾心之全体大用无不明矣。此谓物格,此谓知之至也。

之所以说获得知识的途径在于认识、研究万事万物,是指要想获得知识,就必须接触事物而彻底研究它的原理。人的心灵都具有认知能力,而天下万事万物都有一定的原理,只不过因为这些原理还没有被彻底认知,所以我们知道的东西还很有局限。因此,《大学》一开始就教导所有的学习者接触天下事物,用自己已有的知识去进一步探究,以彻底认知万事万物的原理。经过长期用功,总有一天会豁然贯通,到那时,万事万物的里外巨细都被认知得清清楚楚,而自己内心的一切认知能力都得到淋漓尽致的发挥,再也没有蔽塞。这就叫万事万物被认知、研究了,这就是追求学问的最高境界。

释"诚意"章

所谓诚其意者,毋自欺也。如恶恶臭,如好好色,此之谓自谦。故君子必慎其独也。

小人闲居为不善,无所不至,见君子而后厌然,掩其不善,而著其善。人之视己,如见其肝肺然,则何益矣。此谓诚于中形于外。故君子必慎其独也。

曾子曰:"十目所视,十手所指,其严乎!"

富润屋,德润身,心广体胖。故君子必诚其意。

所谓使意念真诚,意思是说,不要自己欺骗自己。要像厌恶腐臭的气味一样,要像喜爱动人的美丽一样,一切都发自内心。所以,品德高尚的人哪怕是一个人独处的时候,也一定要谨慎。

品德低下的人在私下里无恶不作,一见到品德高尚的人便躲躲闪闪,掩盖自己所做的坏事而表现所谓美善。殊不知,别人看你,肺肝都能看个清楚,掩盖有什么用呢?这就是说,如果内心真诚,就一定会体现到外表上来。所以,品德高尚的人哪怕是一个人独处的时候,也一定要谨慎。

曾子说:"十只眼睛看着,十只手指指着,这难道不令人畏惧吗?"

财富可以装饰房屋,品德却可以修养身心,心胸宽广则身体舒泰安康。所以,品德高尚的人一定要使自己的意念真诚。

释"正心修身"章

所谓修身在正其心者,身有所忿懥则不得其正,有所恐惧则不得其正,有所好乐则不得其正,有所忧患则不得其正。心不在焉,视而不见,听而不闻,食而不知其味。此谓修身在正其心。

之所以说修养自身的品性首先要端正自己的心思,是因为心有愤怒就不能够端正,心有恐惧就不能够端正,心有喜好就不能够端正,心有忧虑就不能够端正。心思不端正就像心不在自己身上一样,虽然在看,但却没有看见;虽然在听,但却没有听见;虽然在吃,但却不知道是什么滋味。所以说,要修养自身的品性必须首先端正自己的心思。

释"修身齐家"章

所谓齐其家在修其身者,人之其所亲爱而辟焉,之其所贱恶而辟焉,之其所敬畏而辟焉,之其所哀矜而辟焉,之其所敖惰而辟焉。故好而知其恶,恶而知其美者,天下鲜矣。故谚有之曰:"人莫知其子之恶,莫知其苗之硕。"此谓身不修不可以齐其家。

之所以说管理好家庭和家族首先要修养自身,是因为人们对于自己亲爱的人会有偏爱;对于自己厌恶的人会有偏恨;对于自己敬畏的人会有偏向;对于自己同情的人会有偏心;对于自己轻视的人会有偏见。因此,能喜爱某人又看到他的缺点,厌恶某人又看到他的优点,这种人天下少有。所以有谚语说:"人都不知道自己孩子的坏,人都不满足自己庄稼的好。"这就是不修养自身就不能管理好家庭和家族的道理。

释"齐家治国"章

所谓治国必齐其家者,其家不可教,而能教人者无之。故君子不出家而成教于国。孝者,所以事君也;弟者,所以事长也;慈者,所以使众也。

康诰曰:"如保赤子。"心诚求之,虽不中,不远矣。未有学养子而后嫁者也。

一家仁,一国兴仁;一家让,一国兴让;一人贪戾,一国作乱,其机如此。此谓一言偾事,一人定国。

尧舜率天下以仁,而民从之;桀纣率天下以暴,而民从之。其所令,反其所好,而民不从。是故君子有诸己而后求诸人,无诸己而后非诸人。所藏乎身不恕,而能喻诸人者,未之有也。故治国在齐其家。

诗云:"桃之夭夭,其叶蓁蓁。之子于归,宜其家人。"宜其家人,而后可以教国人。

诗云:"宜兄宜弟。"宜兄宜弟,而后可以教国人。

诗云:"其仪不忒,正是四国。"其为父子兄弟足法,而后民法之也。此谓治国在齐其家。

之所以说治理国家必须首先管教好自己的家庭和家族,是因为不能管教好家人而能管教好别人的人,是没有的。所以,有修养的人在家里就受到了治理国家方面的教育。对父母的孝顺可以用于侍奉君主,对兄长的恭敬可以用于侍奉官长,对子女的慈爱可以用于治理民众。

《康诰》说:"如同爱护婴儿一样爱护百姓。"内心真诚地去追求,即使达不到目标,也不会相差太远。要知道,没有先学会了养孩子再去出嫁的人啊!

在上位的人,一家仁爱,一国也会兴起仁爱;一家礼让,一国也会兴起礼让;一人贪婪暴戾,一国也会犯上作乱,它们的关联就是这样紧密。这就叫做:一句话就会坏事,一个人就能安定国家。

尧舜用仁爱治理天下,老百姓就跟着仁爱;桀纣用凶暴统治天下,老百姓就跟着凶暴。统治者的命令与自己的实际做法相反,老百姓是不会服从的。所以,品德高尚的人总是自己首先做到,然后才要求别人做到;自己先不这样做,然后才要求别人不这样做。如果自身积藏了不合恕道的品性,而想让别人遵从恕道,那是不可能的。所以,要治理国家必须首先管教好自己的家庭和家族。

《诗经》说:"桃花鲜美,树叶茂密,这个姑娘出嫁了,她让全家人都和睦。"所以,欲治理国家的人,只有让全家人都和睦了,然后才能够教化一国的人都和睦。

《诗经》说:"兄弟和睦。"欲治理国家的人,只有兄弟和睦了,然后才能够教化一国的人都和睦。

《诗经》说:"容貌举止庄重严肃,成为四方国家的表率。"欲治理国家的人,只有使自己的家庭和家族父慈子孝兄友弟恭,老百姓才会去效法他。这就是要治理国家必须首先管教好家庭和家族的道理。

释"治国平天下"章

所谓平天下在治其国者,上老老而民兴孝,上长长而民兴弟,上恤孤而民不倍,是以君子有絜矩之道也。

所恶于上,毋以使下;所恶于下,毋以事上;所恶于前,毋以先后;所恶于后,毋以从前;所恶于右,毋以交于左;所恶于左,毋以交于右,此之谓絜矩之道。

诗云:"乐只君子,民之父母。"民之所好好之,民之所恶恶之,此之谓民之父母。

诗云:"节彼南山,维石岩岩,赫赫师尹,民具尔瞻。"有国者不可以不慎,辟则为天下僇矣。

诗云:"殷之未丧师,克配上帝,仪监于殷,峻命不易。"道得众则得国,失众则失国。

是故君子先慎乎德,有德此有人,有人此有土,有土此有财,有财此有用。德者本也,财者末也。外本内末,争民施夺,是故财聚则民散,财散则民聚。是故言悖而出者,亦悖而入;货悖而入者,亦悖而出。

康诰曰:"唯命不于常。"道善则得之,不善则失之矣。

楚书曰:"楚国无以为宝,惟善以为宝。"

舅犯曰:"亡人无以为宝,仁亲为宝。"

秦誓曰:"若有一个臣,断断兮,无他技,其心休休焉,其如有容焉。人之有技,若己有之;人之彦圣,其心好之,不啻若自其口出。实能容之,以能保我子孙黎民,尚亦有利哉!人之有技,媢疾以恶之。人之彦圣,而违之俾不通,实不能容,以不能保我子孙黎民,亦曰殆哉!"

唯仁人放流之,迸诸四夷,不与中国同。此谓唯仁人为能爱人,能恶人。

见贤而不能举,举而不能先,命也。见不善而不能退,退而不能远,过也。

好人之所恶,恶人之所好,是谓拂人之性,灾必逮夫身。是故君子有大道,必忠信以得之,骄泰以失之。

生财有大道:生之者众,食之者寡,为之者疾,用之者舒,则财恒足矣。仁者以财发身,不仁者以身发财。未有上好仁而下不好义者也,未有好义其事不终者也,未有府库财非其财者也。

孟献子曰:"畜马乘,不察于鸡豚;伐冰之家,不畜牛羊;百乘之家,不畜聚敛之臣。与其有聚敛之臣,宁有盗臣。"此谓国不以利为利,以义为

利也。长国家而务财用者,必自小人矣。彼为善之,小人之使为国家,灾害并至,虽有善者,亦无如之何矣。此谓国家不以利为利,以义为利也。

之所以说平定天下要治理好自己的国家,那是因为:在上位的人尊敬老人,百姓就会孝顺自己的父母;在上位的人尊重年长者,百姓就会尊重自己的兄长;在上位的人体恤救济孤儿,百姓也会同样跟着去做而不会背弃。所以,品德高尚的人总是践行以身作则、推己及人的"絜矩之道"。

如果厌恶上面的人对你的某种行为,就不要用这种行为去对待你下面的人;如果厌恶下面的人对你的某种行为,就不要用这种行为去对待你上面的人;如果厌恶在你前面的人对你的某种行为,就不要用这种行为去对待在你后面的人;如果厌恶在你后面的人对你的某种行为,就不要用这种行为去对待在你前面的人;如果厌恶在你右边的人对你的某种行为,就不要用这种行为去对待在你左边的人;如果厌恶在你左边的人对你的某种行为,就不要用这种行为去对待在你右边的人。这就叫做以身作则、推己及人的"絜矩之道"。

《诗经》说:"使人心悦诚服的国君啊,是老百姓的父母。"老百姓喜欢的他也喜欢,老百姓厌恶的他也厌恶,这样的国君就可以说是老百姓的父母了。

《诗经》说:"巍峨的南山啊,岩石耸立;显赫权盛的尹太师啊,百姓的目光都注视着你。"所以,治理国家的人不可不谨慎。稍有偏颇,就会被天下人推翻。

《诗经》说:"殷朝没有丧失民心的时候,还是能够与上天的要求相符。请以殷朝作个鉴戒吧,得到上天的庇佑并不是一件容易的事。"这就是说,得到民心就能得到国家,失去民心就会失去国家。

所以,品德高尚的人首先注重修养自身的德行。有德行才会有人拥护,有人拥护才能保有土地,有土地才会有财富,有财富才能供给使用。德是根本,财是枝末。假如把根本当成了外在的枝末,却把枝末当成了内在的根本,那就会和老百姓争夺利益。所以,聚财敛货,民心就会失散;散财于民,民心就会聚在一起。这正如你说话不讲道理,人家也会用不讲道理的话来回答你;财货来路不明不白,总有一天也会不明不白地失去。

《康诰》说:"天命的去与存是没有一定的常规的。"这就是说,行善便会得到天命,不行善便会失去天命。

《楚书》说:"楚国没有什么是宝,只是把善当做宝。"

舅犯说:"流亡在外的人没有什么是宝,只是把仁爱当做宝。"

《秦誓》说:"如果有这样一位大臣,忠诚老实,虽然没有什么特别的本领,但他心胸宽广,有容人的肚量,别人有本领,就如同他自己有一样;别人德才兼备,他心悦诚服,不只是在口头上表示,而是打心底里赞赏。重用这种人,是可以保护我的子孙和百姓的,也是可以为他们造福的啊!相反,如果别人有本领,他就妒忌、厌恶;别人德才兼备,他便想方设法压制、排挤。这种人不可容忍重用,因为他不仅不能保护我的子孙和百姓,而且可以说是危险得很啊!"

只有仁德的君主才会把这种嫉贤妒能的人及时流放,驱逐到边远的四夷之地去,不让他们同住在国中。所以说唯有仁德之人懂得爱护人懂得厌恶人。

发现贤才而不能选拔,选拔了而不能重用,这是轻慢。发现恶人而不能罢免,罢免了而不能把他驱逐得远远的,这是过错。

喜欢众人所厌恶的,厌恶众人所喜欢的,这是违背人的本性,灾难必定要落到自己身上。所以,为君本有为君之正道,忠诚守信便会获得,骄奢放纵便会失去。

生产财富也是有道可循:生产的人多,消费的人少;生产的人勤奋,消费的人节省。这样,财富便会保持充足。仁爱的人仗义疏财以修养自身的德行,不仁的人不惜以生命为代价去敛钱发财。没有在上位的人喜爱仁德,而在下位的人却不喜爱忠义的;没有人真正崇尚道义而做事却半途而废的;没有国库里的财物不是同样属于君王的。

孟献子说:"养了4匹马拉车的士大夫之家,就不需再去养鸡养猪;祭祀用冰的卿大夫家,就不要再去养牛养羊;拥有100辆兵车的诸侯之家,就不要再畜养搜刮民财的家臣。与其有搜刮民财的家臣,还不如有偷盗府库财物的家臣(盗臣盗取有限,而聚敛之臣淫威无边)。"这意思是说,一个国家不应该以财货为最大利益,而应该以仁义为最大利益。做了国君却还一心想着聚敛财货,这必然是有小人在诱导。国君如果还以为这些小人是好人,让他们去处理国家大事,结果将是天灾人祸一齐降临,这时虽有贤能的人,却也没有办法挽救了。所以,一个国家不应该以财货为最大利益,而应该以仁义为最大利益。

关于《中庸》

哲学课正在进行。台上的教授开始讲解孔子的话："君子中庸，小人反中庸。君子之中庸也，君子而时中；小人之中庸也，小人而无忌惮也。"

台下的学生一片嬉笑："什么年代了？还在讲中庸？！"

教授继续讲授："亚里士多德认为，人的行为可能因为过分或不足而偏离合理标准，因此善的或合理的行为要求避免两个极端，在任何时候都应恪守中庸。"

台下的学生纷纷点头叹服："西方哲人说得真好！"

其实，亚里士多德的观点与孔子和子思的观点十分一致，但孔子和子思却比亚里士多德早了一个多世纪。

这就是典型的"抛却自家无尽藏，沿门托钵学乞儿"的心态写真。

著闻天下的教化之书

《中庸》是中国古代讨论教育理论的重要论著，被后代尊为"述圣"的子思，围绕"天命"、"性"、"道"、"教"、"慎独"、"中和"等命题以及人才的成长过程和方法，进行了非常精辟的论述，对宋明理学和古代教育影响深远。

有人将儒家的几部经典作了这样一个比喻：《大学》好比建筑房屋的蓝图，《中庸》好比房屋基础工程的奠定，《论语》与《孟子》则好比优良的建筑材料。也就是说培育人才好比建筑房屋，那是有道可循的。

子思(前483——前402年)，姓孔，名伋，是孔子的孙子，孔鲤的儿子，鲁缪公的老师，战国初年著名的哲学家、思想家和教育家。孔子大子思68岁，在子思儿童时期他就去世了，所以子思没有亲受孔子的教诲，但子思以孔子的弟子曾参为师，颇得孔子思想的真传。子思继承孔子的中庸之道，以孔门传授心得的方法，系统阐扬而成《中庸》一书，并传授给孟子,孟子继承并有所发展,成为儒家的"思孟学派"。

夫子程颐说:不偏于一方叫做"中",不改变常规叫做"庸"。"中"的意思是天下的正道,"庸"的意思是天下的定理,因而"中庸"即永恒恪守中道之意。所谓中庸之道,就是孔子提倡、子思阐发的提高人的基本道德素质、达到平衡和谐的一整套理论与方法,它教育人们自我修养、自我监督、自我完善,向着至真、至善、至诚、至仁、至德、至道、至王、至圣的理想目标迈进。

中庸之道的主要原则有三条:一是慎独自修,二是忠恕宽容,三是至诚尽性。但要实行"中庸之道",还必须尊重天赋的本性,通过后天的学习,即《中庸》所说的"天命之谓性,率性之谓道,修道之谓教"。"天命之谓性",是说上天把天理赋予人形成品德就是"性";"率性之谓道",是说循着这种天性自然而行就合于"道";"修道之谓教",是说把道加以修明并推广就是"教"。

《中庸》要人们贯彻孔门相传的"忠恕之道",又提出有德之人必须好"三达德",行"五达道",才能达到"中庸"的境界。

所谓"五达道",即"君臣也,父子也,夫妇也,昆弟也,朋友之交也",处理这五方面关系的准则是:"君惠臣忠"、"父慈子孝"、"夫义妇顺"、"兄友弟恭"、"朋友有信"。"五达道"的实行,要靠智、仁、勇"三达德"。而要具备"三达德",就要靠"诚"。

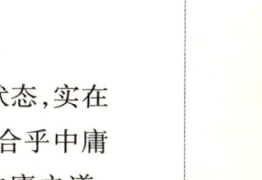

实行"中庸之道"既是率性的问题,也是修道的问题,所以说子思发展了孔子"内省"和曾子"自省"的思想。

人生成功的奥妙所在

合乎常情、合乎常理、不偏不倚、无过也无不及且达到最佳状态,实在不是一件容易的事。子思叙述孔子的话说:"君子的所作所为,合乎中庸的道理,小人的所作所为,违背中庸的道理。君子之所以合乎中庸之道,是因为随时都能做到适中,无过也无不及;小人之所以违背中庸之道,是因为小人无所禁忌,胆大妄为。"

在《论语》中,孔子关于中庸谈得不多,但我们听见了他的叹息:"中庸之为德也,其至矣乎!民鲜久矣。"意思是说中庸作为一种美德,应该是道德的最高境界了吧!但人们缺少这种美德已经很久了。孔子说:"不得中行而与之,必也狂狷乎!狂者进取,狷者有所不为也。"因为找不到奉行中庸之道的人和自己交往,孔子只能退而求其次,选择与敢作敢为的狂者或者不会干坏事的狷者相交往。

古希腊哲学家亚里士多德在其《伦理学》一书中,也谈中庸。他说中庸之德,就是不过多,也不过少,不趋于两个极端。

亚里士多德还有如下具体的说明:1.勇气,为恐怖和粗暴之中庸所存的德;2.节制,为佚乐和拘守之中庸所存的德;3.惠与,为奢侈和吝啬之中庸所存的德;4.壮大,为豪奢和寒碜之中庸所存的德;5.大度,为傲慢和卑屈之中庸所存的德;6.温和,为愤怒和圆滑之中庸所存的德;7.谦让,为倨傲和畏葸之中庸所存的德;8.机智,为谐谑和鄙视之中庸所存的德;9.友爱,为阿谀和怠慢之中庸所存的德。

亚里士多德把中庸和节制相联系,制定了系统的理论。他认为万物皆有其中庸之道。自然界的中庸是绝对的,人事的中庸则是相对的。在伦理方面,人的一切行为都有过度、不及和适度三种状态,过度和不及都是恶行的特征,只有中庸才是美德的特征和标准。

有着崇高理想的孔子从来都在等待实现抱负的时机。当鲁国季康子执政,欲召冉求回去协助办理政务之时,孔子高兴地对弟子们说:回去吧,回去为官从政!但同时又指出弟子们存在的问题:行为粗率简单,还不知道怎样节制自己,素养方面急需提高,也就是说,距离中道还有不小的距离,所以成就功业容易遭到挫折。为人处世,只有守住中道,才能秉承天下大公,归服天下大众。

在"礼仪之邦"的中国,谦恭礼让是处理人际关系的千年传统。

中国人处理人际关系的最关键的思想内涵,就是平衡。在矛盾中平衡,在斗争中平衡,在前进中平衡。它不仅包含着个人身心的平衡,而且还包含着内外的平衡、上下的平衡、左右的平衡、前后的平衡。"发上等愿,结中等缘,享下等福;择高处立,就平处坐,向宽处行",阐释的正是中庸之道。

居上时想到下,立高时寻找宽,那么,我们无论在多么错综复杂的矛盾面前,就都能做到处变不惊,遇险不乱,既能创业,又能守业。

和谐社会的哲学基础

中庸,是与天道相遥契的人道;中庸,是和谐的实践模式;中庸,也是对称,而对称是世界观,是方法论,是中国哲学的本质。

矛盾的解决方式与途径,通常不是一方吃掉或消灭另一方,而是协调、整合、双赢,各得其所。

所以,中庸之道是建构和谐社会的方法论原则,是和谐社会的哲学基础。建立和谐的思维结构是建立和谐社会结构的前提,而中庸就是和谐的思维结构。

中庸的原则,还被亚里士多德运用于国家政治学说。他认为由中等阶级治理的国家最好,因为拥有适度的财产最容易遵循合理的原则,最不会逃避公民的责任或具有过分的野心,他们是国家最安稳的公民阶级。

在人类发展史上,革命是以强力改变现状的一种手段。但革命只是一个阶段,绝非人类社会的常态。

中产阶层或中产阶级,是基于财富与文化属性的相对定义。这个阶层的产生,标志着文明的进步。改革开放30多年来,中国社会蕴育和产生了中产阶层这一社会群体。他们大多受过良好教育,从事脑力劳动,具有专业知识、职业能力以及相应的家庭消费能力,从经济地位、政治地位和社会文化地位上看,他们居于现阶段社会的中间水平,同时在一定程度上主导了社会意识的主流,所以他们是社会稳定的核心因素。

文明的社会必须由文明者来治理与主导,让中产阶层成为构建和谐社会的中流砥柱,丝毫不会排斥对先行者的尊重与对弱势群体的扶助。倘若这一阶层被不断削弱甚至不复存在,稳定也就只能成为一种愿望了。

美国政治学家亨廷顿曾经深刻指出:"一个高度传统化的社会和一个最现代化的高度文明社会,其社会运行是稳定而有序的;而处在社会急剧变动、社会体制转轨的现代化进程中的社会,必将萌发种种不稳定因素。"当前的我国社会,也同样面临这样的问题。

社会要发展,经济理应增长。但若盲目追求经济增长,忽视文化的传承与建设,忽视因此带来的环境恶化、资源浪费、气候激变、生态破坏、道德沦丧、恶性犯罪等等严重后果,就是社会不和谐、不中道的表现。

把握"致中和,天地位焉,万物育焉"的中庸之道,注重社会总体的全面的可持续发展,才是真正的科学发展观,才是我国社会和人类社会发展的必由之路。

中庸,通过人类社会无数个体自由自觉的劳动,使人人具备"万物皆备于我"的宇宙情怀,"天地各就其位而运行不已,万物各得其所而生长繁育"。这样的社会,多么和谐美好!

《中庸》原典与白话

子程子曰:"不偏之谓中,不易之谓庸。中者,天下之正道,庸者,天下之定理。"此篇乃孔门传授心法,子思恐其久而差也,故笔之于书,以授孟子。其书始言一理,中散为万事,末复合为一理,"放之则弥六合,卷之则退藏于密"。其味无穷,皆实学也。善读者玩索而有得焉,则终身用之,有不能尽者矣。

宋朝夫子程子说:"不偏不倚就叫做中,一直不变就叫做庸。中,是天下的正道,庸,是天下的定理。"这篇《中庸》,原本是孔子传授门生的心法、要诀,子思恐怕时间久了有差错,就把它写成书,传授给孟子。此书开篇只说一个道理,中间部分以世间万事万般阐发说明,到最后又归结到这一个道理上。这一道理,"往大处说覆盖宇宙天地,往小处说藏于细微方寸"。它的含义无穷无尽,都是实实在在的知识和学问。会读书的人,仔细去探究,便一定能有收获,依照这样的道理去做人做事,那就一辈子也用不完了。

第一章

天命之谓性,率性之谓道,修道之谓教。道也者,不可须臾离也,可离非道也。是故君子戒慎乎其所不睹,恐惧乎其所不闻。莫见乎隐,莫显乎微,故君子慎其独也。

喜怒哀乐之未发,谓之中;发而皆中节,谓之和。中也者,天下之大本也;和也者,天下之达道也。致中和,天地位焉,万物育焉。

上天赋予人的气禀叫做本性,依照本性自然去做就叫做顺应大道,按照大道的原则来修身养性,并加以修明推广,就叫做教化。这个大道,是片刻都不可以离弃的;如果可以离弃,那就不是大道了。因此君子要特别警戒谨慎在别人看不到的地方,要特别惶恐畏惧在众人听不到的地方。一件事物,其实没有比在阴暗处更容易被发现的,也没有比最小的细节更明显的,所以君子要特别谨慎自己单人独处的时候。

喜怒哀乐这些情绪,在没有产生的时候,心中是寂然不动的,没有过与不及的偏向,这就叫做中;当情思表现出来以后,没有过与不及的弊病,都合乎时宜,这就叫做和。"中",是天下万物的根本,"和",是天下人共同遵循的原则。如果能够完全达到中和的地步,天地间一切无不各安其所,万物无不自如繁育。

第二章

仲尼曰:"君子中庸,小人反中庸。君子之中庸也,君子而时中;小人之中庸也,小人而无忌惮也。"

孔子说:"君子的所作所为,合乎中庸的道理,小人的所作所为,违背中庸的道理。君子之所以合乎中庸之道,是因为随时都能做到适中,无过也无不及;小人之所以违背中庸之道,是因为小人无所禁忌,胆大妄为。"

第三章

子曰:"中庸其至矣乎!民鲜能久矣!"

孔子说:"中庸,应该是最高的道德规范了吧!人们缺少这种德行已经很久了。"

第四章

子曰:"道之不行也,我知之矣:知者过之,愚者不及也。道之不明也,我知之矣:贤者过之,不肖者不及也。人莫不饮食也,鲜能知味也。"

孔子说:"中庸之道之所以不能施行,我已经知道是为什么了:聪明的人思想过了头,智力不及的人又理解不了。中庸的精神之所以不能弘扬,我也知道是为什么了:积极的人做得过了火,消极的人却又做得不够。这就好比人没有不会吃饭的,但是能真正品出味道来的却很少。"

第五章

子曰:"道其不行矣夫!"

孔子叹息说:"中庸之道,恐怕难以施行了吧!"

第六章

子曰:"舜其大知也与!舜好问而好察迩言,隐恶而扬善,执其两端,用其中于民,其斯以为舜乎!"

孔子说:"舜这个人,真是有大智慧啊!他不但喜欢向人提问,而且喜欢细察浅近的话语。他总是隐藏别人的不是,宣扬别人的好处。他把握众人过与不及两端的表现,适中地施行于人民,这就是舜之所以能成为人民景仰的舜的缘由了。"

第七章

子曰:"人皆曰予知,驱而纳诸罟擭陷阱之中,而莫之知辟也。人皆曰予知,择乎中庸,而不能期月守也。"

孔子说:"人人都说自己很聪明,但若被人驱使进入陷阱,或者遭遇机关的时候,却不知道回避。人人都说自己很聪明,但要他们选择中庸之道,却连一个月也坚持不了。"

第八章

子曰:"回之为人也,择乎中庸,得一善,则拳拳服膺弗失之矣。"

孔子说:"颜回做人,择取中庸之道,从中受益,得一善理,就奉行不懈,时时存在心中,再也不肯把它失去。"

第九章

子曰:"天下国家可均也,爵禄可辞也,白刃可蹈也,中庸不可能也。"

孔子说:"天下国家之事可以治理,官爵俸禄也可以辞去,雪亮的刀刃也可向前身试,只有这中庸的道理,看起来虽然平常,却是很难做到的啊!"

第十章

子路问强。子曰:"南方之强与?北方之强与?抑而强与?宽柔以教,不报无道,南方之强也,君子居之。衽金革,死而不厌,北方之强也,而强者居之。故君子和而不流,强哉矫!中立而不倚,强哉矫!国有道,不变塞焉,强哉矫!国无道,至死不变,强哉矫!"

子路问孔子什么是强。孔子说:"你问的是南方人的强,还是北方人的强,还是你自己认为的强呢?能够宽大柔和言传身教,不报复人家对自己的无理,这是南方人的强,是有德行的君子所持有的。枕着刀枪铠甲睡觉和战斗,到死也不害怕,这是北方人的强,是斗狠的人所持有的。所以,真正有德行的人,和气待人而不随波逐流,这是真正的强啊!坚守中庸之道而不偏私,这是真正的强啊!国家有道时,不改变自己平生的操守志向,这是真正的强啊!国家无道时,虽面临死亡,也不改变自己平生的操守志向,这是真正的强啊!"

第十一章

子曰:"素隐行怪,后世有述焉,吾弗为之矣。君子遵道而行,半涂而废,吾弗能已矣。君子依乎中庸,遁世不见知而不悔。唯圣者能之。"

孔子说:"好求隐辟的道理追求怪异行为的人,后世或许会被记述,但是我却不愿这样做。有一些读书人依照中庸的道理去行事,然而走到一半就放弃了,但我是不会这样停下来的。真正有德行的人,一定会始终遵循中庸之道为人做事,纵是因此一辈子默默无闻不被世人所知,自己也不后悔。当然,这只有圣人才能做到啊!"

第十二章

君子之道费而隐。夫妇之愚,可以与知焉;及其至也,虽圣人亦有所不知焉。夫妇之不肖,可以能行焉;及其至也,虽圣人亦有所不能焉。天地之大也,人犹有所憾。故君子语大,天下莫能载焉;语小,天下莫能破焉。《诗》云:"鸢飞戾天,鱼跃于渊。"言其上下察也。君子之道,造端乎夫妇,及其至也,察乎天地。

中庸的道理,深邃而精微。世间普通的男女虽然愚钝,但也能理解;不过讲到高深的层面,就是圣人也可能还有不知道的地方。世间普通的男女虽然不够贤能明智,也可以实行中庸之道;然而讲到高远的境界,就是圣人有时也做不到。天地是如此的广大,但人们对它的变化无常,因为自己的利益所在有时尚心存不满。君子所说的中庸的道理,说它大,天下无人能够完全载负;说它小,天下无人可以将它破解。《诗经》说:"鹞鹰翱翔在天空,鱼儿游跃在水中。"就是说凡事都有上有下,并且上下分明。所以说中庸的道理,讲得浅显容易的,可以从妇人开始,若至于高深高远的境界,就可以阐释宇宙天地万事万物之理了。

第十三章

子曰:"道不远人,人之为道而远人,不可以为道。《诗》云:'伐柯,伐柯,其则不远。'执柯以伐柯,睨而视之,犹以为远。故君子以人治人,改而止。忠恕违道不远,施诸己而不愿,亦勿施于人。

君子之道四,丘未能一焉:所求乎子以事父,未能也;所求乎臣以事君,未能也;所求乎弟以事兄,未能也;所求乎朋友先施之,未能也。庸德之行,庸言之谨。有所不足,不敢不勉,有余不敢尽。言顾行,行顾言,君子胡不慥慥尔!"

孔子说:"中庸的道理离我们并不远,一个人欲行中道,但自己却远离人群人情,那就谈不上遵循中庸之道了。《诗经》说:'砍削木头做斧柄,砍削木头做斧柄,新斧柄的模样就在你的眼前。'人们拿着旧的斧柄去砍取新的,斜眼一看,总是觉得新的和旧的斧柄相去甚远没有关联。而君子则会以具有仁德的人为榜样来教育人,使人们知道改过而走上正道。一个人只要能够做到忠与恕,就离中庸之道不远了。我所不愿意别人强加于自己的,那也不要强加于别人。

君子之道有四项,而我孔丘都还没有做到:为人子,孝顺父亲,我没能做到;为人臣辅佐君王,我没能做到;为人弟恭敬兄长,我没能做到;为人友首先伸出援助之手,我没能做到。我只是在平常的德行方面尽量做好,平常的言语方面尽量谨慎。我常感有诸多不足之处,所以不敢不勉力而为,就是做好了,也不敢自满把话说尽。因为言语要顾及行动,行动要顾及言语,君子怎么可以不忠厚诚实呢?"

第十四章

君子素其位而行,不愿乎其外。

素富贵,行乎富贵;素贫贱,行乎贫贱;素夷狄,行乎夷狄;素患难,行乎患难,君子无入而不自得焉。

在上位不陵下,在下位不援上,正己而不求于人,则无怨。上不怨天,下不尤人,故君子居易以俟命,小人行险以徼幸。

子曰:"射有似乎君子,失诸正鹄,反求诸其身。"

君子安于当下所处的地位去做应做的事,不生非分之想。

处于富贵的地位,就做富贵人应做的事;处于贫贱的状况,就做贫贱人应做的事;处于边远地区,就做边远地区之人应做的事;处于患难之中,就做患难之中的人应做的事。君子无论处于什么情况下都是安然自得的。

处于上位,不欺侮在下位的人;处于下位,不攀附在上位的人,端正自己而不苛求别人,这样就不会有什么抱怨了。上不怨天,下不怨人,所以,君子以平常的心态来等待天命,小人却铤而走险总是企图获得非分的东西。

孔子说:"君子立身处世就像射箭一样,射不中,不怪靶子不正,只怪自己箭术不行。"

第十五章

君子之道,辟如行远必自迩,辟如登高必自卑。

《诗》曰:"妻子好合,如鼓瑟琴。兄弟既翕,和乐且耽。宜尔室家,乐尔妻帑。"子曰:"父母其顺矣乎!"

君子实行中庸之道,就像走远路一样,必定要从近处开始,就像登攀高山一样,必定要从低处起步。

《诗经》说:"妻子儿女感情和睦,就像弹琴鼓瑟一样。兄弟关系融洽,和顺又快乐。使你的家庭美满,使你的妻儿幸福吧!"孔子赞叹说:"这样,父母也就称心如意了啊!"

第十六章

子曰:"鬼神之为德,其盛矣乎!视之而弗见,听之而弗闻,体物而不可遗,使天下之人齐明盛服,以承祭祀。洋洋乎,如在其上,如在其左右。《诗》曰:'神之格思,不可度思!矧可射思!'夫微之显,诚之不可掩如此夫。"

孔子说:"神明的德行能量,可真是盛大啊!看它看不见,听它听不到,但它却体现在万物之中使人无法离开它,使天下之人都斋戒净心,穿着庄重整齐的服装去祭祀它。浩浩荡荡啊!好像就在你的头上,又好像就在你的左右。《诗经》说:'神的降临,不可揣测,怎么能够怠慢不敬呢?'神明的行迹本来就是隐匿虚无的,但其功德的能量又是如此的明显,从隐微到显著,至诚的德行就是这样不可掩盖啊!"

第十七章

子曰:"舜其大孝也与!德为圣人,尊为天子,富有四海之内,宗庙飨之,子孙保之。故大德必得其位,必得其禄,必得其名,必得其寿。故天之生物,必因其材而笃焉。故栽者培之,倾者覆之。《诗》曰:'嘉乐君子,宪宪令德,宜民宜人。受禄于天,保佑命之,自天申之。'故大德者必受命。"

孔子说:"舜是个最孝顺的人了吧!德行方面是圣人,地位上是尊贵的天子,财富拥有整个天下,宗庙里祭祀他,子子孙孙都延续他的功业。所以,有大德的人必定会得到他应得的地位,必定会得到他应得的财富,必定会得到他应得的名声,必定会得到他应得的长寿。所以,上天生养万物,必定会根据它们的资质而培育它们。能成材的就能得到培育,不能成材的就会遭到淘汰。《诗经》说:'高尚优雅的周成王,有光明美好的德行,让人民安居乐业。上天保佑他,任用他,让他福禄永享。'所以,有大德的人必定会承受上天赋予的伟大使命。"

第十八章

子曰:"无忧者,其惟文王乎!以王季为父,以武王为子,父作之,子述之。武王缵大王、王季、文王之绪,一戎衣而有天下。身不失天下之显名,尊为天子,富有四海之内,宗庙飨之,子孙保之。

武王末受命,周公成文、武之德,追王大王、王季,上祀先公以天子之礼。斯礼也,达乎诸侯大夫及士庶人。父为大夫,子为士,葬以大夫,祭以士;父为士,子为大夫,葬以士,祭以大夫。期之丧,达乎大夫;三年之丧,达乎天子;父母之丧,无贵贱,一也。"

孔子说:"古代帝王中无忧无虑的大概只有周文王吧!因为他有贤明的父亲王季,英勇的儿子武王,父亲为他开创了基业,儿子继承了他的遗志,完成了他没有完成的事业。武王继续着太王、王季、文王未完成的功业,一身披挂战袍,伐纣取胜夺得了天下。武王这种以下伐上的行动,充满正义,所以不仅没有使他自身失掉显赫天下的美名,反而被天下人尊为天子,富有四海之疆域,世代在宗庙里享受祭祀,子孙延续不断。

周武王直到晚年才承受上天之命而为天子,因此他还有许多来不及完成的事情。武王死后,周公辅助成王,才成就了文王和武王的德业,追尊太王、王季为王,用天子的礼制来追祀祖先。这种礼制,一直实行到诸侯、大夫、士和庶人之间。周公制定的礼节规定:如果父亲是大夫,儿子是士的,父死就要按大夫的礼制安葬,按士的礼制祭祀;如果父亲是士,儿子是大夫的,父死就要按士的礼制安葬,按大夫的礼制祭祀。一周年的守丧礼制,通行到大夫;三周年的守丧礼制,通行到天子;至于给父母守丧,因为没有什么贵贱的区别,天子、庶人在礼制上都是一样的。"

第十九章

子曰:"武王、周公,其达孝矣乎!夫孝者,善继人之志,善述人之事者也。春秋修其祖庙,陈其宗器,设其裳衣,荐其时食。

"宗庙之礼,所以序昭穆也;序爵,所以辨贵贱也;序事,所以辨贤也;旅酬下为上,所以逮贱也;燕毛,所以序齿也。

"践其位,行其礼,奏其乐,敬其所尊,爱其所亲,事死如事生,事亡如事存,孝之至也。

"郊社之礼,所以事上帝也;宗庙之礼,所以祀乎其先也。明乎郊社之礼、禘尝之义,治国其如示诸掌乎!"

孔子说:"周武王和周公,当是最守孝道的人了吧!所谓孝者,就是善于继承先人的遗志,善于完成先人未竟的功业。在春秋两季祭祀的时节,修整祖宗庙宇,陈列祭祀器具,摆设先王遗留下来的衣裳,进献祭祀应时的鲜美食品。

"宗庙的礼制,是用来排列父子、长幼、亲疏顺序的;助祭的人按官爵高低排列,是用来区别贵贱的;进献祭品的人依照在祭祀中担任职事主次排列,是用来区别才能高低的;行旅酬礼让卑下者先饮酒,是表明祖辈的恩惠先施予晚辈;按头发的颜色来决定宴席座次,是为了使老少长幼秩序井然。

"站在适宜的位置上,行先王传下来的祭礼,演奏先王时代的音乐,尊敬先王所尊敬的,爱戴先王所爱戴的,侍奉死去的人就像侍奉活着的人一样,侍奉失去的事物就像侍奉依然存在的事物一样,这才是孝的最高境界。

"制定祀天祭地的礼节,是用来侍奉皇天后土的;制定宗庙的礼节,是用来祭祀祖先的。明白郊社的礼节、大祭小祭的意义,那么治理国家的道理,就像看着自己手掌上的东西那样容易明白了啊!"

第二十章

哀公问政。子曰:"文武之政,布在方策。其人存,则其政举;其人亡,则其政息。人道敏政,地道敏树。夫政也者,蒲卢也。故为政在人,取人以身,修身以道,修道以仁。仁者,人也,亲亲为大。义者,宜也,尊贤为大。亲亲之杀,尊贤之等,礼所生也。

"在下位不获乎上,民不可得而治矣!故君子不可以不修身。思修身,不可以不事亲;思事亲,不可以不知人;思知人,不可以不知天。

"天下之达道五,所以行之者三。曰:君臣也,父子也,夫妇也,昆弟也,朋友之交也,五者,天下之达道也。知、仁、勇三者,天下之达德也,所以行之者一也。或生而知之,或学而知之,或困而知之,及其知之,一也。或安而行之,或利而行之,或勉强而行之,及其成功,一也。子曰:好学近乎知,力行近乎仁,知耻近乎勇。知斯三者,则知所以修身;知所以修身,则知所以治人;知所以治人,则知所以治天下国家矣。

"凡为天下国家有九经,曰:修身也,尊贤也,亲亲也,敬大臣也,体群臣也,子庶民也,来百工也,柔远人也,怀诸侯也。修身则道立,尊贤则不惑,亲亲则诸父昆弟不怨,敬大臣则不眩,体群臣则士之报礼重,子庶民则百姓劝,来百工则财用足,柔远人则四方归之,怀诸侯则天下畏之。

"齐明盛服,非礼不动,所以修身也;去谗远色,贱货而贵德,所以劝贤也;尊其位,重其禄,同其好恶,所以劝亲亲也;官盛任使,所以劝大臣也;忠信重禄,所以劝士也;时使薄敛,所以劝百姓也;日省月试,既廪称事，所以劝百工也；送往迎来，嘉善而矜不能，所以柔远人也；继绝世，举废国，治乱持危，朝聘以时，厚往而薄来，所以怀诸侯也。凡为天下国家有九经，所以行之者一也。

"凡事豫则立，不豫则废。言前定则不跲，事前定则不困，行前定则不疚，道前定则不穷。

"在下位不获乎上，民不可得而治矣。获乎上有道，不信乎朋友，不获乎上矣；信乎朋友有道，不顺乎亲，不信乎朋友矣；顺乎亲有道，反诸身不诚，不顺乎亲矣；诚身有道，不明乎善，不诚乎身矣。

"诚者，天之道也；诚之者，人之道也。诚者不勉而中，不思而得，从容中道，圣人也。诚之者，择善而固执之者也。

"博学之，审问之，慎思之，明辨之，笃行之。有弗学，学之弗能，弗措也；有弗问，问之弗知，弗措也；有弗思，思之弗得，弗措也；有弗辨，辨之弗明，弗措也；有弗行，行之弗笃，弗措也。人一能之己百之，人十能之己千之。果能此道矣，虽愚必明，虽柔必强。"

"鲁哀公询问政事。孔子说："周文王、周武王的政事都记载在典籍上。他们在世，这些政事就实施；他们去世，这些政事也就废弛了。治理国家的关键在于任用贤人，治理土地的关键在于多种树木。说起来，政事就像性柔的芦苇一样，要以仁德为重。要得到适用的人，首先在于修养自己，修养自己在于遵循大道，遵循大道要从仁义做起。仁，就是人与人之间相互亲爱，而亲爱亲人亲族最为重要。义，就是人与人之间相处适宜，而尊重贤人最为重要。至于说亲爱亲族要分亲疏，尊重贤人要有等级，这都是礼的要求。

"处在下位的人臣，如果得不到君主的信任授权，就不能够治理百姓。所以，君子不能不修养自己；要修养自己，就不能不侍奉亲族；要侍奉亲族，就不能不了解他人；要了解他人，就不能不知道天理。

"天下人共有的伦常关系有五项，用来处理这五项伦常关系的德行有三种。君臣、父子、夫妇、兄弟、朋友之间的交往，这五项是天下人共有的伦常关系；智、仁、勇，这三种是用来处理这五项伦常关系的德行。至于这三种德行的实施，道理都是一样的。比如说，有的人生来就知道，有的人通过学习才知道，有的人要遇到困难后才知道，但只要他们最终都知道了，也就是一样的了。又比如说，有的人自觉自愿地去实行它们，有的人为了某种好处才去实行它们，有的人勉勉强强地去实行，但只要他们最终都实行起来了，也就是一样的了。孔子说，喜欢学习就接近了智，努力实行就接近了仁,知道羞耻就接近了勇。明白这三点,就懂得怎样修养自己,懂得怎样修养自己,就懂得怎样管理他人,懂得怎样管理他人,就懂得怎样治理国家和天下了。

"治理国家和天下有九条原则,那就是:修养自身,尊崇贤人,亲爱亲族,敬重大臣,体恤群臣,爱民如子,招纳工匠,优待远客,安抚诸侯。修养自身就能确立正道;尊崇贤人就不会思想困惑;亲爱亲族就不会惹来叔伯兄弟怨恨;敬重大臣就不会遇事无措;体恤群臣,士人们就会竭力报效;爱民如子,老百姓就会忠心耿耿;招纳工匠,财物就会充足;优待远客,四方百姓就会归顺;安抚诸侯,天下的人就都会敬畏。

"像斋戒那样净心虔诚,穿着庄重整齐的服装,不符合礼仪的事坚决不做,这是修养自身的方法;驱除小人,不重女色,看轻财物而重视德行,这是尊崇贤人的方法;提高亲族的地位,给他们以丰厚的俸禄,与他们爱憎相一致,这是亲爱亲族的方法;让足够的属官供他们使用,这是敬重大臣的方法;真心诚意地任用他们,并给他们以较多的俸禄,这是体恤群臣的方法;使用民役不误农时,少收赋税,这是爱护百姓的方法;每日视察,每月考核,付给与工效实绩相应的报酬,这是劝勉工匠的方法;来时欢迎,去时欢送,嘉奖有才能的人,救济有困难的人,这是优待远客的方法;延续衰败的家族,复兴灭亡的邦国,治理祸乱,扶持危难,按时朝见,赠送丰厚而纳贡菲薄,这是安抚诸侯的方法。总而言之,治理国家和天下有九条原则,但实行这些原则的道理都是一样的,都是一个"诚"字。

"任何事情,事先有预备就会成功,没有预备就会失败。说话先有预备,就不会中断;做事先有预备,就不会受挫;行为先有预备,就不会后悔;道路预先选定,就不会走投无路。

"在下位的人,如果得不到在上位的人信任,就不可能治理好百姓。得到在上位的人信任有方法,得不到朋友的信任就得不到在上位的人信任;得到朋友的信任有方法,不孝顺父母就得不到朋友的信任;孝顺父母有方法,自己不真诚就不能孝顺父母;使自己真诚有方法,不明白什么是善就不能够使自己真诚。

"真诚是上天的原则,追求真诚是做人的原则。天生真诚的人,不用勉强就能做到,不用思考就能拥有,自然而然就符合上天的原则,这样的人是圣人。要努力做到真诚,就要选择合于道义的目标执著追求。

"广泛学习,详细询问,周密思考,明确辨别,切实实行。要么不学,学了没有学会绝不罢休;要么不问,问了没有弄懂绝不罢休;要么不想,想了没有想通绝不罢休;要么不分辨,分辨了没有明确绝不罢休;要么不实行,实行了没有成效绝不罢休。别人用一分努力就能做到的,我用一百分的努力去做;别人用十分的努力就能做到的,我用一千分的努力去做。如果真能如此,虽然愚笨也一定可以聪明起来,虽然柔弱也一定可以强大起来。"

第二十一章

自诚明,谓之性;自明诚,谓之教。诚则明矣,明则诚矣。

由真诚而自然明白道理,这叫做天性;由明白道理而后做到真诚,这叫做教化。真诚就会自然明白道理,明白道理之后,也就会做到真诚。

第二十二章

唯天下至诚,为能尽其性;能尽其性,则能尽人之性;能尽人之性,则能尽物之性;能尽物之性,则可以赞天地之化育;可以赞天地之化育,则可以与天地参矣。

只有天下极其真诚的人才能充分发挥他的本性;能充分发挥他的本性,就能充分发挥众人的本性;能充分发挥众人的本性,就能充分发挥万物的本性;能充分发挥万物的本性,就可以帮助天地化育生命;能帮助天地化育生命,就可以与天地并列为三(天、地、人)了。

第二十三章

其次致曲,曲能有诚,诚则形,形则著,著则明,明则动,动则变,变则化。唯天下至诚为能化。

比圣人次一等的贤人致力于某一方面,致力于某一方面也能做到真诚,做到了真诚就会表现出来,表现出来就会逐渐显著,显著了就会发扬光大,发扬光大就会感动他人,感动他人就会引起转变,引起转变就能化育万物。只有天下最真诚的人,才能够化育万物。

第二十四章

至诚之道,可以前知。国家将兴,必有祯祥;国家将亡,必有妖孽。见乎蓍龟,动乎四体。祸福将至,善,必先知之;不善,必先知之。故至诚如神。

最高境界的真诚可以预知未来。国家即将兴盛时,一定会有吉祥的预兆;国家将要灭亡时,一定会有妖孽出来作怪。这些可以从蓍草、龟甲的占卜中发现,也可以从人的仪表、动作中察觉。祸福即将来临之前,是吉兆,一定能预先知道;是凶兆,也一定能预先知道。所以说,最高境界的真诚与神灵同在。

第二十五章

诚者自成也,而道自道也。诚者物之终始,不诚无物,是故君子诚之为贵。

诚者非自成己而已也,所以成物也。成己,仁也;成物,知也。性之德也,合外内之道也,故时措之宜也。

真诚的人,懂得自我完善,遵道的人,懂得自我体道。真诚是自然之理,万事万物开始和终结都离不开它,没有真诚,就没有了万事万物,所以,君子视真诚为珍宝。

但真诚并不仅仅是完善自我就够了,还要完善万事万物。成全自我,可为仁人;成全万事万物,便是大智慧了。仁和智都是出于人本性中具备的德行,也都是将自己和外界事物融合的准则,因此在任何时候实行都是合宜的。

第二十六章

故至诚无息。不息则久,久则征,征则悠远,悠远则博厚,博厚则高明。博厚,所以载物也;高明,所以覆物也;悠久,所以成物也。博厚配地,高明配天,悠久无疆。如此者,不见而章,不动而变,无为而成。

天地之道,可一言而尽也。其为物不贰,则其生物不测。天地之道,博也,厚也,高也,明也,悠也,久也。今夫天,斯昭昭之多,及其无穷也,日月星辰系焉,万物覆焉。今夫地,一撮土之多,及其广厚,载华岳而不重,振河海而不泄,万物载焉。今夫山,一卷石之多,及其广大,草木生之,禽兽居之,宝藏兴焉。今夫水,一勺之多,及其不测,鼋、鼍、蛟龙、鱼鳖生焉,货财殖焉。

《诗》曰:"惟天之命,于穆不已!"盖曰天之所以为天也。"于乎不显,文王之德之纯!"盖曰文王之所以为文也,纯亦不已。

所以,最高的真诚是没有止息的。没有止息就会保持长久,保持长久就会显露出来,显露出来就会悠远,悠远就会广博深厚,广博深厚就会高大光明。广博深厚,所以能承载万物;高大光明,所以能覆盖万物;悠远长久,所以能化育万物。广博深厚堪与大地匹配,高大光明堪与上天匹配,悠远长久则堪称无穷无尽。达到这样的境界,不表现也会明显,不行动也会改变,无所作为也会有所成就。

天地的法则,可以用一句话来概括。它自身诚一不二,所以生育万物的伟力不可估量。大地的法则,就是广博、深厚、高大、光明、悠远、长久。现在我们就说天吧,原本由一点一点的光明聚积起来,以至于无边无际,日月星辰都靠它维系,世界万物都靠它覆盖。我们又说地吧,原本由一撮土一撮土聚积起来,以至于广博深厚,承载像华岳那样的崇山峻岭也不觉得重,容纳千江大海也不会泄漏,世间万物都由它承载。我们再说山吧,原本由拳头大的石块聚积起来,以至于高大无比,草木在上面生长,禽兽在上面繁衍,宝藏在里面储藏。我们最后说说水,原本由一勺一勺聚积起来,以至于浩瀚无涯,鼋鼍、蛟龙、鱼鳖等等都在里面生长,珍珠珊瑚等等各种财货都在里面繁殖出来。

《诗经》说,"上天的定律多么深远啊,运行不止,无穷无尽!"这大概就是天之所以为天的原因吧。"啊!难道不光明吗?文王的品德纯真无二!"这大概就是文王之所以被称为"文王"的原因吧,盛大纯真的品德常行不息。

第二十七章

大哉!圣人之道洋洋乎!发育万物,峻极于天。优优大哉!礼仪三百,威仪三千,待其人然后行。故曰:苟不至德,至道不凝焉。故君子尊德性而道问学,致广大而尽精微,极高明而道中庸,温故而知新,敦厚以崇礼。是故居上不骄,为下不倍。国有道,其言足以兴;国无道,其默足以容。《诗》曰:"既明且哲,以保其身。"其此之谓与?

多么伟大啊,圣人奉行的大道!浩瀚无边,生养万物,与天一样崇高。多么充裕伟大啊,礼仪三百条,威仪三千条,都有待于圣人来实行。所以说,如果没有至高的德行,就不能成就至高的道义。因此,君子尊崇道德修养而追求知识学问,至于广博境界而又钻研精微之处,达到极端的高明而又奉行中庸之道,温习已有的知识从而获得新的感悟,保持朴素厚实的态度诚心诚意崇奉礼节。所以,身居高位不骄傲,身居低位不背弃。政治清明时,他的言论主张能被采纳足以振兴国家;政治黑暗时,他的沉默足以保全自己。《诗经》说:"既明智又通达事理,如此才可以保全自身。"大概说的就是这个意思吧?

第二十八章

子曰:"愚而好自用,贱而好自专,生乎今之世,反古之道,如此者,灾及其身者也。

非天子,不议礼,不制度,不考文。今天下车同轨,书同文,行同伦。

虽有其位,苟无其德,不敢作礼乐焉;虽有其德,苟无其位,亦不敢作礼乐焉。"

子曰:"吾说夏礼,杞不足征也。吾学殷礼,有宋存焉。吾学周礼,今用之,吾从周。"

孔子说:"愚昧却喜欢自以为是,卑贱却喜欢独断专行。生于现在的时代,不懂体会、弘扬古圣先贤的精神智慧,只是一味地将古代的制度生搬硬套,这样做,灾祸一定会降临到自己的身上。

不是天子就不要议订礼仪,不要制定法度,不要考订文字规范。现在天下本是统一的,车子的轮距一致,文字的字体统一,伦理道德相同。虽有天子的地位,如果没有天子相应的德行,那是不敢制作礼乐制度的;虽有天子的德行,如果没有天子的地位,也是不敢制作礼乐制度的。"

孔子说:"我谈论夏朝的礼制,夏的后裔杞国已不足以验证它;我学习殷朝的礼制,殷的后裔宋国还残存着它。我学习周朝的礼制,因为合乎时宜,现在还实行着它,所以我遵从周礼。"

第二十九章

王天下有三重焉,其寡过矣乎!

上焉者虽善无征,无征不信,不信民弗从;下焉者虽善不尊,不尊不信,不信民弗从。故君子之道,本诸身,征诸庶民,考诸三王而不缪,建诸天地而不悖,质诸鬼神而无疑,百世以俟圣人而不惑。质诸鬼神而无疑,知天也;百世以俟圣人而不惑,知人也。是故君子动而世为天下道,行而世为天下法,言而世为天下则。远之则有望,近之则不厌。

《诗》曰:"在彼无恶,在此无射。庶几夙夜,以永终誉!"君子未有不如此而蚤有誉于天下者也。"

治理天下要做好三件重要的事情(议定礼仪、制定法度、考订文字规范),做好了也就没有什么大的过失了吧!

在上位的人,虽有善念,但如果没有验证的话,就不能取信于民,不能取信于民,百姓就不会听从;在下位的人,虽有善念,但由于没有尊贵的地位,也不能取信于民,不能取信于民,百姓就不会听从。所以君子治理天下的道理在于:应该以自身的德行为根本,并在百姓那里得到验证,以夏、商、周三代先王(夏禹、商汤、周文王)的做法来对比考察而没有悖谬,立于天地之间而没有悖乱,质询于神明而没有疑问,百世以后待到圣人出现也没有什么迷惑。质询于神明而没有疑问,这是知道天理;百世以后待到圣人出现也没有什么迷惑,这是知道人意。所以君子的举止能成为世世代代天下的先导,行为能成为世世代代天下的法度,言语能成为世世代代天下的准则。人在远处会仰慕,人在近处也不厌恶。

《诗经》说:"诸侯在邦无人憎,在朝也不遭人恨,早起晚睡日夜操劳啊,永远保持美好的名望。"君子如此作为,没有不很快享誉天下的。

第三十章

仲尼祖述尧舜,宪章文武,上律天时,下袭水土。辟如天地之无不持载,无不覆帱;辟如四时之错行,如日月之代明。万物并育而不相害,道并行而不相悖,小德川流,大德敦化,此天地之所以为大也。

孔子继承尧舜,以文王、武王为典范,上遵循天时,下符合地理。就像天地那样没有什么不承载,没有什么不覆盖;又好像四季的交错运行,日月的交替照耀。万物一起生长而互不妨害,道路同时并行而互不冲突。小的德行如河水一样长流不息,大的德行使万物敦厚纯朴。这就是天地的伟大之处啊!

第三十一章

唯天下至圣为能聪明睿知,足以有临也;宽裕温柔,足以有容也;发强刚毅,足以有执也;齐庄中正,足以有敬也;文理密察,足以有别也。

溥博渊泉,而时出之。溥博如天,渊泉如渊。见而民莫不敬,言而民莫不信,行而民莫不说。是以声名洋溢乎中国,施及蛮貊。舟车所至,人力所通,天之所覆,地之所载,日月所照,霜露所队,凡有血气者,莫不尊亲,故曰配天。

唯有天下崇高的圣人,才具有真正的聪明睿智,能够居上位而临下民;宽宏大量,温和柔顺,能够包容天下之人;奋发勇健,刚强坚毅,能够决断天下大事;威严庄重,忠诚正直,能够受到人们的尊敬;条理清晰,详辨明察,能够洞悉是非邪正。

崇高的圣人,美德广博而深厚,并适时表现出来。德行广博如天,德行深厚如渊。美德表现在仪容上,百姓莫不敬佩;表现在言谈中,百姓莫不信服;表现在行为上,百姓莫不喜悦。这样,美好的名声在中国广泛流传,并传播到边远地区。凡是车船所能行驶到的地方,人力所能通行到的地方,苍天所覆盖的地方,大地所承载的地方,日月所照耀的地方,霜露所降落的地方,凡有血气的生物,莫不心生敬畏并渴望亲近,所以说圣人的美德能与上天相配。

第三十二章

唯天下至诚,为能经纶天下之大经,立天下之大本,知天地之化育。夫焉有所倚?肫肫其仁,渊渊其渊,浩浩其天!苟不固聪明圣知,达天德者,其孰能知之?

唯有天下极致的真诚的人,能够成为治理天下的崇高典范,能够树立天下通行的根本法则,能够把握天地万物化育的规律。他还需要凭借什么呢?他的仁德是那样的诚挚,他的思想是那样的幽深,他的美德是那样的广博如天!如果不具有真正的聪明智慧,通达天赋美德,谁能理解何为"至诚"呢?

第三十三章

《诗》曰:"衣锦尚䌹。"恶其文之著也。故君子之道,暗然而日章;小人之道,的然而日亡。君子之道,淡而不厌,简而文,温而理,知远之近,知风之自,知微之显,可与入德矣。

《诗》云:"潜虽伏矣,亦孔之昭!"故君子内省不疚,无恶于志。君子所不可及者,其唯人之所不见乎!

《诗》云:"相在尔室,尚不愧于屋漏。"故君子不动而敬,不言而信。

《诗》曰:"奏假无言,时靡有争。"是故君子不赏而民劝,不怒而民威于鈇钺。

《诗》曰:"不显惟德!百辟其刑之。"是故君子笃恭而天下平。

《诗》云:"予怀明德,不大声以色。"子曰:"声色之于以化民,末也。"

《诗》曰:"德輶如毛。"毛犹有伦。"上天之载,无声无臭。"至矣!

《诗经》说:"身穿锦缎,外罩麻衣。"这是因为讨厌锦衣花纹太过显露的缘故。所以,君子之道是深藏不露而日益彰明;小人之道是显露无遗却日渐消亡。君子之道,平淡而有意味,简略而有文采,温和而有条理,由近知远,由风知源,由微知显,倘若领悟这些道理,就可以进入圣人崇高美德之列了。

《诗经》说:"鱼儿潜伏在水中,依然清晰而明显。"所以君子自我反省没有内疚,不会辱没心中之志。君子的德行之所以高于一般人,就是在这些不被常人看见的地方吧!

《诗经》说:"看你独自在室内的时候,是否无愧于神明。"所以,君子就是在静处不动的时候也会态度恭敬,就是在没有言语的时候也会表现出他的诚信。

《诗经》说:"祷告诚心,感通神灵。肃穆无言,没有争执。"所以,君子不用赏赐,百姓也会互相劝勉;不用发怒,百姓也会比面对铁钺刑戮更加心有敬畏。

《诗经》说,"弘扬美好德行,诸侯们都来效法。"所以,君子笃实恭敬就能使天下太平。

《诗经》说:"我怀有光明的品德,不用厉声厉色。"孔子说:"用厉声厉色去教化老百姓,是最拙劣的行为,没有抓住根本。"

《诗经》说:"美德轻微如鸿毛。"鸿毛虽然轻微,还是有物可以比拟。《诗经》说:"天之所载,道之化育,无声无息,无味无闻。"这才是最高的境界啊!